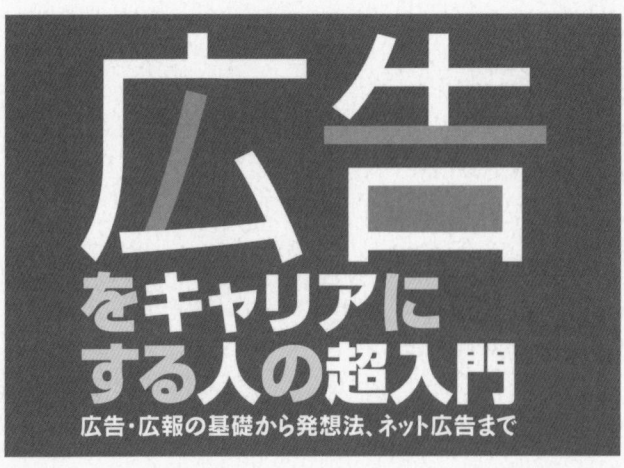

# 広告
## をキャリアにする人の超入門
広告・広報の基礎から発想法、ネット広告まで

［編著］
湯淺 正敏

［著］
井徳 正吾
岩井 義和
桶谷 功
永松 範之
南 勲
山見 博康

三和書籍

# はじめに

「広告は、平和のバロメータ」であることが東日本大震災によって実感された。

3月11日に起こった巨大地震は、津波と原発事故を招き、企業の設備損壊、停電による操業停止、さらに計画停電、放射能汚染の情報錯綜など政治的混乱も相まって、経済停滞を招いている。

震災直後から数か月、未曾有の大災害は広告にも影響が及んだ。CM総合研究所によると、それ以前の東京キー局5社のCMオンエア数は、1日当たり4200回台であったのが震災翌日は一挙に54回に落ち込み、一般企業のCMはほとんど姿を消した。しばらくCM自粛が相次いだことにより、ACジャパンの公共CMだけが目立ち、頻繁な露出から批判も招いた。

いつもは空気のように当たり前に接している、時折わずらわしくも感じる広告は、平和を反映しているものだとあらためて思った。

また、「広告は時代、世相を反映する鏡」というように、自粛していた一般企業のCMが再開された時には、「日本再生」、「がんばれ日本」など復興を願ったメッセージが広告から飛び交った。

坂本九の「上を向いて歩こう」、「見上げてごらん夜の星を」を71名のタレントがバトンリレーで歌ったサントリーの復興支援CMが、2011年度ADC（東京アートディレクターズクラブ）グランプリを受賞した。

ドイツからは、なでしこジャパンのワールドカップ初優勝の朗報が届き、大震災で打ちひしがれた人々の気持ちに勇気を与えた。アウディやアディダスの祝優勝広告が新聞各紙に掲載された。

海外からの朗報は、カンヌからも届いた。広告業界のワールドカップ、カンヌ国際クリエイティビティ祭（2010年まではカンヌ国際広告祭）で、NTTドコモとJR九州のCMがそれぞれ3部門トリプル受賞したことも喜ばしいことであった。

さて、本書の発刊に話を変えると、私は25年間の広告会社勤務を経て、2003年4月から日本大学法学部新聞学科で教鞭を執っている。2年前に新設された広報広告コースの履修生向けに広告・広報の本の執筆計画を立てていた。今年早々出版社に企画を持ち込み、非常勤講師の方々の協力も得られたことから、2月早々編集会議を行い、執筆が始まった。
　ところが、順調に進むかと思った矢先に大震災が起こって執筆は一時中断した。そして余震が続き不安な中で、一念発起執筆を再開した。
　このような大波乱の年にもかかわらず、本書刊行が予定通り後期の授業に間に合うことができ、感慨ひとしおである。
　本書は、これから広告や広報を学ぶ大学生向けの入門書であるが、若い社会人で広告に携わっている方にも是非読んでいただきたい。
　いま、広告の枠組み自体が変わろうとしている。メディア、コミュニケーション、市場、生活者の構造変化の中で広告も変化してきており、広告教育も従来の理論の踏襲では通用しない時代を迎えている。
　そこで、知識を集約した、体系的・網羅的なテキストではなく、できる限り最新の理論や発想法を取り入れ、広告の変化と将来の方向性が示唆できる内容を目指した。
　今回の執筆者は、実務者および実務経験者が大半で、それぞれその道の専門家（プロフェッショナル）を人選したが、本書の目的に沿った内容になったことに満足している。
　カンヌのタイトルから「アドバタイジング」が消え、カンヌ国際クリエイティビティ祭に変わった。
　そして、東日本大震災後、日本の復興再建として、新しい国づくりが求められているように、メディアの構造変化の中で、新しい広告作りが求められている。多く人たちが従来の枠組みにとらわれない、新しい広告作りに参加されることを願い、そのような志をもった人たちにお役立ていただければ幸いである。

　このたびの執筆に際しては、数多くの方々にお世話になった。各章担当執筆者はもちろん、三和書籍編集長下村幸一氏は、執筆校正の上で各執筆者との調整もし、私の足らない部分を十分補ってもらった。

また、本のタイトル案では、執筆者でもある南勲氏、帯の推薦文では、東北新社取締役でCMディレクターの中島信也氏、カンヌ国際クリエイティビティ祭の写真提供では、東映エージエンシー国際部長石田眞氏、本文の資料問い合わせでは、（公益財団法人）吉田秀雄記念事業財団アド・ミュージアム東京解説員の池田稔氏、広告図書館司書の粟屋久子氏、CM総合研究所常務取締役の宮尾篤氏らに大変お世話になり、この場を借りて感謝を申し上げたい。

2011年9月

編著者

湯淺　正敏

例年カンヌでは、映画祭の後6月に広告祭を行っていたが2011年からアドバタイジングからクリエイティビティに変わり、タイトルから「広告」が消えた。（写真提供：東映エージエンシー）

# 目次

## 1章
# 広告とは何か

**1. 広告と社会** ......... 2

**2. 広告の定義** ......... 4
- (1) マーケティング・コミュニケーションからみた「広告」の位置づけ ......... 4
- (2) 「広告」と他のマーケティング・コミュニケーションとの違い ......... 5
  - 1) メディアを介したコミュニケーション ......... 7
  - 2) 有料であること ......... 7
  - 3) 広告主が明示された、目的性をもったコミュニケーション ......... 8
- (3) 「広告」と「宣伝」の違い ......... 8
  - 1) 広告 ......... 8
  - 2) 宣伝 ......... 9
  - 3) PR（広報） ......... 10
  - 4) プロモーション ......... 10

**3. 広告の役割、機能** ......... 10
- (1) 経済的機能（マクロ） ......... 10
- (2) 社会・文化的機能（マクロ） ......... 11
- (3) コミュニケーション機能（ミクロ） ......... 12
  - 1) 情報提供（伝達）機能 ......... 12
  - 2) 説得機能 ......... 13
  - 3) ブランド構築（リレーションシップ）機能 ......... 13
  - 4) リマインド（Remind）機能 ......... 14
  - 5) 強化（Reinforce）機能 ......... 14

**4. 広告の種類** ......... 14
- (1) 広告の分類（主体・目的別） ......... 14
  - 1) 営利企業の商業目的 ......... 14
  - 2) 非営利目的 ......... 15
  - 3) その他（政治広告、宗教広告、意見広告、決定公告、お詫び広告、案内広告、死亡広告など） ......... 16
- (2) 広告の分類（広告表現別） ......... 16
  - 1) ストレートアナウンスメント広告 ......... 17
  - 2) テスティモニアル（推奨）広告 ......... 17
  - 3) デモンストレーション（実証・実演）広告 ......... 17

  4）ドラマストーリー広告 ………………………………… 17
  5）スライスオブライフ（Slice of Life：実生活）広告 …… 17
  6）ライフスタイル（イメージ）広告 ……………………… 17
  7）音楽・ジングル（コマーシャル・ソング）広告 ……… 17
  8）アニメーション広告 …………………………………… 18
  9）ティーザー（teaser）広告 ……………………………… 18
  10）比較広告 ………………………………………………… 18
  11）編集タイアップ広告 …………………………………… 19
  12）コラボ（タイアップ）広告 …………………………… 19
  13）マルチ（multiple）広告 ………………………………… 20
  14）ネガティブ（アプローチ）広告 ……………………… 20

# 2章
# 広告会社とそのビジネス

## 1. 広告会社の起こりと発展 ………………………………… 24
 （1）日米広告会社の起こり ……………………………………… 24
 （2）日本の広告会社の近代化、マーケティングの導入 ……… 26
  1）マスメディアの普及 …………………………………… 26
  2）マーケティング機能の導入 …………………………… 27
  3）米国アドバタイジング・エージェンシーの発展過程 … 28

## 2. 広告会社の組織と業務
  1）営業部門 ………………………………………………… 30
  2）制作（クリエイティブ）部門 ………………………… 31
  3）媒体（メディア）部門 ………………………………… 32
  4）マーケティング部門 …………………………………… 32
  5）PR（パブリック・リレーションズ）部門 …………… 32
  6）SP（セールスプロモーション）部門 ………………… 33
  7）デジタル・インタラクティブメディア部門 ………… 33
  8）事業部門 ………………………………………………… 33
  9）研究開発（R＆D）部門 ……………………………… 33
  10）マネジメント部門 ……………………………………… 34

## 3. 広告会社のタイプ ………………………………………… 34
  1）総合広告会社（フルサービス） ……………………… 34
  2）メディア・エージェンシー …………………………… 34
  3）クリエイティブ・エージェンシー …………………… 35
  4）インターネット広告専門会社（インタラクティブ・エージェンシー） … 35
  5）BTL系広告会社 ………………………………………… 36
  6）外資系広告会社 ………………………………………… 37

  7）ハウスエージェンシー ———— 37

## 4. 日本の広告会社の特殊性 ———— 38
 1）広告主との取引（アカウント）上の違い ———— 39
 2）事業領域、提供サービスの違い ———— 40
 3）報酬制度の違い（コミッションとフィー） ———— 41

# 3章
# 広告とクリエイティブ

## 1. 広告コミュニケーション ———— 46
 (1) 広告環境の変化 ———— 46
 (2) 広告形態の多様化 ———— 46
 (3) 広告構築の変化 ———— 47
 (4) 広告のクリエイティブ ———— 47
 (5) 広告のプロデュース ———— 48
 (6) 広告に対する反応 ———— 48

## 2. 広告発想の「導具」たち ———— 49
 (1) 情報分析による思考「導具」Planets & Moons
  （プラネット&ムーン思考法） ———— 50
 (2) 情報分析による思考「導具」オニオン思考法 ———— 52
 (3) 情報分析による思考「導具」ラダーリング思考法 ———— 53
 (4) その他の情報分析による思考「導具」
  1）属性列挙法 ———— 54
  2）KJ法 ———— 54
  3）6-3-5法 ———— 54
 (5) 広告課題発見のための「導具」 ———— 54
  1）SWOT分析 ———— 54
 (6) 広告課題から解決手法を見やすくする「導具」
  ハーマン・バスケの＜考える三角形＞ ———— 56
 (7) 表現へのステップ ———— 57

## 3. 表現発想の「導具」たち ———— 59
 (1) 新しい情報配列を誘発する思考法 ———— 59
 (2) モノレーション発想法 ———— 60
 (3) 無作為刺激法 ———— 61
 (4)「脈略のない飛躍」法 ———— 61
 (5) 疑惑（半分の確信）法 ———— 62
 (6)「間違ったままでいる」法 ———— 62
 (7) 飢餓発想法 ———— 62

- (8) バルーン発想法 ····· 63
- (9) 自由発想法 ····· 63
- (10) 垂直思考の逆をいく ····· 64
- (11) 表現技術＜レトリック＞ ····· 64

## 4. プレゼンテーション ····· 66

# 4章 広告とメディア

## 1. 広告媒体と媒体特性 ····· 70
- (1) 広告媒体の分類 ····· 70
- (2) 広告メディアの媒体特性 ····· 72
- (3) 媒体選択の評価基準 ····· 74

## 2. メディアの多様化とコミュニケーション・ニュートラル ····· 75
- (1) 生活者を取り巻くコミュニケーション環境の変化 ····· 75
  - 1) ネットコミュニケーション（B to C） ····· 75
  - 2) ネットコミュニケーション（C to C） ····· 76
  - 3) パブリシティという PR ルート ····· 77
  - 4) クロスメディア・コミュニケーション ····· 77
- (2) メディア・ニュートラルからコミュニケーション・ニュートラルへ ····· 78

## 3. 広告関与度を高めるためのメディア活用 ····· 79
- (1) 映像コンテンツとしてみたテレビ CM ····· 79
- (2) SWOT 分析によるテレビ CM の機会と脅威 ····· 81
- (3) 感染力のあるコンテンツとコミュニケーションデザイン ····· 83
  - 1) コンテンツへの関与　Relevancy（コンテンツとの関連性） ····· 83
  - 2) CM キャンペーンへの関与　Participation（CM 参加型） ····· 85
  - 3) 話題性、ニュース性を生み出すキャンペーン
（ニュース・バリュー型） ····· 86
- (4) 感染力のあるコンテンツ×能動化させるコミュニケーションデザイン ····· 88

# 5章 広告とマーケティング

## 1. マーケティングとは ····· 92
- (1) 広告とマーケティング ····· 92
- (2) 「マーケティング」の誕生 ····· 92

| | |
|---|---|
| (3) マーケティングの定義 | 94 |
| (4) マーケティングの4P | 94 |
| (5) 4P以外の考え方 | 95 |
| (6) マーケティングの進化 | 96 |
| 　1) マーケティングの第1期 | 96 |
| 　2) マーケティングの第2期 | 96 |
| 　3) マーケティングの第3期 | 96 |
| (7) マーケティングと調査 | 97 |
| (8) マーケティング・リサーチ | 98 |
| 　1) 調査の方法 | 98 |
| 　2) 定量調査と定性調査 | 99 |
| (9) マーケティングとは総合戦略 | 100 |
| (10) マーケティングとさまざまな手法 | 100 |
| 　1) マス・マーケティング | 100 |
| 　2) データベース・マーケティング | 101 |
| 　3) リレーションシップ・マーケティング | 101 |
| 　4) バイラル・マーケティング | 101 |
| 　5) モバイル・マーケティング | 102 |
| 　6) パーミッション・マーケティング | 102 |
| (11) マーケティングとコミュニケーション | 102 |

## 2. 広告計画の立案 … 103

| | |
|---|---|
| (1) 広告計画の立案作業 | 103 |
| (2) 市場環境分析 | 105 |
| 　1) 市場分析 | 105 |
| 　2) 企業分析 | 106 |
| 　3) 商品分析 | 106 |
| 　4) 消費者分析（ユーザー分析） | 106 |
| 　5) 流通分析 | 107 |
| 　6) コミュニケーション分析 | 107 |
| (3) チャンスと問題点の抽出 | 108 |
| (4) 課題の設定 | 108 |
| (5) マーケティングの基本としてのTPC | 110 |
| (6) ターゲット | 110 |
| 　1) デモグラフィック特性 | 110 |
| 　2) ジオグラフィック特性 | 110 |
| 　3) サイコグラフィック特性 | 111 |
| (7) ポジショニング | 111 |
| (8) 広告計画 | 112 |
| (9) 広告と表現 | 113 |
| (10) 広告とメディア | 113 |

(11) 今後の広告 ······················································· 114

# 6章
# 広報と企業

## はじめに ······························································· 118

## 1. 広報の本質…なぜ有名になる必要があるのか？ ········· 118
　　(1) 人は小さい時から自分広報の達人だ ···················· 118
　　(2) ビジネスの本質…報せることは経営の始まり ········ 119
　　(3) なぜ有名になる必要があるのか？ ······················· 120
　　(4) 人も会社も情報で生きている…自分と会社を一致させよ ··· 120

## 2. 全方位広報がこれからの時代…報せる方法の多様化 ··· 122
　　(1) 報せたい物・サービス・会社等と報せたい人・
　　　　会社をいかにつなぐか？ ·································· 122

## 3. メディアとは何か？ ············································· 123
　　(1) 4大マスメディアは多種多様 ······························ 123
　　　　1) 新聞 ························································ 123
　　　　2) テレビ ····················································· 124
　　　　3) 雑誌 ························································ 125
　　　　4) ラジオ ····················································· 125
　　(2) 記事と広告の違い ············································ 125

## 4. ニュースとは何か？ ············································· 126
　　(1) ニュースのキーワード ······································ 126
　　　　1) 新・最・初・1番 ······································· 126
　　　　2) 3独 ························································· 126
　　　　3) 旬 ··························································· 126
　　　　4) 人 ··························································· 126
　　　　5) 物語・ドラマ ············································ 127
　　　　6) 独自ネーミング ········································· 127
　　　　7) 組合せ＝コラボレーション ·························· 127
　　　　8) 「小」「狭」 ················································ 127
　　　　9) 「USP」「UDP」 ··········································· 127

## 5. 記事の出し方 ······················································ 129
　　(1) 記事の出し方 ·················································· 129
　　　　1) 一斉発表とは ············································ 129

- 2) 取材要請とは ……………………………………… 129
- 3) 取材申込みとは ……………………………………… 129
- (2) 記者クラブとは ……………………………………… 130
- (3) プレスリリースとその作成のポイント ……………………………………… 131
  - 1) プレスリリース作成の原則 ……………………………………… 131
  - 2) プレスリリースの基本形 ……………………………………… 131
  - 3) 必要なことを網羅するには「6W5H」がチェックポイント ……………………………………… 132
  - 4) プレスリリース作成5つのキーワード+1：
    「簡・豊・短・薄・情」 ……………………………………… 133
- (4) どこに送るか? ……………………………………… 134
  - 1) 届ける方法は? ……………………………………… 134
  - 2) ネット配信による発表 ……………………………………… 134

## 6. 企業危機とその対応法 ……………………………………… 136
- (1) 危機とは人災である ……………………………………… 136
- (2) 適切な事前対応を怠るな ……………………………………… 136
  - 1) 事前対応は次の3つ ……………………………………… 136
- (3) 危機が起きたら「5つの直」で対応しよう ……………………………………… 137
- (4) 危機に臨むマスコミ対応の心得 ……………………………………… 138
  - 1) 率先して受けて立つ ……………………………………… 139
  - 2) 先手を打って統率する ……………………………………… 139
  - 3) 記者は協力者 ……………………………………… 139
  - 4) 誠実が誠実を生む ……………………………………… 139

## 7. 広報の達人になる法 ……………………………………… 140
- (1) 広報担当が学べる5か条 ……………………………………… 140
  - 1) 会社のことに精通できる ……………………………………… 140
  - 2) 社内外の優れた人やキーパーソンから学べる ……………………………………… 140
  - 3) 質問予測力を磨き、人心の機微を学ぶ ……………………………………… 140
  - 4) 締め切りで仕事をすることを学べる
    …仕事に優先順位をつけよう ……………………………………… 140
  - 5) 社外視点で言動することを学べる…社外：社内＝7：3 ……………………………………… 141
- (2) 広報担当の心がけ5か条 ……………………………………… 141
  - 1) 「御用聞き」どこでも出向きネタの授受
    社内外にていつも頼られる ……………………………………… 141
  - 2) 「すべて私の責任です」その自負心が企業を救う ……………………………………… 141
  - 3) 直言も時には辞さぬ誇りと勇気　言うべき時に断固言うべし ……………………………………… 141
  - 4) 品格は1人1人が築くもの「会社の品格は私が創る」 ……………………………………… 141
  - 5) 王道を凛々と歩け　目指すはビジョンに志なり ……………………………………… 142

## おわりに ……………………………………… 142

## 7章 行政における広報

### 1. 行政と国民 …… 144
- (1) 国民の位置づけ …… 144
- (2) 行政の役割 …… 145
  - 1) 立法権（国会）…… 145
  - 2) 行政権（内閣）…… 145
  - 3) 司法権（裁判所）…… 145
- (3) 行政と国民 …… 147

### 2. 行政と広報 …… 148
- (1) 行政広報の理論 …… 148
- (2) 行政広報の理解 …… 150

### 3. 行政機関と広報 …… 151
- (1) 国の広報活動 …… 151
- (2) 地方公共団体の広報活動 …… 154

### 4. 行政学と行政広報 …… 156
- (1) 行政理論と行政広報 …… 156
  - 1) 情報"収集"の段階 …… 157
  - 2) 情報"選択"の段階 …… 157
  - 3) 情報"提供"の段階 …… 157
- (2) 政府と行政広報 …… 158
  - 1) 市民と行政の立場の並行性 …… 159
  - 2) 提供される情報の真実性 …… 159
  - 3) 広報の総合性 …… 159

### 5. 行政広報の役割 …… 160
- (1) 行政広報とメディア …… 160
- (2) 広聴とマネジメント …… 161

## 8章 アカウントプランニング

### 1. アカウントプランニングとは? …… 168
- (1) アカウントプランニングは、人々の心をつかむ …… 168
- (2) アカウントプランナーは、"司令塔" …… 169
  - 1) 消費者の代表 …… 170

2）全体像を組み立てる。 ……………………………… 171
　　　3）チームを動かす。メンバーの才能を最大化する。 ……… 171
　　　4）右脳と左脳：Creative Intelligence ………………… 172
　（3）メーカーなど広告主側のマーケターとは、何が違うのか?
　　　（クライアントにとってのアカウントプランナーの存在意義は何か?） …173

## 2. アカウントプランナーの最大の武器は、"消費者インサイト" …174
　（1）インサイトから戦略を生み出す ……………………… 174
　　　1）消費者インサイトとは? …………………………… 174
　　　2）消費者インサイトには、3種類ある ……………… 174
　　　3）カテゴリーインサイトをとらえる ………………… 175
　　　4）ヒューマンインサイトをとらえる ………………… 176
　（2）インサイトとプロポジションをセットで考える ……… 178
　（3）インサイトをどうやって見つけ、特定するか? ……… 179
　（4）落とし穴：後付けのインサイト ……………………… 179

## 3. アカウントプランナーは、"ブランドの設計者" ……… 180
　（1）ブランドとは何か? …………………………………… 180
　（2）ブランドをどのように設計するか? ………………… 180
　（3）落とし穴：無色透明なブランド ……………………… 183

## 4. コミュニケーションデザイン ………………………… 183
　（1）コミュニケーションデザインとは? ………………… 183
　（2）仕掛けではなく、人がどう動くか …………………… 184
　（3）落とし穴：インサイトがなければ、ただのクロスメディア …… 186

## 5. アカウントプランニングの限りない可能性 ………… 187
　（1）消費者の視点は、企業活動のどのレベルでも必要 …… 187
　（2）企業活動を超えて ……………………………………… 187

# 9章 進化するネット広告

## 1. インターネット広告の進化 …………………………… 190
　（1）インターネット広告の歴史 …………………………… 190
　（2）表現手法の高度化 ……………………………………… 191
　（3）メディア・デバイスの多様化 ………………………… 192
　（4）ターゲティング精度の向上 …………………………… 193

## 2. インターネット広告の手法 …………………………… 193

(1) 基本的な広告手法 ……………………………………………… 193
    1) ウェブ広告 ……………………………………………… 194
    2) メール広告 ……………………………………………… 194
    3) スポンサーシップ広告 ………………………………… 195
    4) リスティング広告 ……………………………………… 195
    5) アフィリエイト広告 …………………………………… 196
    6) インターネット CM …………………………………… 196
(2) ターゲティング手法 ………………………………………… 197
    1) ターゲティングに利用される情報 …………………… 197
    2) コンテンツターゲティング …………………………… 199
    3) 行動ターゲティング …………………………………… 199
    4) IP ターゲティング ……………………………………… 200
(3) ソーシャルメディアの活用 ………………………………… 201
    1) ソーシャルメディアの普及 …………………………… 201
    2) プロモーションにおけるソーシャルメディアの活用 … 202
(4) モバイルにおける広告手法 ………………………………… 204
    1) 携帯電話 ………………………………………………… 204
    2) スマートフォン ………………………………………… 205

## 3. インターネット広告における広告効果 …………………… 206
(1) 期待される効果 ……………………………………………… 206
    1) インプレッション効果 ………………………………… 206
    2) トラフィック効果 ……………………………………… 206
    3) レスポンス効果 ………………………………………… 207

## 4. 最新アドテクノロジーの動向 ……………………………… 209
(1) インターネット広告を支えるアドテクノロジー ………… 209
(2) ネット広告取引のエコシステム …………………………… 211
    1) ディマンドサイドプラットフォーム（DSP） ……… 212
    2) サプライサイドプラットフォーム（SSP） ………… 213
    3) アドエクスチェンジ（AdEX） ……………………… 213
(3) アドテクノロジーを効果的に利用していくために ……… 215

# 10章 広告と広告ビジネスのゆくえ

## 1. 広告の変化をどう捉えるか ………………………………… 218

## 2. 広告コミュニケーションの変化 …………………………… 218
(1) マーケティングの変化 ……………………………………… 218

1）マスからOne to one マーケティングへ ……… 218
　　　2）マーケティング3.0（価値主導、ソーシャルメディアの時代）……… 220
　　(2) 生活者の変化（プロシューマー、協働型）……… 222
　　　1）プロシューマー（生産者であり、消費者）……… 222
　　　2）プロフェッショナル・シューマー（専門性をもつ消費者集団）……… 222
　　　3）ソーシャル・シューマー（社会性をもった消費者）……… 222
　　(3) メディア・コミュニケーションの変化 ……… 223

## 3. 広告クリエイティブの変化 ……… 224
　　(1) 広告フォーマットの変化 ……… 224
　　(2) 広告メディアの変化 ……… 225
　　(3) 広告表現の変化 ……… 226

## 4. 広告ビジネスの変化 ……… 227
　　(1) 広告取引の変化 ……… 227
　　(2) 広告ビジネスのイノベーション ……… 228

## 5. 広告ビジネスのゆくえ ……… 230
　　(1) 広告会社の成長戦略 ……… 230
　　(2) コミュニケーション・ニュートラルなプランニング技術の開発 ……… 232

## 6. 最後に──次代を担う人たちへ ……… 235

著者紹介 ……… 238

# 1章　広告とは何か

# 1．広告と社会

　テレビ、新聞に代表されるマスメディアによるジャーナリズム機能が自由主義、民主主義社会にとって欠かせないものであるのと同様に、広告は、広告主（企業など）と生活者を結び付ける、社会生活に不可欠な重要なコミュニケーションである。そのため、社会に与える影響は想像以上に大きく、時としてマイナスに働く場合もあり、広告に携わる人間は、社会的な責任が伴うことを肝に銘じなければならない。

　米国の歴史学者ポッターは、その著書"People of Plenty"の中で「広告は、社会的影響の大きさにおいて、学校や教会等のような伝統的な制度に匹敵する。広告はメディアを支配し、流行を作り出す巨大な力をもっているという意味で、社会をコントロールする有数な制度の一つである。」と述べている（清水公一『広告の理論と戦略』（第15版）、創成社）。

　今日、インターネットの普及、定着によって媒体環境が著しく激変している中で、確かに従来のマスメディアによる広告は、ポッターの時代と比べてその機能、影響が相対的に弱まっていることは間違いないが、コミュニケーション全体から見れば、広告の役割や使命はむしろ広がってきている。

　広告は、空気のような存在であり、実際私たちは日常生活の中で実に多くのさまざまなメッセージをまるでシャワーのように浴びている。

　新聞を広げるとスマートフォンの新製品広告が目にとまる。新聞のチラシ（折り込み広告）には量販店の特売情報が載っている。目覚まし時計の代わりにつけていたラジオから新車発売告知のコマーシャルが流れる。

　ポータルサイトのバナー広告をクリックすると企業のHPに辿りつき、キャンペーンの詳細情報が得られる。また人に花を贈りたいとき、キーワード検索で、「花」、「ギフト」を検索窓に打ち込むとそれに関連したフラワーショップのテキスト広告が出て、クリックしてそのHPで購入の予約をしたりする。家を出ても、通勤や通学途中、街中、駅構内などでは、看板、駅貼りポスター、車内の中刷り広告など実におびただしいほどの広告と出会う。車体を広告で包んだラッピングバスが往来するのもさして珍しい光景ではない。また、帰宅後テレビドラマを見ていると、提供スポンサーの広告が目に

入る。

　などなど、朝から晩まで一日の生活を振り返ってもあらゆる場面でメディアを介して、広告に触れていることがわかる。CM総合研究所モニター調査によると、関東地区キー局5社で月にオンエアされるCMは、約12万回で1人当たりの平均接触予測回数は約5120回となる[*1]。

　広告内容をみても、広告主は一般企業の商品広告ばかりではない。非営利団体の公共的メッセージや啓蒙キャンペーン、政府広報の節電対策キャンペーン、選挙時には政党広告など必ずしも企業のプロモーションを目的とした商品広告ばかりではないことに気付く。

　このように広範にわたる広告活動は、企業などの広告主（クライアント）が直接行うのではなく、広告表現やそれを乗せるメディアの確保は、広告主からの依頼を受けて、広告会社が担っている。

　広告は、主に企業の経済活動、マーケティング活動の一環として行われるため、景気に左右されやすい。経済が活発になると広告費も伸び、停滞すると縮減する。広告は「景気のバロメータ」と言われる所以である。現に日本の広告費は、GDP（国民総生産）のほぼ1.2％前後で推移している（米国では、およそ2％強）。

　また、広告は、経済的側面ばかりではなく、一方では文化的側面でも社会に影響を与えている。企業のマーケティング活動の中の広告は、単なる情報提供ではなく、生活者のこころにどのように届けるかといったコミュニケーション活動でもあり、自ずとその時代、社会の空気を敏感に感じ取り広告表現に取り入れるため、「社会、時代を映す鏡」とも言われている。

　かつて高度成長期の頃には広告コピーが流行語となったり、新しいライフスタイルの提案となったりなど大きな影響を与えていたが、今でも特にテレビCMは、単なる企業情報のレベルに留まらず、番組同様、広告はいわば娯楽の提供として人々に楽しみや共感を与えることも忘れてはならない側面である。

　本章では、このような多面性をもった、ユニークなコミュニケーションである広告の本質に迫るため、以下2. 広告の定義、3. 広告の目的、役割、4. 広告の種類と順を追って述べてゆきたい。

## 2. 広告の定義

### （1）マーケティング・コミュニケーションからみた「広告」の位置づけ

　広告は、企業のマーケティング活動の中に位置付けられている。マーケティングは、営利企業のみならず、今日非営利団体などにも応用されるものであるが、一般的には、企業が市場に向けて、どのターゲット（対象層）にどんな商品をどんな方法で導入すれば売れるのか、つまり売れる仕組みをどのように構築するかといった、市場戦略に基づいて行われるもので、広告とマーケティングは切っても切り離せない関係である。

　マッカーシーの4P理論では、マーケティング活動をProduct（製品）、Price（価格）、Place（流通）、Promotion（コミュニケーション）の4つのPに分けて、広告（advertising）はPromotionの中に、広報（Public Relations）、販売促進（Sales Promotion）、人的販売（Personal selling）、ダイレクト・マーケティング（Direct marketing）などと並んで位置付けられている。

　ただし、4P理論は多分に語呂合わせもあって、流通をdistributionではなく、Placeを当てはめたと同様、Promotionを使った嫌いがある。ここでのPromotionは広義の意味であるが、Sales Promotion（販売促進）と混同されやすいため、コトラーに代表されるように、Promotionをマーケティング・コミュニケーション（Marketing Communications）に変えて捉えた方が良い。

　最近のコトラーの概念図（図表1-2参照）をみると、マーケティング・コミュニケーションの中に、ネットコミュニケーションの影響から、インタラクティブ・マーケティング（Direct & Interactive Marketing）や口コミマーケティング（Word of Mouth Marketing）やイベント・体験（Events & Experiences）も加わってきている。

　また、マーケティング・コミュニケーションは、短期的な、売り上げに直結するプロモーション活動ばかりではない。今日では、広告は企業や商品の

ブランド価値に貢献する役割を強く求められているため、長期的観点からブランド価値を高めていくためのブランディング活動にも寄与しなくてはならない。

セールスをドライブさせる一方、ブランド（企業・商品など）を利益の源泉となる資産としていかにその価値を維持・発展させるかも広告の重要な目的となっている。

ブランド資産は、ブランド認知、ブランドイメージ（ブランドから連想されるイメージ）、ブランド・レスポンス（ブランドへの消費者の反応）、ブランド・リレーションシップ（消費者とブランドとの関係性、絆）によって成り立っている。

### （2）「広告」と他のマーケティング・コミュニケーションとの違い

ここでは、広告の本質は何かを探るため、まず広告の定義について触れたい。

アメリカンマーケティング協会（American Marketing Associations）のmarketing powerと呼ばれる辞書（Webサイトで公開）によれば、以下の通りである。（次頁）

| 広告 | 販売促進 | イベント体験 | 広報パブリシティ | ダイレクトマーケティング | 口コミマーケティング | 人的販売 |
|---|---|---|---|---|---|---|
| 印刷広告<br>放送系広告<br>パッケージ広告<br>映画広告（シネアド）<br>パンフレット<br>チラシ<br>ポスター＆リーフレット<br>名簿、名鑑<br>広告の転載<br>ビルボード広告<br>ディスプレイ・サイン<br>POP広告<br>視聴覚資料<br>DVD | コンテスト、ゲーム、賞金、くじ<br>プレミアム＆景品<br>サンプリング<br>見本市<br>トレード・ショー<br>展示、デモンストレーション<br>クーポン<br>リベート<br>低利の融資<br>接待<br>トレードイン・アロウワンス<br>コンティニュイティプログラム<br>タイイン | スポーツ<br>エンタテインメント<br>フェスティバル<br>美術展<br>コーズ（社会的意義のある活動）<br>ロビー活動<br>工場見学<br>企業ミュージアム<br>街頭活動 | プレスキット<br>講演<br>セミナー<br>年次報告書<br>慈善的寄付<br>刊行物<br>コミュニティ・リレーションズ<br>ロビー活動<br>アイデンティメディア（名刺など）<br>機関誌 | カタログ<br>郵便<br>テレ・マーケティング<br>ネット通販<br>テレビ・ショッピング<br>FAX<br>電子メール<br>ボイスメール<br>ブログ<br>ウェブサイト | 人的口コミ<br>ネット口コミ<br>チャットルーム<br>ブログ | 実演販売<br>販売会<br>インセンティブ・プログラム<br>サンプル<br>見本市<br>トレード・ショー |

図表1-1：マーケティング・コミュニケーション（プロモーション）の分類
出典：Kotler&Keller：*Marketing Management* 14th ed. p.501、Table 17.1 Common Communication Platformsをもとに作成

The placement of announcements and persuasive messages in time or space purchased in any of the mass media by business firms, nonprofit organizations, government agencies, and individuals who seek to inform and/ or persuade members of a particular target market or audience about their products, services, organizations, or ideas.

「広告とは、営利企業や非営利組織、政府機関または個人が、特定のターゲット市場や聴衆に対して、製品、サービス、団体、またはアイディアについて、伝達または説得をするために、マスメディアのタイムまたはスペースを購入して、告知や説得的メッセージを掲出することである。」

この定義は、過去何度も変更されてきたもので、あらゆることを想定しているため、網羅的であるが、これとて、インターネット広告などについては盛り込まれていないなど不備な点もある。

むしろ、"*Contemporary Advertising & Integrated Marketing Communications* 13ed." に掲載されている広告の定義の方を薦めたいので、ここに紹介する。

Advertising is the structured and composed nonpersonal communication of information, usually paid for and usually persuasive in nature, about products (goods, services, and ideas) by identified sponsors through

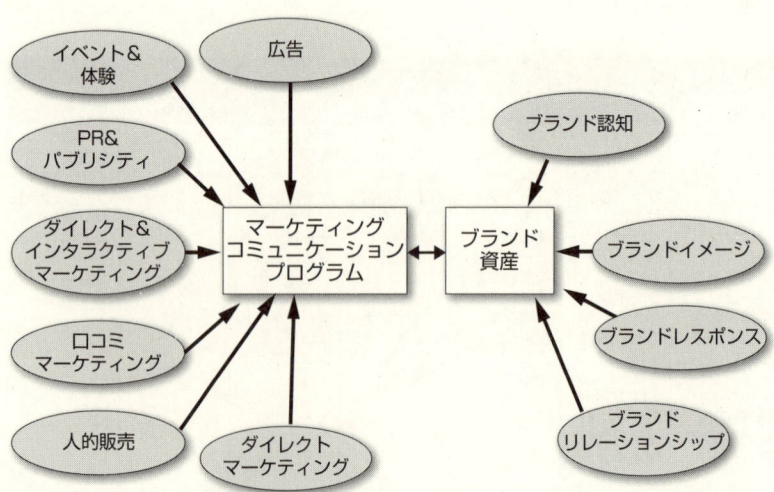

図表1-2：ブランド資産構築とIMC
出典：Kotler& Keller：*Marketing Management* 13th ed. p.513, FIG.17.1 Integrating Marketing Communicatios to Build Brand Equity をもとに作成

various media.

　「広告とは、さまざまなメディアを通して、広告主の表示された商品、サービスまたはアイディアといった制作物に関する情報を内容とする、通常有料で説得的な特性をもち、入念に練られ、構成されたノンパーソナル（社会的）なコミュニケーションである。」

　これも長文のため、広告を成立させる構成要素を因数分解して、他のマーケティング・コミュニケーションと比較しながら、定義づけた方がわかりやすいであろう。

　広告を成り立たせるための構成要件をキーワードとして拾いあげると、広告主の明示、目的性をもったメッセージ、広告表現・制作、メディアを介して、有料、ターゲットへ到達させる、マーケティング・コミュニケーションとなる。

　これをもとに、広告の要件をまとめると、以下の3点に絞られる。

**1) メディアを介したコミュニケーション**

　人の手を介さずに媒体を利用するため、マスメディアを介したコミュニケーションによって、特にテレビ広告では、不特定多数の人に効率的にメッセージを伝達できる。メディアを介さず、街頭でチラシや商品を配ること（サンプリング）などは、人的活用でセールスプロモーション（販売促進）の領域である。また、人的販売も、広告と違い、セールスパーソンと客とのface to faceの対面コミュニケーションである。

　広告にも内容的には、セールスプロモーション型のキャンペーン告知や政府広報のPR活動告知などもある。

**2) 有料であること**

　広告主が制作された広告物を載せるために、媒体のスペースやタイム（時間）を購入する。有料でメディアを購入する、この点では、媒体料金を払うことなく、企業情報が記事や番組に取り上げられるパブリシティ（Publicity、PRツールの1つ）とは区別される。

　広告とパブリシティの違いは、媒体費の有無のほか、パブリシティは媒体社の判断で新聞記事や番組に取り上げるため、広告主のコントロールが効かない点や必ずしも好意的な取り上げられ方にはならない場合も生じるリスクが伴う点などが挙げられる。

一般に広告は、メディアを有料で購入することが前提であるが、例外としては、ACジャパンの公共広告が挙げられる。この場合は、製作費やテレビや新聞などの媒体費用は、ACジャパンの会員組織である媒体、広告主、広告会社などによって無償提供される。

3) 広告主が明示された、目的性をもったコミュニケーション

広告においては、情報の発信元の責任者として必ず広告主を明示しなければならない。企業名や団体名が明示されていなくても、商品のブランド名やシンボルマークから広告主がわかる場合もある。いずれにしろ、企画制作した広告会社や制作会社の明示はなくても広告主が明示されない場合はない。

また、新製品発売キャンペーンであったり、新規顧客獲得のためのセールスキャンペーン、ブランド構築のための企業広告、政府広報の啓蒙キャンペーンだったりなど、必ず広告には目的がある。

## (3) 「広告」と「宣伝」の違い

一般には、広告の現場に携わっている人間でも、広告、宣伝、PR、プロモーションなどを厳密に使い分けているわけではなく、むしろ同義語として使用されている場合が多々ある。

ここでは、それぞれの語源、歴史的経緯をたどりながら、その違いについて触れたい。

**1) 広告**

広告（advertising）の語源は、ラテン語のadvertere、注意を引く、振り向かせるという意味からきている。消費者心理変容プロセスのAIDMA理論の通り、attentionはコミュニケーションの入り口で、広告の役割は、いかに多くの人を引き付けるかが出発点となる。

外国では、新聞、雑誌などに掲載された広告制作物をadvertisement、広告活動全般をadvertisingと使い分ける場合もある。

日本で最初に「広告」ということばが継続的に使われたのは、『横浜毎日新聞』（創刊1870年）の1872年4月14日付号から掲載された広告欄といわれている[*2]。実際に広告という語が定着したのは、明治20年以降で、新聞経営に積極的に広告を説いたのが、『時事新報』の創始者である福沢諭吉であった。初期の広告啓蒙に貢献した人物ともいえよう[*3]。

新聞というメディアを通して、「広く告げる、知らしめる」広告が誕生し、その後、雑誌、ラジオ、テレビといったメディアの発展、変遷によって、成長していったことになる。

広告は、企業のマーケティング活動を支援する一方、媒体社の重要な事業収入、財源にもなっている。広告とメディアは、深い関係をもっているわけである。

さて、広告と同義語とされている「宣伝」についても調べてみよう。

### 2) 宣伝

宣伝とは、propaganda（プロパガンダ）の訳語で、英語の辞書には2つの意味が載っている。

①政治目的やものの見方を推し進めるために利用される情報。とりわけ偏りがあったり誤解を招くような性質をもつものをいう。
②「布教聖省」海外伝道を目的にローマ法王グレゴリウス15世が1622年に設立した枢機卿らによって構成される委員会を指す。

本来は、2番目の布教活動の組織といった宗教的な意味合いであり、1番目の大衆操作といったマイナスのイメージではなかった。

教義の布教活動から、政治的な意味合いに変化したのは1914年に勃発した第一次世界大戦後であり、意見や方針に広く国民の理解と支持を得る目的の活動、つまり政治宣伝に使われるようになった。

特にヒットラー政権下のナチス・ドイツがプロパガンダの手法を取り入れて、大衆操作、国威発揚に使ったことから、マイナスイメージが決定的なものになったという歴史的な経緯がある。

ナチス・ドイツの宣伝大臣ヨゼフ・ゲッペルスが愛読した書物と言われるエドワード・バーネイズの「プロパガンダ」によれば、そもそも同氏はプロパガンダの平時的な利用を提唱し、今日のパブリック・リレーションズに近い意味で使われていた。

日本では、本来宗教的あるいは政治的な活動に使われていたものが、バーネイズの平時の企業活動としてのプロパガンダの影響かはいざ知らず、企業の広告部門を宣伝部といったように商業的な用語に転化されて、ほぼ広告と同義語として使われている。

### 3) PR（広報）

日本では、広報（戦前には弘報）と呼んでいるPRも、よく広告や宣伝と混同される言葉である。

今日的な定義としては、「パブリックリレーションズとは、企業が、さまざまなステークホルダー（利害関係者）、株主、投資家、取引先、顧客、業界団体、消費者団体、マスコミ、従業員、地域住民などとの良好な関係を長期的に築くこと」である。

端的に言えば、社会との良好な関係の構築で、広告を「Buy me」とするとPR（広報）は「Love me」といえよう。

PRも米国で生まれた概念であり、日本では戦後間もない頃、GHQ（連合軍総司令部）、電通、経済界がそれぞれのルートでPRの導入に動いた経緯がある。

### 4) プロモーション

4Pのプロモーションは、広義のプロモーションとして、一般的には、狭義の意味の販売促進（セールス・プロモーション：SP）を指す。広告が商品の認知度やブランドのイメージ形成に力を発揮するとしたら、SPは購買の直接的な動機づけ、需要喚起（インセンティブ）が役割である。新規来店を促進させる商品サンプリングやクーポン付フリーペーパー、商品デモンストレーションイベント、プレミアム、懸賞キャンペーンなど実に多様な手法がある。

## 3. 広告の役割、機能

広告の機能をみると、1つは企業マーケティング活動の一環として行われるといった経済的機能、それともう1つは社会、文化に与える影響から、社会、文化的機能が挙げられる。

### (1) 経済的機能（マクロ）

広告は、企業のマーケティング活動の中で、生活者に商品を認知してもらい、関心を高め、好意度を上げ、最終的には購買に結び付けることを目的と

した、マーケティング・コミュニケーションの中核の役割を担っている。マクロ的にみれば、広告が需要喚起に貢献し、経済活動が活性化されると、景気も上向き、経済成長も見込める。

広告は景気のバロメータと言われるように、特にテレビスポットの出稿が増えると、景気上昇に結び付くことが多々ある。

こうしてみると、良いことずくめであるが、一方では広告は無駄なものまで買わせたり、企業の広告費は、流通・営業コストを低減させるより、その費用は、消費者に転化されるものだといった批判も古くからある。だか、今日では、高度成長期の頃ならまだしも、広告を鵜呑みにして商品を購入するような消費者はどこにもいないだろう。企業は、厳しい選択眼をもった生活者に向き合ってマーケティング活動を行っているのが現状である。

また、一方で広告は、媒体社に対してもメディア事業を成り立たせるための重要な財源となっている。民間テレビ放送を無料でみられるのも、全国紙が毎日各家庭に届けられるのも、分厚い雑誌が低価格で購入できるのも、インターネットで自由に検索ができたり、多くのサイトから無料で情報が得られるのも広告によってもたらされているわけである。

広告を新たな事業収入として取り込んでいるところは、媒体社ばかりではない。財政難で苦しんでいる自治体などでは、広告規制を緩和し、スポーツ施設のスポンサーシップとしてネーミングライツを企業に売り込んだり、公共交通機関の広告媒体化も積極的に行われてきており、広告はさまざまな事業のささえとなっている。

このように、広告は企業のマーケティング活動を支援し、メディアを事業として成り立たせるための財源となり、生活者の消費生活にとって有益な情報を提供するといった、経済全般にわたって大きな役割を担っていることが理解できよう。

## (2) 社会・文化的機能（マクロ）

広告が社会へもたらす影響、役割は、経済的側面ばかりではない。

広告はマーケティング・コミュニケーションの1つであるが、単なる企業や商品情報の提供ではない。いかなる表現を使えば生活者に効果的に届くかを絶えず考え、人々を振り向かせ、共感を与える、専門集団によって制作さ

れる、高度なコンテンツなのである。CMもテレビドラマ同様、人々を感動させたり、楽しませたりする、娯楽的要素が必要となる。

　広告という著作物（制作物）は、小説、映画、音楽などと比べて特異なものである。広告主の意向を受けて、広告会社と制作会社によって作られるもので、制作者自身から起こった思想や感情を創作的に表現した、純粋な芸術作品とは違う。だが、優れた広告作品は、広告の経済効果を超えた感動や共感を生活者の心の中に伝える。

　「広告は、時代を映す鏡である。」とよく言われるのも、時代の節目に登場したキャッチコピーを拾ってみると、うなずける。

　60年代の高度成長の後、70年代に差し掛かり経済成長の鈍化、公害問題、ヒッピー文化による自然回帰など時代のムーブメントの中で、フジゼロックスのテレビCM「モーレツからビューティフルへ」は、時代の転換期を示唆した、エポックメイキングなCMだった。

　時代の価値観の示唆ばかりではなく、生活者のライフスタイルに影響を与えた広告もある。社会が成熟化へと転換し始めた1972年には、ニューファミリーの台頭、週休二日制の導入などの時代背景から、生活のゆとりの提案として「金曜日はワインを買う日」（サントリー）、「こんにちは、土曜君」（伊勢丹）などが登場した。

　このように、広告は、社会・文化的側面から見ても、流行の創出、話題・娯楽の提供、新しい価値観やライフスタイルの提案、さらに社会的な、公共性の高いメッセージ、問題提起など社会生活においてさまざまな影響を及ぼしているのである。

## (3) コミュニケーション機能（ミクロ）

　広告の目的は、企業の商品広告なら、メディアを介して、広告メッセージを生活者に届けることによって、その商品の購買者になってもらうために働きかけること、生活者を消費者に変えることを最終目標としている。

　広告主と生活者を結びつけるためのコミュニケーション機能からみると、1) 情報提供（伝達）機能、2) 説得機能、3) ブランド構築（リレーションシップ）機能、4) リマインド機能、5) 強化機能が挙げられる。

### 1) 情報提供（伝達）機能

商品のベネフィット（便益）、新製品のセールスポイントなど消費者にとって、有益な情報提供をおこない、消費者に対して関心をもたせる。

単なる商品説明ばかりではなく、販売促進のためのセールスキャンペーン告知など情報提供の幅は広い。

**2）説得機能**

他社にない、商品のユニーク・セリング・プロポジション（USP：Unique Selling Propositon）を強く訴え、購入を働きかける機能。掃除機の吸引力をデモンストレーションしたりするインフォマーシャルや客観的なデータに基づいて、他者と比べて優位性を強調した比較広告なども有効な説得手段である。

**3）ブランド構築（リレーションシップ）機能**

今日の広告の役割は、短期的なプロモーションではなく、長期的に顧客との関係をどのように構築するかが重要となっており、ブランド構築機能が強く求められている。

それに伴い、ブランドイメージの醸成、ブランドロイヤルティを高めたりなどブランド型広告が特に欧米では増えてきている。

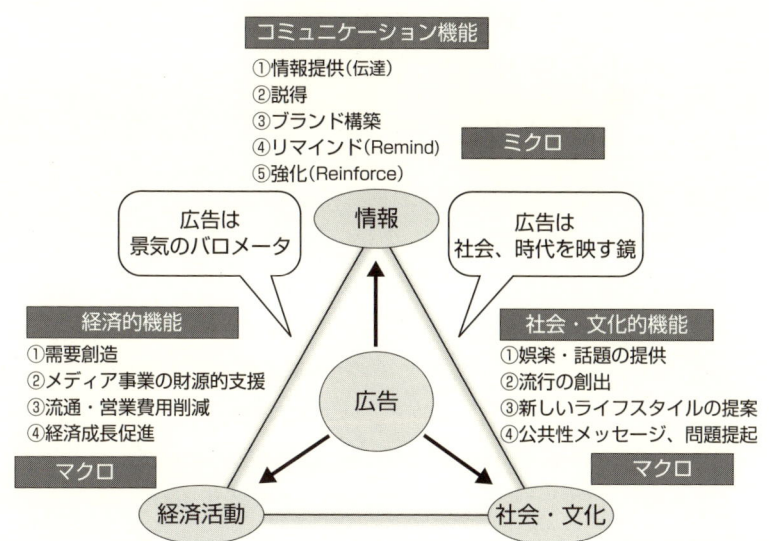

図表1-3：広告の機能（マクロ、ミクロ）

### 4) リマインド（Remind）機能

既存の商品やブランドを思い出させリピート購入を促進させるためには、成熟市場の確立されたブランドでも、定期的に広告を使うことは有効である。

### 5) 強化（Reinforce）機能

購買者に対して商品選択は間違ってなかったと確信をもたせることも広告のコミュニケーション機能である。

これは、購入後他社の製品も気になり、自分が購入した商品が正しい選択だったか疑いや不安をもつことがある。これを認知的不協和（cognitive dissonance）と呼んでいるが、そうした消費者心理の不均衡を是正するために、商品に満足している顧客の姿を描いたりして強化していく場合も必要となってくる。

## 4. 広告の種類

広告を構成要素に分解してみると、「広告主が、意図された広告目的をもって、何（広告メッセージ）を、どんなメディアを介して、いかに表現された広告物を、誰（ターゲット）にどのようにして届けるのか。」これをもとに、広告の分類を行なって整理したい。

### (1) 広告の分類（主体・目的別）

広告目的からみると、企業の商業目的と非営利目的に大きく分かれる。

#### 1) 営利企業の商業目的

まず、消費者向け広告では、商品広告、企業広告、リクルート広告が挙げられる。

商品広告についても、セールスキャンペーン告知を目的としたプロモーション型広告とブランド構築を目的としたブランド広告に分かれよう。

リクルート広告については、かつて、製鉄会社などの重厚長大企業と呼ばれた広告主が、こぞってテレビCMや新聞などを使って、学生に対して好意度を上げる目的でおこなったことがあった。

また、産業広告や流通広告と呼ばれる、生産財メーカーが業務用に顧客向

けに行なう広告やメーカーが卸売業や流通業向けにおこなう広告などは、消費者向け（Business to Consumer）でないため総称してB to B（Business to Business）広告と呼んでいる。

## 2）非営利目的

こちらは広告の主体では、非営利団体、政府広報、公益事業、政党、宗教団体などが挙げられる。営利企業でも公共性の高いメッセージ内容であるなら、この範疇に入る。

公共広告の内容については、ACジャパン（公共広告機構）にみられるように、公共マナー、骨髄バンク、子宮頸がん予防啓蒙、環境保護などの公共性の高いメッセージ広告が挙げられる。

東日本大震災後では、一般広告主の自粛の中、一時ACジャパンがCM総量の88％近くを占拠したため、注目を集めた。

また、政府広報や行政機関、その他関連機関による行政広告もここに分類される。政府広報では、地球温暖化対策としてクールビズ・キャンペーンや裁判員制度導入時の啓蒙キャンペーンなどが挙げられる。

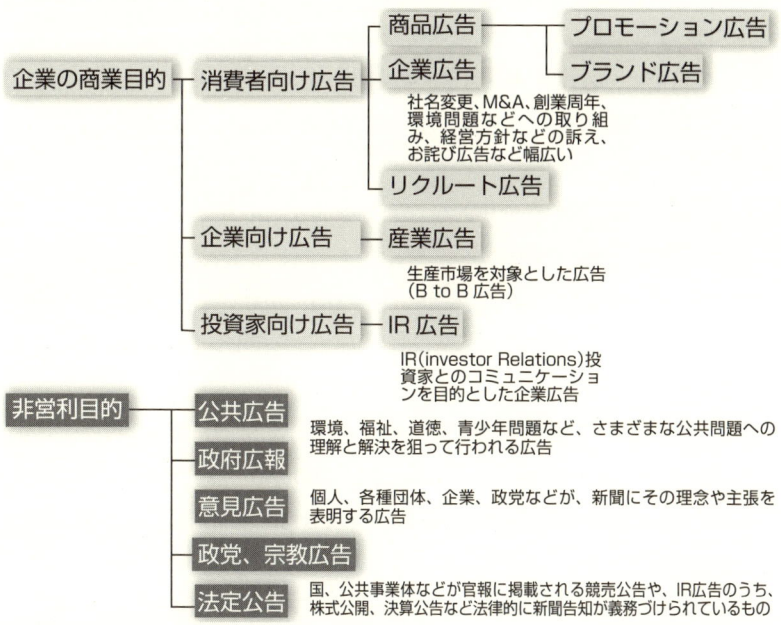

図表1-4：広告の種類①（主体・目的別）

**3）その他（政治広告、宗教広告、意見広告、法定公告、お詫び広告、案内広告、死亡広告など）**

　その他、意見広告、政治広告、宗教広告、法定公告なども挙げられる。

　意見広告については、かつて国鉄（現JR、1987年民営化）が1974年全国紙を使って3日連続全ページ広告を打って話題となったことがある。当時3兆円ともいわれる累積赤字に悩む国鉄が、「国鉄は話したい」など国民に対して意見広告の形での運賃値上げの必要性、窮状を訴えた、賛否両論を巻き起こしたものの、画期的な広告であった。

　投資家向け広告（IR広告）としては、株式を促進する目的の広告以外に、株式公開、決算公告、株式分割、合併など法律的に新聞で告知することが定められている「法定公告」がある。法定公告には営利企業のみならず、国、公共事業体などが官報に掲載される「不動産競売公告」や「破産公告」などもある。

## (2) 広告の分類（広告表現別）

　次に、広告表現上の分類について触れたい。なお、広告媒体による分類については、4章で述べるので、ここでは割愛する。

　この分類では、表現フォーマットからみた場合とティーザー広告、比較広告、タイアップ広告、コラボ広告など広告表現手法からみた場合と2つに分けてみる。

　広告が受け手に与える全体的な雰囲気や印象、それをトーン＆マナーと呼んでいるが、つまりクリエイティブのベースとなる表現基調からみると、「コミカルな」、「シリアスな」、「セクシーな」「かわいらしい」、「落ち着いた」、「リズミカルな」などの感情によって、これを1つ1つ分類すると、細かくなりすぎてしまう。

　そこで、さまざまな分類法がある中で、ここでは"Contemporary Advertising & Integrated Marketing Communications 13ed."に載っていた、テレビCMにおける24のexecution spectrum（制作技法の分布、範囲）をもとに説明したい。

　Frivolous（軽薄、楽しい）とSerious（シリアス）を対極において、その間にそれぞれのタイプをプロットしたもので、24あるが、ドラマ的なも

のでは、楽しいもの、シリアスなものと別々に、テスティモニアル（推奨）では、顧客、仲間、専門家と誰かに推奨するかによってカウントされており、表現フォーマットからみると、およそ8分類にまとまる。

**1) ストレートアナウンスメント広告**
　誇張した表現や映像を作り込んだりせず、商品のセールスポイントなどを機能面からストレートに説明するもので、広告はセールスメッセージを伝えるセールスマンの役割から生まれたことからテレビ創生期の頃からあるタイプ。にぎやかさはなく、シンプルなため、インパクトに欠ける面もあるが、誠実さをアピールするためには効果的である。

**2) テスティモニアル（推奨）広告**
　その商品の愛好者、有名人や専門家や顧客などが視聴者に商品の良さを推奨するもので、第三者を通してアピールするため、信頼性が高いイメージを出す効果がある。

**3) デモンストレーション（実証・実演）広告**
　商品の良さを、実際に実演して見せて納得させるもので、説得力が強く、機能特性をアピールする場合に効果を発揮する。

**4) ドラマストーリー広告**
　あたかも連続ドラマをみるように、多くのタレントを登場させ、ストーリー仕立てでみせるもので、コミカルなタイプやシリアスなタイプとさまざまある。シリーズ化されやすいタイプ。

**5) スライスオブライフ（Slice of Life：実生活）広告**
　商品が実生活の中で深く関わりをもっていることを表現するもので、消費者の生活実感としての共感を得ることを狙いとするため、フィクションのように誇張するものではない。

**6) ライフスタイル（イメージ）広告**
　商品の特長を説明するよりも、ターゲットのライフスタイルに商品が溶けこんでいる様をイメージ的、感情的に訴えかける広告で、若年層を狙ったファッション性の高い商品や飲料などに向くソフトセルなタイプ。

**7) 音楽・ジングル（コマーシャル・ソング）広告**
　テレビCMは、とかく映像に目を向けがちであるが、効果的な音声や音楽が伴ってこそ強力な表現メディアとなりうるものである。

ながら視聴でも、聴きなじみの懐かしい歌がコマーシャルで流れたら、目を向ける場合もあるだろう。映像よりも音楽が印象に残るCMもある。

## 8）アニメーション広告

かわいらしいアニメーションによるキャラクターは、3Bの法則（Beauty, Beast, Baby）同様、視聴者に親しみを与え、無形のサービスなどにはキャラクターにパーソナリティをもたせ、ヴィジュアルで訴えるため、距離感を縮める効果がある。

上記以外にも、一般的には、「タレント広告」、「動物広告」、「こども広告」、「連呼型広告」、「街頭インタビュー広告」、「スペクタル広告」、「ユーモア広告」、「ドキュメンタリー広告」、「セクシー広告」など呼び名はいろいろある。

広告表現には多くの手法があるが、代表的な広告表現手法から追加分類すると、次のようになる。

## 9）ティーザー（teaser）広告

新製品やリニューアルキャンペーン時に、商品のポイントとなる情報を断片的に小出しに出すことで、その商品に対する注目と期待感を持たせる手法で、良く使われる手法である。その商品に興味のある人は期待感を高め、あまり興味のない人に対しても、コレはなんだろう？　という注意を喚起する効果がある。Teaserは、くすぐる、悩ます、じらすという意味。

## 10）比較広告

通常の広告は、広告主が自社の商品やサービスのセールスポイントをアピールするわけであるが、比較広告は、他社と比較することによって、自社商品の効用を消費者に効果的に伝え、その優位性をアピールする広告手法である。

JARO（日本広告審査機構）の定義では「比較広告とは、広告主が企業・商品・サービスなどの広告において、競争関係にある企業・商品・サービスなどの比較対象を明示するか、また明らかにそれとわかる方法で暗示し、客観的な評価に耐えうる事実やデータに基づいて、自己の優位性または特性を表現する広告をいう。」

欧米では、良く使われる手法であるが、日本では定着しているとはいえない（理由については、2章で説明）。

## 11) 編集タイアップ広告

　編集タイアップ広告は、記事体広告の一種で、スポンサーの意向を受けて媒体社の編集部門が広告部門と連携のもと関与するもので、いわば編集記事と連動した広告である。純広告（一般の広告）と違って、読者は記事としてついつい読んでしまい、広告と違って記事の中に商品が取り上げられているので、広告より信頼性が増すといった効果を狙っている。

## 12) コラボ（タイアップ）広告

　コラボ広告は、複数（2社以上）の広告主によるタイアップ広告[*4]で新聞、雑誌など印刷メディアでは以前より自由に行われている。

　テレビでは、1つのCM枠（15秒、30秒）に複数の企業が入ることをダブルスポンサーといって放送局が嫌い、原則禁止されているが、近年企画次第では受け入れられ、緩和されてきた。コラボの形態として「出版社（雑誌）と一般メーカー」や「映画宣伝と一般メーカー」などはよく行われている。

　2010年には、女性歌手ICONIQ（エイベックス）が、「わたしが変わる」を共通のキャッチコピーにした企業7社による異業種コラボCMも誕生した。ちなみに、7社は資生堂、ANA、スターバックスコーヒー、キットソン、マセラティー、ミューモ、リズムゾーン（所属レーベル）。

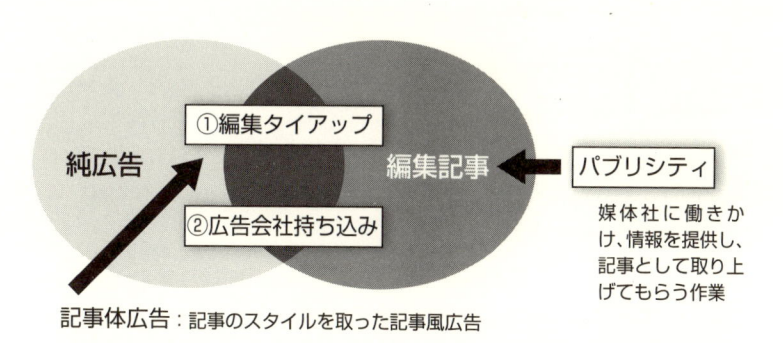

記事体広告：記事のスタイルを取った記事風広告

| | |
|---|---|
| ①編集タイアップ広告 | 新聞、雑誌の編集と広告主側が協同でつくる広告 |
| ②広告会社持ち込みの記事体広告 | 媒体社の編集は関与せず、通常の広告と同様、広告会社が企画制作して、媒体社へ持ち込む記事体広告 |

これらは実際の編集記事ではないので、媒体社側では、全面広告ないしPRページ等の表記をしている。

図表1-5：記事との関連でみた広告の分類

## 13）マルチ（multiple）広告

　新聞や雑誌の同一紙（誌）に1広告主が複数面にまたがって掲載した広告を指す。2頁くらいが一般的であるが、2010年全国紙を使って、集英社が少年ジャンプの人気漫画「ワンピース」のキャラクターを登場させたマルチ広告では、8頁全面広告が掲載され話題を呼んだ。また1社が新聞の広告スペースを全面買い切る場合も稀にある。この場合は、マルチ広告というよりは「メディアジャック」と呼ばれる。

## 14）ネガティブ（アプローチ）広告

　スポンサーからお金を貰って制作する以上、通常広告の中には、その商品のマイナス面、デメリットをわざわざ取り入れることはない。

　でも、商品のマイナス面、デメリット、そのようなイメージを逆手にとって伝える手法を取る場合もある。これをネガティブ・アプローチ広告と呼んでいる。

　このような広告は成功すると、強力なメッセージ力、インパクトがある反面、失敗すると大きなダメージとなる。

　かつてボルボの環境をテーマとした新聞広告に掲載された「私たちの製品は、公害と、騒音と、廃棄物を生み出しています。」という広告コピーは衝撃的で、ネガティブ・アプローチ広告の成功例といえよう。

[注]
* ＊1　CM総合研究所の関東地区3000人モニター調査では、12万回以上もCMがオンエアされているが、モニターが「好きなCM」として純粋想起でアンケートに書き込む作品数は、過去2年間（2009年8月～2011年7月）の平均で2.8作品である。
* ＊2　1867年2月の萬國新聞紙（第2集）に「広告」という言葉を使ったとの説もある。
* ＊3　福沢諭吉が創刊した「時事新報」は、新聞社が正当な手段で広告収入を得ることは恥ずべきことではなく、福沢自ら筆をとって広告の必要性を説き、堂々と社説でも掲げた。「商人に告るの文」（明治16年10月16日）では、「少し商売上の機転がある以上は年中絶え間なく広告することをよしとする。」など「学問のすすめ」ならぬ「広告のすすめ」を説いていた。
* ＊4　日本ではタイアップ（tie up）と呼ばれているが、欧米では tie in が一般的である。tie in partnership。

[参考文献]
・清水公一『広告の理論と戦略第15版』（2007年、創成社）
・亀井昭宏・疋田聰編著『新広告論』（2009年、日本経済新聞出版社）
・石崎徹編著『わかりやすい広告論』（2009年、八千代出版）

- 読売広告社編 藤田幸男『新聞広告史百話』(1971年、新泉社)
- エドワード・バーネイズ『プロパガンダ 新版』(2010年、成甲書房)
- 山川浩二『昭和広告60年史』(1987年、講談社)
- 深川英雄『キャッチフレーズの戦後史』(1991年、岩波新書)
- 植条則夫『広告コピー概論』(2003年、宣伝会議)
- Aren/Weigold/Arens (2011) "*Contemporary Advertising & Integrated Marketing Communications* 13ed." Mcgraw-Hill
- Kotler & Keller (2009) "*Marketing Management* 14th. ed." Pearson

# 2章　広告会社とそのビジネス

# 1. 広告会社の起こりと発展

## (1) 日米広告会社の起こり

　広告会社の起こりは、日米とも新聞社の広告スペースを販売する、いわばスペースブローカーとしての広告代理業から始まった。

　広告会社は米国で発展したわけであるが、1841年ボニー・パーマーがフィラデルフィアに、翌年ジョン・フーパーがニューヨークにそれぞれ媒体セールスを主な業務とする広告代理業を創設した。パーマーは、広告を入れることによって、媒体社から手数料（コミッション）を得るという今日の広告会社の報酬制度の原型を作った。また、その後ジョージ・ローウェルがボストンに興した代理業では、ローカル新聞の広告スペースを大量に買い上げ、それを広告主に切り売りする、広告卸売を行うようになった。媒体社から予め広告スペースやタイムを購入することを「買い切り」と呼んでいるが、その先駆けといえる。

　そして、今日の広告会社の原型が生まれたのは、1869年エアー親子によって、フィラデルフィアに創設された「N.W.エアー・アンド・サン社」からである。

　フランシス・エアーは、媒体社から軸足を広告主に移した代理業を目指し、今日の広告会社の手数料率の基準（15％）を確立し、媒体セールスのみならず、広告キャンペーン用の資料作成、市場調査など企業のマーケティング活動のサポートも行うようになった。

　1864年には、今日メガ・エージェンシーWPP傘下の広告会社の1つである、「J・ウォルター・トンプソン社」も創業され、米国の広告代理業は、媒体社から広告主の代理業へと脱皮して発展していった。

　一方、日本の広告代理業も、新聞社の広告スペースの販売から生まれた。明治の初めごろ、1871（陰暦、明治3）年12月8日、日本最初の日刊新聞『横浜毎日新聞』が創刊され、その後1872年『東京日日新聞』（毎日新聞の前身）、1874年『読売新聞』、1879年大阪から『朝日新聞』、1882年『時事新報』など続々と発刊された。当初新聞は、政府や政党から財政的援助を

受け、政党色の強いものであったが、その後報道中心の新聞へ向かっていった。それに伴い、報道体制の強化のために、財源の確保から広告収入を増やしていった。1890年頃には総事業収入のうち広告収入の割合は約30％になった。

　報道（ジャーナリズム）と広告（コマーシャリズム）は一見対極的に捉えられがちであるが、新聞経営上、報道を支えるためにも広告は必要で、報道と広告は車の両輪であることが日刊紙の歴史から読み取れる。

　こうした日刊新聞の発刊ラッシュの中で、1886年弘報堂、1888年廣告社（当初は毎日新聞の子会社、その後独立）が広告代理業として誕生した。

　当時の商業都市大阪で新聞社から興った広告代理業が数多く誕生したのに対して、東京からは、通信社を母体とした広告代理業が出てきた。

　通信社は、新聞社にニュースを提供し販売する事業であるが、通信業務は非常にコストがかさむことから、当時は広告の取次業務も行っていた。つまり、東京系の代理業は、通信業との兼営で発展していった。その代表例が今日単独世界No.1の広告会社となった電通である。同社は、1901（明治34）年創業者で初代社長の是永星郎が日本広告と電報通信社の2社を設立し、それが合併して1907年「日本電報通信社」（電通）となった。そして、1936（昭和11）年ライバルの通信社「聯合通信」との合併により、「同盟通信」が設立される。それによって、聯合と電通の報道通信部門が合体する一方、聯合通信の広告部門は、電通に譲渡され、両者の広告部門が一体となり独立して、今日の広告専業の電通が出来上がったわけである。

　通信と広告の一体経営だった頃の電通は、新聞社に代わって、広告セールスを行い、新聞社に広告を入れることによって媒体手数料を得、一方においては、新聞社に記事を売るという広告収入（媒体手数料）とニュース記事の販売収入を併せたビジネスモデルであった。新聞経営からみても、記事下の広告によって広告収入が得られ、それを資金に電通が配信する記事の購入に充てられるという記事と広告両面でなくてはならない存在だったことが理解できる。

　このような新聞社と通信社との関係という歴史的経緯からも、特に地方の新聞社に対する電通の影響はいまだに根強いものがある。

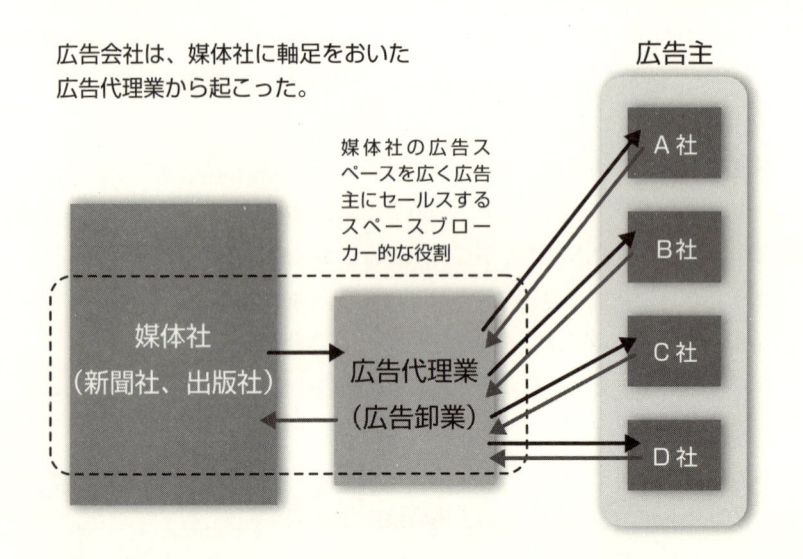

図表2-1：広告代理業と媒体社の関係（創成期）

業界第2位の博報堂は、電通より歴史は古く、教育雑誌の広告取次店として瀬木博尚が1895（明治28）年に日本橋に創業した。博報堂は、博文館の諸雑誌、新声社の雑誌「新声」の広告販売（入れ広告）から出版社を広告主とする、新聞社への出版広告（出し広告）へと発展していった。1910年「内外通信社」と商号を変更し、通信業兼営の広告代理業の時期もあった。

## （2）日本の広告会社の近代化、マーケティングの導入

初期の広告会社が、新聞社や通信社の経営強化から生まれたもので、業態としても広告取次業、スペースブローカーであったが、今日の発展のきっかけとなったのは、マスメディアの普及とマーケティング機能の導入であった。

### 1）マスメディアの普及

当初新聞、出版といった印刷メディアが広告媒体であったが、それにラジオ、テレビという電波メディアがこれに加わり、マスメディアとして成長するにつれ、媒体手数料が儲けの収入である広告会社も自ずと発展していくことになる。

1951年4月に、ラジオ東京、文化放送、新日本放送、中部日本放送など16社に電波監理委員会から予備免許が交付され、同年9月日本初の民間ラジオ放送は名古屋地区の中部日本放送からであった。中でも民間ラジオ放送、ラジオ東京の開局に尽力したのが、電通4代目社長吉田秀雄であった。

　ラジオの開局から2年後の1953年8月には、初の民間テレビ放送「日本テレビ放送網」が開局し、追って1955年2番目の「ラジオ東京テレビ（現TBS）」、1959年「日本教育テレビ（現テレビ朝日）」と「フジテレビ」の2局、そして東京キー局最後として1964年「科学教育テレビ局（現テレビ東京）」が開局された。

　テレビは国民の娯楽として急速に普及し、60年代から70年代前半の高度成長期と相まってマスメディア、強力な広告媒体に成長していった。テレビ開局前1952年の総広告費が385億円、1964年（東京オリンピック開催）で3491億円（うちテレビ1081億円）、1975年1兆2375億円（うちテレビ4208億円）、1989年5兆715億円（うちテレビ1兆4627億円）とテレビの普及なくして、広告会社の急成長はあり得なかったに違いない。

　ちなみに2010年の日本の広告費全体のうち、約3割がテレビ広告費（1兆7321億円）で、大手広告会社ほどテレビ広告の扱い率が高い[*1]。

**2）マーケティング機能の導入**

　また、一方では、マーケティング機能の導入・強化は、押し売りと広告屋はお断わり、士農工商代理店などと蔑まれた職業から、今日のステータス・ポジションへ押し上げ、広告会社の近代化、マーケティング・コミュニケーション業への脱皮を促した要因でもある。

　米国で誕生したマーケティングは、昭和30年代、1956年に日本生産性本部が米国に視察団を派遣したことから、それを広告ビジネスに導入しようとする気運が高まった。広告を科学的手法によって分析するマーケティングリサーチ、広告効果測定、消費者への心理学的実証アプローチなどによって、広告業務も一歩一歩近代化の道を歩んでいった。

　また、広告主の代理業として米国のAE（Account Executive）制を職種に採用するところも出てきた。AE制とは、広告主が自社のブランドを1社の広告会社にマーケティング戦略から広告制作まで全て請け負わせるスタイルで、広告会社が広告主とAE契約をすると、同業他社のアカウントをもて

ない排他的なものである。これを「1業種1社制」と呼び、欧米の広告会社の取引の基本となっている。一方日本の広告会社は、いまでも同業種でも複数の広告主をアカウントに持つ「1業種マルチクライアント制」を取っている。

さらに昭和40年代には、広告管理のためのコンピュータ・モデルの開発により、広告業務がシステム化され、広告業務の科学的手法に拍車がかかった。そして、広告会社は、昭和60年代には、スポーツ、文化イベント、CI[*2]（Corporate Identity：企業のロゴマークの開発など今でいうブランディング）、映画制作への関与など業務領域を拡大し、米国でもみられない、日本独自の総合広告会社として発展していく。

マーケティングの導入を契機に、広告会社は、媒体社の広告代理業から、広告主サイドに立つ代理業、そして今日の広告主の課題解決のための戦略立案パートナーへ変容していったわけである。

## (3) 米国アドバタイジング・エージェンシーの発展過程

米国は、媒体社の代理業から端を発したわけであるが、早くから広告主サイドに立つ代理業と媒体社サイドの代理業に明確に分化された。前者はもちろん今日の広告会社でアドバタイジング・エージェンシー、後者はメディアレップと呼ばれている。レップ（Rep）は、representativeの略で、「代表、代理人、セールスマン」という意味である。今日インターネット広告専門会社をよくメディアレップと呼んでいるが、この言葉自体は古くからあり、新聞社系の案内広告専門会社もメディアレップである。

さて、広告主サイドに立つ広告会社は、欧米の商慣習上、1業種1社制が今日もかたくなに守られている。また、日本のように同一業種の広告主と複数アカウントを持てないということは、アカウントの数は、限られてくる。そうなると、売り上げを拡大していく方向は以下の2つとなる。

1つは、国内市場に限定せず、グローバル企業のグローバルマーケティングの業務を積極的に請負い、海外市場の開拓を推進することである。

このような動きは、比較的初期の段階からあり、1960年マッキャン・エリクソンのトップだったマリオン・ハーパーが同社と同社傘下のマーシャック＆プラットの持ち株会社としてインターパブリックカンパニーグループ

（IPG）を設立した。IPGは、積極的なM&Aを行い、5年後に傘下に38の企業を買収し、71年にはニューヨーク市場に上場を果たした。

IPGの中核のマッキャン・エリクソンがコカ・コーラなどグローバル企業をアカウントにもっていたこともグローバルネットワーク体制の強化に向かわせたと推測される。

IPGは、現在4大メガ・エージェンシー（mega agency）の1つで、世界第4位の規模に成長し、2009年のグループ売上をみると、北米55.6%、北米以外44.4%となっており、売り上げの半分近くが海外市場となっている。

M&Aが積極的に行われているのは、グローバル化だけではなく、もう一方では、フルサービス化が挙げられる。

欧米では従来は、アドバタイジング・エージェンシーはマスメディアによる広告業務（ATL above the line）を事業領域として、広告以外のマーケティング・コミュニケーション、PR、SP、ダイレクトマーケティングなど（BTL bellow the line）は専門会社が担当していた。だか、広告主側からみれば、トータルなマーケティング・コミュニケーションをパートごとに別々の会社に発注しなければならない不都合が生じ、IMC（Integrated Marketing Communications：統合型マーケティングコミュニケーションズ）という理論のもと、1つの広告会社で全てのサービスが賄える、ワンストップサービス、つまりフルサービスを提供できるエージェンシーの必要性が強まった。

1980年初頭、広告主の広告から販売促進へのシフト、手数料の見直し（15%）などの動きは、米国の広告会社にとっては脅威となり、フルサービス化への対応に迫られていた。

広告以外のPR、SPなどの領域も対応し、統合型のマーケティング・コミュニケーションサービスの体制を確立するためには、グローバル化と同様、個々の専門会社をM&Aによって傘下に入れる必要がでてきた。

こうした状況の中で、今日のメガ・エージェンシーを形成する、大型M&Aが相次いだ。

1986年4月BBDOインターナショナル、DDB、ニーダム・ハーパー・ワールドワイドの3社による大型合併により、新会社「オムニコム」（Omnicom）が誕生し、一時広告扱い高で電通を抜いて、No.1となった。

ところが1か月後英国のサーチ&サーチ社が米国のテッド・ベイツ社を吸収合併し、オムニコムを抜いて世界一の広告会社となり、目まぐるしい大型企業合併が繰り広げられた。

　こうして、欧米では、「1業種1社制」の限界と広告主の要望を受けて、グローバルかつIMCによるフルサービスに対応すべく、さらに複数の専門特化された個々の専門会社をバンドリング（bundling：束ねる）し、メガ・エージェンシーと呼ばれるグループ経営が主流となっていった。

　一方日本の場合は、大手広告会社は、欧米でIMCが叫ばれる以前に既にメディアバイイング力を持ち、かつマスメディアによる広告のほか、PR、SP、ダイレクトマーケティング、イベントなどあらゆる業務に対応できるフルサービスを提供できる広告会社という存在になっていた。米国では死活問題だったIMC対応は、当時日本の広告会社にとっては、対岸の火事のようで、むしろ自分たちの方が進んでいると思っていた節があった。

　事実、欧米流IMCの事業領域を超えて、博覧会のプロデュース、映画製作、メセナ（企業の文化事業）、CIなど貪欲なほど事業領域を拡大していったのが日本の広告会社であった。

## 2.広告会社の組織と業務

　総合広告会社は、実に多くのマーケティング・コミュニケーション上のソリューション機能をもち、それに伴い多くの職種、部門を有する。また、図表2-2にみられるように、総合広告会社だけで全ての業務が完結されるわけではなく、それぞれの部門が外部の会社、広告主、媒体社はもちろん、CM制作会社、調査会社、タレントプロダクション、映画会社、レコード会社、PRエージェンシー、SP制作会社、印刷会社などと関わり、協力し合いながら、業務を進めている。

　ここでは、典型的な総合広告会社の組織と業務について、触れたい。

### 1) 営業部門

　営業は、クライアント（広告主）との交渉、折衝を行う直接の窓口で、社内的には得意先からの依頼に応じて、各スタッフ部門を取りまとめて、業務

を推進する、いわば、広告会社の要となる職種である。得意先にかかわるセールス業務に関しては、一切営業が行うのであって、媒体部門やその他部門の担当者が営業を抜きに、直接得意先とセールスの交渉をすることはない。

　また、広告会社の営業は、一般のメーカーの営業、販売員とは大きく異なる。既に完成された商品を、流通や小売店に販売するのではなく、個々の得意先のマーケティング・コミュニケーション上の課題に対して、課題解決のための企画を提案し、セールスするのである。つまり、オーダーメイド型の企画という、直接目に見えない商品を得意先にプロモートする役割を担っている。

### 2) 制作（クリエイティブ）部門

　制作部門は、テレビ、ラジオCM、新聞、雑誌広告などの広告表現の提案とそれに基づいて広告を制作・管理する部門である。広告主から依頼を受ける「オリエンテーション」や企画提案「プレゼンテーション」の際には、マーケティングスタッフ同様、営業と同行し、表現戦略や広告制作案につい

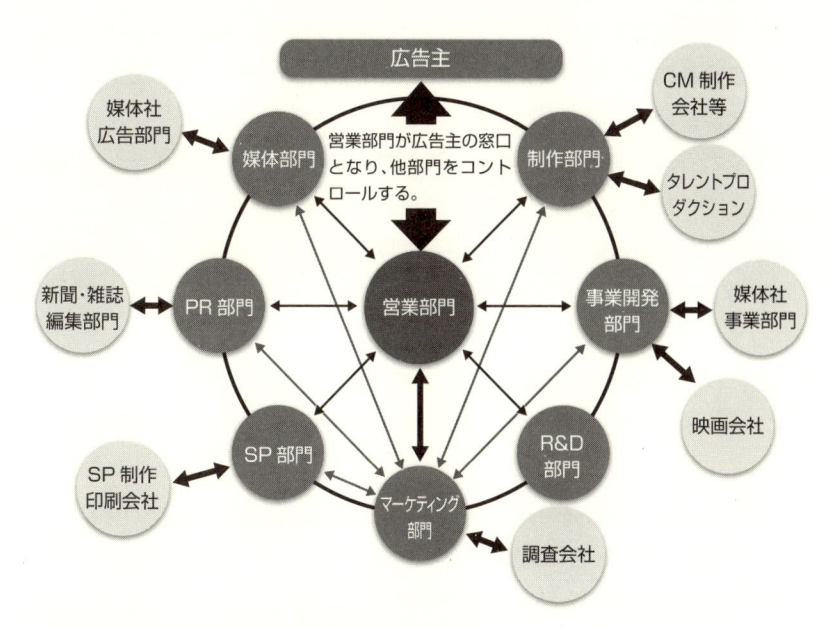

図表2-2：総合広告会社の組織部門と関連会社
出典：波田浩之『この1冊ですべてわかる広告の基本』（2007年、日本実業出版社）29頁をもとに作成。

て、プレゼンを行う。クリエイティブ・ディレクター（CD）を中心にCMプランナー、コピーライター、アートディレクターなどと企画を立案するとともに外部のCM制作会社やキャスティング、タレント・プロダクションなどと連携を取って広告制作業務を遂行する。

### 3）媒体（メディア）部門

テレビ局、ラジオ局、新聞社、出版社（雑誌）など媒体社と交渉しながら、スペースやタイムを購入するメディアバイイング機能とメディアプランニング機能を有する部門である。

いい広告枠を押えるためには、常日頃媒体社との良好な関係作りは不可欠である。売れないセールス物件のお手伝いをすると、必要な枠を獲得する際、便宜を図ってもらえる場合もある。

媒体社企画のセールスを行うばかりではなく、媒体社に向けてセールス企画を独自に立案して持ち込むケース（持ち込み企画）もある。

媒体部門は、単にメディアの仕入れ・販売だけでなく、メディア企画の立案、プロモートも行うところである。

### 4）マーケティング部門

広告主のマーケティング、コミュニケーション戦略立案やリサーチ業務などを行なう部門（ストラテジック・プランニング部門ともいう）である。プレゼンの際には、企画書の取りまとめを行って、営業のプロモート業務のサポートを行う、営業のブレーン的な存在である。制作のクリエイティブな発想に対して、戦略的思考、分析力、論理力などが求められる。当初広告主のマーケティング機能が整っていなかった時期はリサーチ（調査）が中心だったが、今日では戦略（ストラテジック）の提案に比重が移ってきている。また、ブランディングも重要な業務となっている。

### 5）PR（パブリック・リレーションズ）部門

広告主のPR活動全般にかかわる計画・立案をする部門で、最近ではCC（Corporate Communication：コーポレート・コミュニケーション）部門とも呼ばれている。新製品発表会のイベント企画、広報誌やアニュアルレポートなどの制作、CSR、社会貢献活動、危機管理、プレスリリースによるパブリシティ、記者対策といったメディア・リレーションなどさまざまなPR活動を行う。

### 6）SP（セールスプロモーション）部門

　マス4媒体以外のプロモーションメディアのセールス、プロモーションツールの制作、販売促進キャンペーンやイベント企画の立案・実施など、セールスプロモーションの企画・実施を行なう部門である。屋外広告、交通広告、POPなどのプロモーションメディアを「OOH（Out of Home）メディア」または「アウトドアメディア」という名称で独立させているところもある。

### 7）デジタル・インタラクティブメディア部門

　インターネット広告を扱う媒体部門であるが、インターネット初期1996年の頃は、電通、博報堂とも、インターネット広告の専門会社（メディアレップ）をそれぞれ設立した。当初はインターネットが広告メディアとして成立するのか不透明であったため、本体としては手探りの状態だった。その後通信インフラのブロードバンド化、定額料金制の導入などによって普及が本格化し、いまやインターネットは、新聞、雑誌、ラジオを凌ぐ広告媒体に成長した（2010年の広告費では、7747億円）。

　広告形態も、バナー広告のほか、キーワード検索連動型広告（リスティング広告）、行動ターゲティング広告、ソーシャルメディア、モバイル広告など多岐にわたり、メディアプランニングには欠かせないメディアとして定着した。

　これに伴い、広告会社本体のデジタル・インタラクティブメディア部門も本格的に対応せざるを得ず、機能、人員とも拡充してきている。

### 8）事業部門

　事業部門は、一般にスポーツ・文化関連イベントの企画・運営をする部門であるが、特にスポーツの協賛スポンサーを募るスポンサーシップが盛んになったことから、スポーツ事業部門、映画、アニメ、キャラクターなどのコンテンツ事業を行うメディアコンテンツ部門など分化してきている。

### 9）研究開発（R&D）部門

　研究開発は、英語では「R&D（Research & Development）」で、内容としては市場、消費者、ブランドに関するマーケティング領域と、広告、メディアに関するコミュニケーション領域の2つに大きく分かれる。同部門は、情報・データの入手から始まり、データ開発、プランニングモデル開発、ブ

ランド評価測定、商品開発など広告業務全般にわたって、現業部門を支援することを目的としたスタッフ部門である。

**10) マネジメント部門**

　広告会社も一般企業と同じく、企業組織上、人事、総務、財務、教育研修、経営企画などの機能を有するマネジメント部門がある。

## 3. 広告会社のタイプ

　広告会社のタイプを機能的にみると、マーケティング・コミュニケーション全般にわたって対応する、フルサービスの総合広告会社と専門特化された会社に大きく分かれる。

　また、欧米の広告会社（アドバタイジング・エージェンシー）が日本の広告市場に進出してできた広告会社を「外資系広告会社」、一般企業が立ち上げた広告会社を「ハウスエージェンシー」とそれぞれ呼んでいる。

**1) 総合広告会社（フルサービス）**

　総合広告会社の中でも、扱い高からみて、1位の電通、2位の博報堂DYホールディングス、3位のADK（アサツーディ・ケイ）は、3社合計で全広告費の48％となり、上位3社に極めて偏った寡占化となっている。総広告費の約3割を占めるテレビ広告費でみると、この3社のシェアは65％とさらに高まる[*3]。

　広告会社は、当初新聞社の広告代理業から始まったため、今日総合広告会社の中にも前身が特定の新聞社の専属代理店から興ったところもある。大広は、現在博報堂DYホールディングスの傘下にあるが、前身は朝日新聞社の一手取扱い代理店「近畿広告株式会社」で、新聞社の専属代理店として始まり、総合広告会社として発展していった。このような媒体社系総合広告会社には、読売広告社、朝日広告社、毎日広告社、日本経済社などがある。その他に、鉄道会社のグループ企業として生まれた、鉄道系広告会社から総合広告会社に発展した代表例としては、東急エージェンシーやジェイアール東日本企画などがある。

**2) メディア・エージェンシー**

メディア・エージェンシーとは、1980年代初頭の英国から生まれた、媒体機能に特化した専門会社である。

もちろんクリエイティブ業務はなく、メディアプランニングとメディア・バイイング（媒体購入）の2つで、欧米では、媒体業務はメディア・エージェンシーが行うのが主流となっている。

日本では、博報堂DYメディアパートナーズがわが国初の大型メディア・エージェンシーとして、2004年博報堂、大広、読広3社による経営統合によって博報堂DYホールディングスが設立されたのと同時期に誕生した。

### 3) クリエイティブ・エージェンシー

海外では、クリエイティブ・ブティックとも呼ばれ、メディア・エージェンシーとは、逆に媒体機能をもたず、制作および企画、ブランディング、商品コンセプトの開発などクリエイティブに特化した広告会社である。

総合広告会社を経由せず、広告主と直接業務を受ける場合も往々にしてあり、その場合はフィーで支払われる。通常広告会社は、企画制作に対して、フィーで支払われることは少なく、媒体手数料（コミッション）の中で、賄われている。

世界的に有名なところは、ナイキの広告を手掛けている「ワイデンアンドケネディ」、ニューヨークに拠点を置き、スミルノフ（ウォッカ）やリーバの商品を扱っている「ビッグチェア・クリエイティブグループ」などが挙げられる。

日本では、電通のトップクリエーターが独立して1999年設立された「タグボート」、佐々木宏（元電通）、黒須美彦（元博報堂）が中心となって興した「シンガタ」、アートディレクター佐藤可士和（元博報堂）の「サムライ」、箭内道彦（元博報堂）の「風とロック」[*4]、「ワンスカイ」などがある。

### 4) インターネット広告専門会社（インタラクティブ・エージェンシー）

インターネット広告領域に特化した広告会社で、独立系専業系と総合広告会社から生まれたメディアレップに分かれる。

①インターネット専業広告会社

サイバーエージェント、セプテーニ、オプトなどが挙げられ、広告代理業ばかりではなく、自社メディアをもったり、アドネットワークの運営、プラットフォームの開発なども行っている。当初は、中小の広告主の取り込み

が中心だったが、ソリューション力組織体制も強まり、大手の広告主の獲得も増やしている。

　2007年電通とオプトが資本・業務提携を結ぶなど、大手広告会社がネット広告会社の専門ノウハウを傘下に収める動きも出てきている。

②メディアレップ

　メディアレップは、媒体社と広告会社の間に入り、媒体社に代わって広告セールスを行う会社である。電通系のcci（サイバーコミュニケーションズ）、それに対抗して博報堂、ADK、東急エージェンシー、I&S BBDOなどが中心に設立されたDAC（デジタル・アドバタイジング・コンソーシアム）が代表的なメディアレップである。

　主な業務は、媒体分門と営業部門に分かれ、前者は媒体社からの広告メニューの仕入れ、販売、セールス商品の企画開発、後者は広告会社からの依頼によるセールス商品開発および販売を行っている。そのほかにネット特有の行動ターゲティング広告などのアドテクノロジーの開発部門があり、海外のインタラクティブ関連会社との提携などによって、独自の広告技術の導入も行っている。

## 5）BTL系広告会社

　マーケティング・コミュニケーションの中で、マス広告の領域（above the line（ATL）、以外のプロモーションメディア領域をbelow the line（BTL）と呼んでいるが、ここでは、各種BTL業務に専門特化した広告会社を、「BTL系広告会社」と呼ぶ。

　SPキャンペーン全般にわたる総合BTL系広告会社の筆頭は、「電通テック」が挙げられる。同社は、電通系印刷会社と制作会社などの合併によって設立され、屋外広告、DM、イベント、SPツールの制作、キャラクターライセンスビジネス、販売・流通戦略など幅広いBTL業務を行っている。

　博報堂は、総合BTL系広告会社として「博報堂プロダクツ」を傘下に抱えている。

　総合広告会社で触れたジェイアール東日本企画を筆頭とした、鉄道系ハウスエージェンシーも交通広告に特化した、BTL系広告会社の範疇にも属する。

　また、新聞の折り込み広告（チラシ）、この分野では、オリコミサービス

(チラシのほかに屋外広告、交通広告も扱う)、読売インフォメーションサービス、朝日オリコミなどが挙げられる。

### 6) 外資系広告会社

欧米の広告会社で最初に日本に進出したのは、マッキャン・エリクソンで1960年に博報堂との合弁事業会社「マッキャン・エリクソン博報堂」を設立した。その後1994年博報堂との合弁を解消し、マッキャン・エリクソンが100％資本をもち、現在国内最大の外資系広告会社となっている。

マッキャン・エリクソンは、4大メガ・エージェンシーの1つ、インターパブリックグループの中核広告会社で、単独広告会社の世界ランキングでは、電通に次ぐ第2位で、米国を代表する広告会社である。

国内有力広告会社と欧米メガ・エージェンシー並びに中核広告会社との資本、業務提携関係は、以下の通りである。

電通は、現在WPPグループのヤング＆ルビコムとの合弁会社「電通ヤング＆ルビコム」をもっている一方、ピュブリシスグループとその傘下のビーコンコミュニケーションズへ資本参加している。

博報堂は、マッキャン・エリクソンとの合弁解消後、2007年オムニコムグループとTBWA/HAKUHODOを設立した。

業界第3位のADKは、1984年のBBDOインターナショナルとの提携を解消し、WPPグループと提携し、1998年以来WPPグループは20％強の筆頭株主に収まって、密接な関係を築いている。

### 7) ハウスエージェンシー

ハウスエージェンシーとは、企業の広告・宣伝部が母体となって、アウトソーシングとして一部分離、子会社として独立した、企業系広告会社を指す。

ハウスエージェンシーは、グループ会社からの発注による業務の安定化、広告費のグループ内での還流などのメリットがある。

主なハウスエージェンシーは、メーカー系では、NTTアド（NTTグループ）、デルフィス（トヨタ自動車）、フロンテッジ（ソニー）、アイプラネット（三菱電機）などがある。

ハウスエージェンシーは、元来特定の企業の広告扱いのみだが、総合広告会社に発展したケースもある。

鉄道系のハウスエージェンシーに、その例がみられる。その代表例としては、JR東日本の広告を扱うジェイアール東日本企画である。同社はハウスエージェンシーとして誕生したが、他の企業の広告も扱う総合広告会社として成長し、JR東日本の交通広告媒体スペースをもつ媒体社の側面もある。

関東私鉄系では、小田急エージェンシー、京王エージェンシー、名古屋では、名古屋鉄道の名鉄エージェンシーがあったが、2006年電通が50％株式を取得して電通名鉄コミュニケーションズとなった。

## 4. 日本の広告会社の特殊性

技術的には多機能化した端末をもちながら国際競争力のない日本の携帯電話業界について、閉ざされた生態系の中で独自に進化したガラパゴス諸島のようだとよく揶揄される。

日本の広告業界も同様のことがいえる。欧米とは全く違う広告取引や商慣習などによって独自に成長した業界だからである。世界の広告会社のランキングをみると、今では単体のほかに広告会社グループのランキングも別に設けられている。

これは、欧米の広告会社は、80年代後半広告主のグローバルブランド戦略やIMCなどに対応するため、複数のグローバル・フルサービスエージェンシーを核として、M&Aを繰り返し、各地域のフルサービス・エージェンシーを傘下に収めネットワーク化し、さらにメディアバイイング・エージェンシー、クリエイティブ・エージェンシー、そのほかPR、SP、デジタルなどのスペシャル・エージェンシーも加わり、メガ・エージェンシー（ホールディング・カンパニー）と呼ばれる巨大広告会社グループが形成され、それが経営主体となっている。現在広告会社グループの上位を占める、Omnicomグループ、WPPグループ、Interpublicグループ、Publicis グループが4大メガ・エージェンシーといわれている。同ランキングをみると、国内広告会社では、電通が5位、博報堂ホールディングスが8位と世界のベストテンに2社入り、単体でみれば、電通が1位、博報堂は7位に入っている（図表1-3参照）。

|   | 広告会社グループ | 売上総利益 | 単独広告会社 | 売上総利益 |
|---|---|---|---|---|
| 1 | WPPグループ | 14,416 | 電通 | 2,494 |
| 2 | オムニコムグループ | 12,543 | マッキャン・エリクソンワールドワイド | 1,438 |
| 3 | ピュブリシスグループ | 7,175 | BBDOワールドワイド | 1,210 |
| 4 | インターパブリックグループ | 6,532 | DDBワールドワイド | 1,149 |
| 5 | 電通グループ | 3,600 | J.W.トンプソン | 1,149 |
| 6 | イージスグループ | 2,257 | TBWAワールドワイド | 1,082 |
| 7 | アバス | 2,069 | 博報堂 | 1,028 |
| 8 | 博報堂DYホールディングス | 1,674 | ピュブリシス | 1,023 |
| 9 | アクシオム・コーポレーション | 785 | ヤング&ルビカム | 987 |
| 10 | MDCパートナーズ | 698 | レオ・バーネットワールドワイド | 877 |

単位 100万ドル

図表1-3：2010年世界の広告会社グループ及び単独ランキング一覧
出所：Advertising Age誌（APRIL 25. 2011）調べ

　このように売上げ総利益から見ると、日本の大手総合広告会社は欧米のアド・エージェンシーと比べても遜色がない。しかし、電通、博報堂にしても日本の広告会社は、売上げの大半を国内市場に依存しているため、海外市場での扱いは大手広告会社でさえ全体の10％程度に甘んじている。その意味では、真のグローバル・アドエージェンシーとはいえない。自動車産業やエレクトロニクス産業が、海外市場の売上げ比率が国内を大幅に上回っているグローバル企業だとすると、日本の広告産業は国内市場に極めて依存度の高い産業といえる。
　なぜ国内の扱いが大半でグローバル企業ではないのに世界のランキング上位に入っているのか？　そこには、欧米のグローバルスタンダードからみるとかけ離れた、日本独自の広告ビジネスのルール、商慣習が横たわっているからである。
　ここでは、以下1）〜3）で日本の広告会社の特殊性について触れたい。
**1）広告主との取引（アカウント）上の違い**
　広告取引で欧米と比べて大きな特徴は、前述した通り欧米の「1業種1社制」に対して、日本は同業種の複数の企業を広告主（クライアント）として持つ「1業種マルチクライアント制」である。
　北米の自動車業界でみれば、フォードはWPP、GMはIPG、トヨタはピュ

ブリシス、日産はオムニコムというように4大メガ・エージェンシーによって棲み分けられている。

　これは、欧米のアドバタイジング・エージェンシーは、そもそも広告主のマーケティング・コミュニケーション上のパートナーとして、広告主の企業情報を把握できるほど密接な関係を保つため、競合企業の扱い（アカウント）を同時にもつことは商慣習上敬遠されている。

　それに対して日本の広告会社は、マーケティング・コミュニケーション力を備え、近代的広告会社に脱皮した後も、今日でも1業種マルチクライアント制は、媒体取次業の残滓として商慣習上続いている。一方、広告主側からも複数の広告会社を使い、お互い競わせることによっていい企画やセールス物件が得られるという考えから、複数の広告会社に媒体や商品を分けて扱いを与えることには欧米ほど抵抗感がない。ただし、外資系広告主からは、取引上、「1業種1社制度」をグローバルスタンダードとして強く求められていることも事実であり、営業局単位やカンパニー制などによって、競合企業のそれぞれの機密保持を担保することによって、マルチクライアント制が維持されているのが現状である。

　欧米では、日本と違い、各業種で1社というアカウント上の制約があるため、国内の売上げ拡大には限度があることが、欧米のアドバタイジング・エージェンシーがグローバル化に即座に対応していった背景にあるとみてよい。

## 2) 事業領域、提供サービスの違い

　今日、欧米ではM&Aによりフルサービスができるよう複数の専門特化された個々の専門エージェンシーをバンドリング（bundling）し、メガ・エージェンシーと呼ばれるグループ経営が主流となっている。一方日本の場合は、大手広告会社は、欧米でIMCが叫ばれる前に既にメディアバイイング力を持ち、かつマスメディアによる広告のほか、PR、SP、ダイレクトマーケティング、イベントなどあらゆる業務に対応できるフルサービスを提供できる広告会社という存在になっていた違いがある。

　日本の広告会社は元々マーケティング・コミュニケーション全領域におよぶ業務を内包化しており、さらにスポーツイベントのスポンサーシップ、博覧会のプロデュース、映画製作への関与など欧米のエージェンシーのように

自らの事業領域を限定せず、むしろ貪欲なほど拡大していったともいえる。

一方欧米では、フルサービスというバンドリング化の一方で、本体から、メディアバイング（媒体購入）業務をアンバンドルする形で、多くのメディア・エージェンシーが誕生した。

フルサービス・エージェンシーでは、1業種1社制のもと全業種を一巡すれば、本体のアカウントの数が拡がらないため、メディアバイングで規模の拡大を目指すためには、メディアバイング機能を本体から分離せざるを得ないという理にかなった事情がある。それによって、アド・エージェンシーは広告主のパートナーの立場がより鮮明となり、ブランド構築のため、クリエイティブ、マーケティング・ストラテジーなどの機能を充実させる方向に向かわせた。

今日メディアバイングでは、メディア・エージェンシーを通した扱いが全体の約7割を占めるほど定着している。

### 3）報酬制度の違い（コミッションとフィー）

日本の広告会社の報酬制度は、今日も続いている媒体の取扱高をベースとしたコミッションで、媒体料金に一定のパーセンテージを掛け、それを広告会社に支払う方式を取る。通常コミッションの手数料率は、媒体料金の原則15％ないし20％くらいである。仮に新聞掲載で1000万円の扱いがあれば、媒体取引の仲介を行なう広告会社へは1000万円のうち150万円が手数料として支払われ、手数料額が差し引かれたネット料金850万円が新聞社に入ることになる。

あくまでも掲載される媒体料金が拠りどころとなるため、広告会社が行なった業務内容や業務量によって左右されるものではない。このようにコミッションは、媒体の扱い高に依存するため、同じ労力を使うならば、細々とした媒体を集めてセールスするより、高額な媒体料となるゴールデンタイムの番組提供をセールスする方がはるかに効率よく売上げが立つことになる。

一方媒体料金の多寡には影響されず、実際に広告会社が担当する広告主の業務にかかわるコストをベースとしたものにフィー（fee）方式があり、欧米では今日こちらが主流となっている[*5]。

コストベースによる報酬システムには、いくつかの算出方法がある。プロ

ジェクトでよく用いられるフィー方式では、そのプロジェクトにかかわった人員の人件費と広告会社維持に必要なビル賃貸費、各種設備費、電気通信代、会議・交際費などの間接費（オーバーヘッド）、それに20％前後のプロフィット係数をかけた利益が加算されてフィーが算出されるのが一般的である。要は広告会社が広告主に提供する労働やサービスに対するタイムチャージであり、個々の社員の年収から時間当たりの単価を決めて、それが人件費のベースとなる。

　フィーは確かに合理性があるが、運用するためには広告会社はメンバーの時間給、作業時間数、作業内容の妥当性などのコスト管理業務が、一方広告主は、広告会社の作業内容、見積もり等が適正に行なわれているのかを判断する業務がそれぞれ発生し、業務が煩雑となりかねない。その点コミッションは、一定の媒体手数料で報酬を決められる、簡便な方法である。複雑な管理業務の増加を伴うフィーを実行していくためには、それに見合った報酬制度の妥当性が必要であり、そのためにもルール作り、広告主との合意形成は不可欠である。

| メガ・エージェンシー | 主なブランド・エージェンシー | 主なメディア・エージェンシー | 主なクライアント（広告主） |
| --- | --- | --- | --- |
| オムニコム | TBWA<br>BBDO<br>DDB | OMD<br>PHD | ダイムラークライスラー、P＆G、ペプシコ、VISA、アップルなど |
| WPP | JWT<br>オグルビー＆メイザー<br>ヤング＆ルビカム | マインドシェア<br>メディアエッジ<br>メディアコム | フォード、ユニリーバ、アメックス、IBM、AT＆Tなど |
| インターパブリック | マッキャン・エリクソン<br>ドラフトFCB<br>Deutsch | ユニバーサルマッキャン<br>イニシアティブ | GM、ジョンソン＆ジョンソン、ネスレ、マスターカード、マイクロソフトなど |
| ピュブリシス | レオバーネット<br>サーチ＆サーチ<br>ピュブリシス | スターコムメディアベスト<br>ゼニスオプティメディア | トヨタ、P＆G、コカ・コーラ、HPなど |

図表1-4：4大メガ・エージェンシー比較一覧

2章 広告会社とそのビジネス

| | 日本の広告会社 | 米国の Advertising Agency |
|---|---|---|
| 広告主との取引 | 1業種マルチクライアント制 | 1業種1社制 |
| 報酬制度 | コミッションが主流 | フィーが主流、成果報酬も。 |
| 国内・海外取引の比率 | 海外の比率は極めて低い。大手でも海外取引は10%程度。 | 海外の比率が高い。国内41%、海外59% |
| 業務範囲 | 大手広告会社の業務範囲は、広告、PR、SP、スポーツ事業、コンテンツ事業など業務範囲は広い。 | フルサービスのエージェンシーの他、様々な専門特化したエージェンシーが存在する。 |
| メディアバイイング | 日本の場合、大半は広告会社の機能からメディアバイイングを切り離していない。 | メディアバイイング専門のメディア・エージェンシーがメディア取引の約7割を占めている。 |
| 広告代理業のポジショニング | 広告主の代理、媒体社の代理双方を併せ持つ。 | 広告主の代理はアド・エージェンシー、媒体社の代理はメディアレップ |
| 広告取引の透明性 | コミッション制度により透明度は低い。 | フィー制度により透明度は高い。 |
| 業界の寡占度 | 電通、博報堂、ADK3社で寡占化 | 4大メガ・エージェンシーで全米の50%の扱い |

図表1-5：日米広告会社比較一覧

[注]

*1 電通の売上高1兆3,967億98百万円のうち、テレビの売上高は6,580億56百万円で、半分近い47.1%である（株式会社電通第162回定時株主総会招集通知添付書類平成22年4月1日から平成23年3月31日まで）。
*2 かつてCIは、NTT（85年旧電電公社）、JR（87年旧国鉄）など民営化され新たに誕生したりなど脚光を浴び、80年代から90年代初頭にかけてCIブームが起こった。
*3 公正取引委員会『広告業界の取引実態調査に関する調査報告書（概要）』（2005年11月）5頁～6頁。
*4 「風とロック」は、2011年6月末に解散後、新会社「すき」「あいたい」「ヤバい」3社が設立された。
*5 日本アドバタイザーズ協会『日本における広告会社への報酬実態調査』（2009年）3頁および31頁（グラフ）米国や英国では80%以上の取引がフィーで行われている。

[参考文献]
・清水公一『広告の理論と戦略第15版』（2007年、創成社）
・成田豊『広告と生きる』（2009年、日本経済新聞出版社）
・伊東裕貴『よくわかる広告業界』（2008年、日本実業出版社）
・波田浩之『この1冊ですべてわかる広告の基本』（2007年、日本実業出版社）

- 井徳正吾編著『広告ハンドブック』(2005年、日本能率協会マネジメントセンター)
- ドン・E・シュルツ他『広告革命米国に吹き荒れるIMC旋風』(1998年、電通出版)
- ナンシー・ミルマン著、仙名紀訳『スーパーアドマン』(1989年、ダイヤモンド社)
- 研究集団コミュニケーション'90編『広告産業　現代の演出者』(1986年、大月書店)
- 井出雅文『図解雑学　広告業界のしくみ』(2010年、ナツメ社)
- 湯淺正敏『メディア・ニュートラル時代における総合広告会社の変革』(2009年、日本大学法学部120周年記念論文集)
- 公正取引委員会『広告業界の取引実態に関する調査報告書』2005年

# 3章　広告とクリエイティブ

# 1. 広告コミュニケーション

## (1) 広告環境の変化

　広告は、企業と生活者を結ぶコミュニケーションである。一方、生活者目線で言えば、企業から一方的に送りつけられるメッセージである。受け手の気分をそこなわない配慮が必要であり、社会や生活環境の変化に敏感に適応しなければならない。また、IT革新によって、情報環境が急変し、今日と以前では、広告コミュニケーションの仕方が変化している。

　20世紀のアナログ環境での広告コミュニケーションは、マス・コミュニケーション（テレビ、新聞、ラジオ、雑誌、ポスター）と、企業から個人へ送られるDMのワンツーワンのコミュニケーションで、成り立っていた。

　21世紀初頭からのデジタル環境では、"人の群"を追いかけるマス・メディアの従来の展開に加え、個人と個人、あるいは企業とネットでつながるパーソナル・コミュニケーションが発展した。2011年現在、世界で6.2億人の会員数を持つFacebookやTwitter等のソーシャル・コミュニケーションも旺盛になり、企業と生活者が、多面的に結ばれるようになった。

## (2) 広告形態の多様化

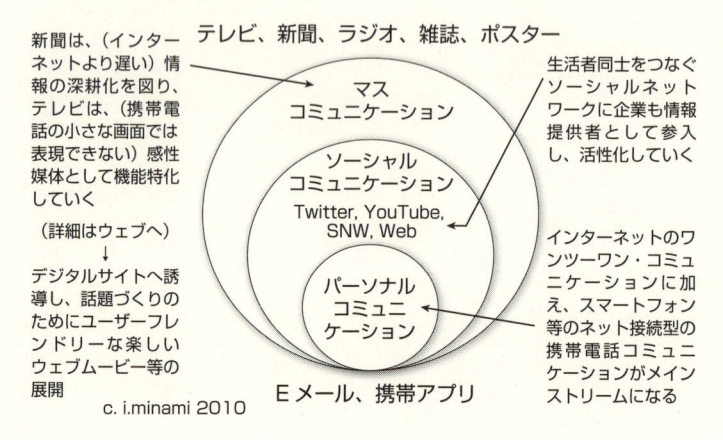

図表3-1：マス、パーソナル、ソーシャルの3つの系統が融合する21世紀型〈MSPコミュニケーション〉

情報環境の変化が、広告のアイデア開発にも影響を与えている。いまや、広告は、テレビ主導の展開にこだわらない"メディア・ニュートラル"という視点で捉えられている。

例えば、携帯画面や、媒体費不要の自社のウェブサイトや、動画サイトのYouTubeとか、メディアの多様化に応える広告戦略が求められるようになっている。

また、ネット環境から生み出されるたくさんの情報から有効な情報を見つけ、結びつける総合的な"コミュニケーション・アイデア"を創案することが求められている。

## (3) 広告構築の変化

急激に発達したIT技術により、新製品導入のインパクトや、テレビCMの反響も高い精度で測れるようになった。この結果、企業にとっては、生活者の好みや気持ちがより一層わかるようになった。

一方、netとcitizenの合成語で"Netizen（ネティズン、「ネット市民」）"という言葉が生まれ、世界中で20億人、即ち3人に1人の割合で、ネット環境を享受しているIT環境になっている（warc.com引用：2010年10月）。また、ネットが提供する豊富な情報を通じ、企業、商品、サービスを理解した"プロ・シューマー（プロフェッショナル＋コンシューマーの合成語）"と呼ばれる「賢い消費者」を生み出している。特に高額商品、例えばクルマを買おうとしている人たちの大半は、ネット検索し、比較検討して、ディーラーに向かうと言われている。情報をたくさん持った生活者を相手に、広告がどうコミュニケーションするかが、いま問われている。

ネット情報やウェブサイトの検索情報が、マス・コミュニケーションの絶対的な優位性を揺るがせ、企業の主観情報の説得力を失効させている。こんな時代の広告クリエイティブとは、を考えていく。

## (4) 広告のクリエイティブ

従順な"マス・ターゲット"は存在しないという前提に立って広告を、クリエイティブする必要がある。そして、生活者に「好きだなあ」とか「買ってもいい」という販売促進効果を求めていく。

しかし、広告が、広告主の利潤追求の願望から発している限り、その内容は、商品やサービスの優位点を伝えるビジネス・レターになりがちである。このようなビジネス・メッセージは、世の中に氾濫し、生活者にとって関心のある商品以外のものには触れたくもないし、時間もとられたくないと思っている。嫌いでも、思わず見てしまう、覚えてしまう工夫をほどこした仕掛けが必要になる。人々の興味と関心をひく工夫が、広告のクリエイティブである。

## (5) 広告のプロデュース

1日に3000もの広告情報に接する生活者に対して、興味・関心を抱いてもらえる広告キャンペーンを制作する広告会社のチームは、全体を統轄する営業、媒体担当、デジタル・プランナー、(マーケティング戦略構築の)ストラティジック・プランナー、(調査担当)マーケター、クリエイティブ・ディレクター、コピーライター、デザイナー、CMプランナー、セールス・プロモーション、PR、キャスティング等最大12の専門分野から構成されるプロジェクト・チームになる。

「多数決でつくられた最近の広告は面白くない」という広告批判が、ある。多数決で動く"チーム制"に問題があるという指摘に、今後どう対処していくかが、ブレークスルーのポイントになる。

また、単一の表現案よりも、IT環境のキャンペーンを動かす大きなアイデアを求める広告主の要望にどう応えていくか、ひとりのクリエイターのひらめきだけでは突破できない大きなバリアに直面している。

## (6) 広告に対する反応

クリエイティビティを駆使した広告に対し、人は4つのリアクションをする。「好き(共感)」と「知りたい(関心)」という2つの動機で広告を見たり、覚えたり、話題にする。「嫌い」と「知りたくない」いう2つの拒否反応が、広告から人を遠ざけている。

結果的に「好き」と「知りたい」が重なる1/4の領域でしか、広告を認知してもらえないことになる(図表3-2)。

これに呼応したように、米国の(CMスキップ機能のついたビデオでの閲

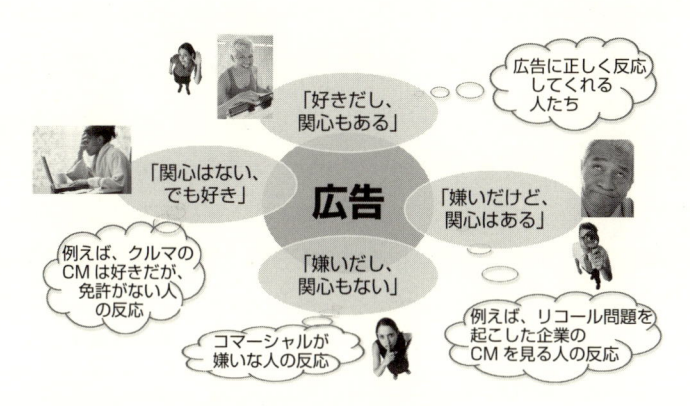

図表3-2：人は広告に対し4つの反応をする

覧時の）調査では、3/4（72.3%）のCMが飛ばし見されているという結果がでている[*1]。この中でスキップされないで見られている1/4（27.7%）のCMでは、エンターテイメント性の高いビールのCMが、67.3%で最高に見られている。次いで、健康にとって有益な情報が多い薬品のCMであった。

調査を要約すれば「避けられるものなら7割のCMは見たくない。でも、楽しい、あるいは、ためになるCMであれば、見てもいい」。

楽しい（共感）、ためになる（関心）、この2つの接触動機を取り込んだCMが「好きだ」「買ってもいい」の販売促進結果を作ることになる。

## 2.広告発想の「導具」たち

情報を整理する、分析する、客観視する、エッセンスを発見する、考えをまとめる、発想を容易にする等の目的のために、マーケターやクリエイターが創案した広告界の遺産というべき、有効な方法論がある。

情報が氾濫するネット環境においてこそ必要とされ、新しい広告発想を適切な方向へ導くための、思考・発想のツールを「導具」と呼び、以下に詳解する。

## (1) 情報分析による思考「導具」Planets & Moons（プラネット＆ムーン）思考法

クリエイティブ・アイデアを発想する前に、膨大な情報をどう整理し、筋道をつけるかという作業がある。実は、情報の意外な組み合わせから「発見」が生まれる。「発見」のひらめきとか直感の"暗算"部分を机上につまびらかにする＜Planets & Moonsプラネット＆ムーン＞TMという思考法がある。米国のRed Spider社が創案したものであり、近似するものとして「KJ法」（川喜田二郎氏創案）が日本にはあるが、ここでは、前者を紹介する。

［思考過程］
- ある課題に対しネット検索したり、ランダムに思い浮かぶたくさんのことが、"ムーン"になる。ただし、各"ムーン"は、単一の意味を持つひと言で構成される。
- 同じ性格を持った事柄を1つの"プラネット（惑星）"で囲み、"プラネット"の性格をひとことで表す。物事は、長所と短所があることから、（＋）（－）2つの"プラネット"にすると、性格づけが比較的容易になる。
- 複数のプラネットの言葉から、情報集約の結論である"エッセンス"を導き出す。この"エッセンス"が、表現の起点になる。

1. 情報整理する対象の「特徴」を、検索して得た情報や、想起した事項をランダムに列挙する（これが、ムーン（月））。
2. 同類のムーン（月）を集めて、ひとつのプラネット（惑星）の周りに配置。
3. 各プラネットを特徴づける言葉を与える。
4. 複数のプラネットから、「ひとことで言えば」を導き出す。

図表3-3：Planets & Moons

[参考事例]

例①クレジット会社の会員獲得のキャッチフレーズ開発

　任意に思いつく多くの"ムーン"発想が、2つの"プラネット"に集約された。1つは「あなたを信じてくれるキャッシング」もう1つは「前向きに計画的に生きられるカード」。この2つの"プラネット"から「前向きな人の（素早く手に入る）ファスト・キャッシュ」というエッセンスが導き出された。

新社会人のカード会員を獲得することを求められました。低所得層への勧誘の決め言葉を、あなたは何にしますか。

- 友達のように助けてくれる
- 突然のデートにも役立つ
- 気軽なキャッシュローン
- あなたのために眠らない24時間ローン
- 明日の10万円より今日の5万円
- 無理なくローンすれば安心

（あなたを信じてくれるクレジット）

- ほしいときに買える
- お金に困らないために
- お金でチャンスを逃さないために
- お金を味方につける
- 積極的に生きられる

（前向きに計画的に生きる）

**前向きな人の、ファスト・キャッシュ**

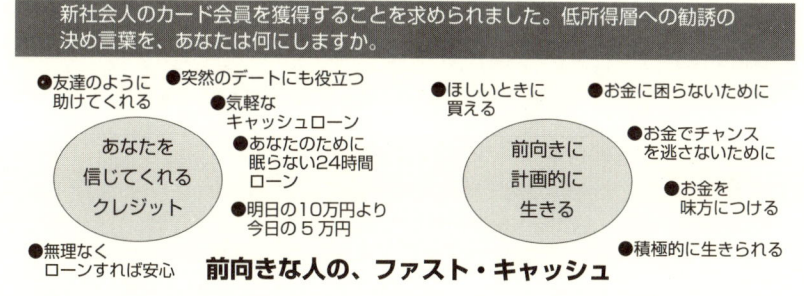

図表3-4：情報整理＜プラネット＆ムーン＞例①

例②廉価なファスト・ファッションの攻勢で、苦戦するジーンズの復活

　ここでは、"ムーン"発想が、2つの"プラネット"に集約された。1つは「気取らない皮膚感覚のファッション」というジーンズ育ちが生理的に覚えている感覚であり、もう1つは「原点のベーシック・ファッション」という今どきの廉価ファッションに対抗する元祖ベーシックの良さを際立たせる。この2つの"プラネット"から「人は必ずジーンズに還る」というカジュアル感を超えた頑固な品質感まで伝えるエッセンスに到達した。

廉価衣類に押されて、トラディショナルなジーンズが売れない。なんとか売れるように、セールスの決め言葉を考えましょう。

- なにとでもコーディネイトできる
- 安くて、丈夫
- 気軽なカジュアル
- いい友達のように長く付き合える
- 洗濯機に投げ込めばいい
- 毎日でも着られる

（気取らない皮膚感覚ファッション）

- 空気のように必要なファッション
- ジーンズをはいたことがない人はまずいない
- アルマーニだって普段はジーンズだ
- 無人島に1着しか持っていけないとすれば、ジーンズ
- 飽きない服

（原点のベーシックファッション）

**人は必ずジーンズに還る。**

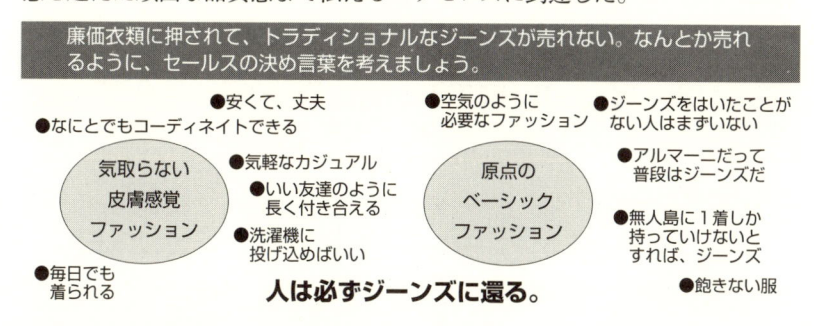

図表3-5：情報整理＜プラネット＆ムーン＞例②

## （2）情報分析による思考「導具」オニオン思考法

　段階的に物事を構成する要素を積み上げて、要点であり、表現の起点でもある"エッセンス"にいたる過程を、オニオンの断面を使って思考する発想盤。米国の広告会社サーチ＆サーチが創案したもの。
［発想過程］オニオンの外側から芯へ
・最も外側のオニオン・リンクに、「属性＝広告する商品の特徴」を表記
・特性＝属性から導きだされるメリット
・価値＝ユーザーにとっての特性の意味
・人格化＝現実の人、生物、想像上のキャラクターにたとえる
・エッセンス＝"ひとことで言うと"にまとめる

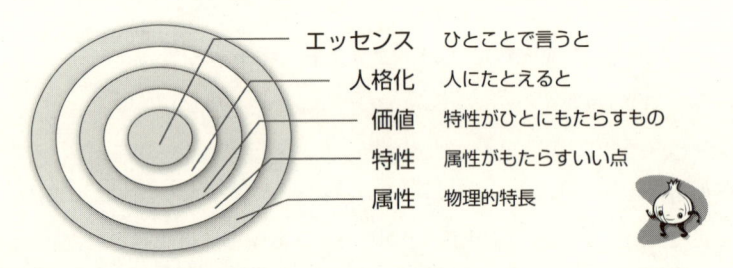

　　エッセンス　ひとことで言うと
　　人格化　　　人にたとえると
　　価値　　　　特性がひとにもたらすもの
　　特性　　　　属性がもたらすいい点
　　属性　　　　物理的特長

図表3-6：ひとことで言い切るエッセンスを導きだす

［参考事例］
例①ハイブリッド・カー
　周知の"燃費の良さ"や"環境に優しい"というメリットが醸成するエッセンス「先進の快適」が導き出された。

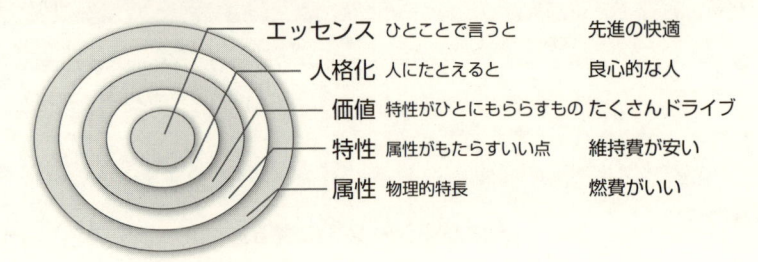

　　エッセンス　ひとことで言うと　　　　　　先進の快適
　　人格化　　　人にたとえると　　　　　　　良心的な人
　　価値　　　　特性がひとにもららすもの　　たくさんドライブ
　　特性　　　　属性がもたらすいい点　　　　維持費が安い
　　属性　　　　物理的特長　　　　　　　　　燃費がいい

図表3-7：ひとことでハイブリッド・カーを言うと

例②コーヒーと紅茶の比較

コーヒーが"オンタイム・ドリンク"、紅茶は"オフタイム・ドリンク"という両極端の性格付けが導き出された。

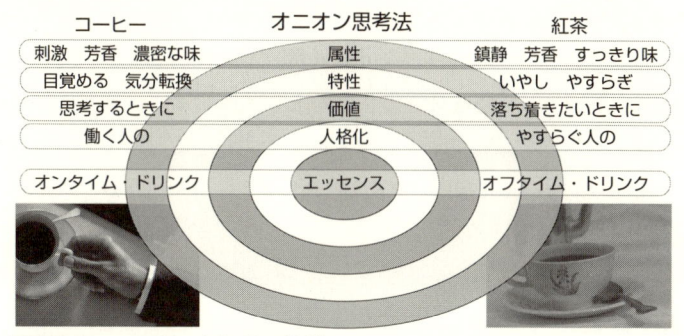

| コーヒー | オニオン思考法 | 紅茶 |
|---|---|---|
| 刺激　芳香　濃密な味 | 属性 | 鎮静　芳香　すっきり味 |
| 目覚める　気分転換 | 特性 | いやし　やすらぎ |
| 思考するときに | 価値 | 落ち着きたいときに |
| 働く人の | 人格化 | やすらぐ人の |
| オンタイム・ドリンク | エッセンス | オフタイム・ドリンク |

図表3-8：コーヒーと紅茶の比較

## （3）情報分析による思考「導具」ラダーリング思考法

ラダーリング思考法は、オニオン思考法の原型になったものである。「属性」→「特性」→「価値」の順序で、情報を発展的に整理・分析するための、より簡略な思考法である。

2つのファスト・フード・チェインを比較した参考事例（図表3-9）があるが、「子供がひとりで食べられるファスト・フード」と「家族ディナーになるファスト・フード」というように、両チェインの異なる位置づけが明瞭になり、表現の方向性が、"子供Vs家族"というように明確になった。

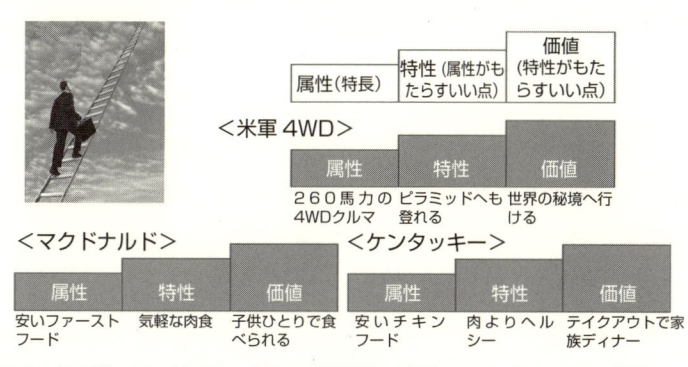

<米軍4WD>
| 属性 | 特性 | 価値 |
|---|---|---|
| 260馬力の4WDクルマ | ピラミッドへも登れる | 世界の秘境へ行ける |

<マクドナルド>
| 属性 | 特性 | 価値 |
|---|---|---|
| 安いファーストフード | 気軽な肉食 | 子供ひとりで食べられる |

<ケンタッキー>
| 属性 | 特性 | 価値 |
|---|---|---|
| 安いチキンフード | 肉よりヘルシー | テイクアウトで家族ディナー |

図表3-9："ラダーリング"は、考えの発展形を簡単に、見やすくする「導具」

## （4）その他の情報分析による思考「導具」

### 1）属性列挙法

問題は小さい単位にすればするほど、捉えやすくなる。

商品なら重さ、色、大きさ等「形状」、「利便」、「使用感」等、発想起点を小さくする。例えば、「地球温暖化」を考えるときには、自分の人生の間とか、地域等の温暖化に絞って考えれば、捉えやすくなる（米国ネブラスカ大学ロバート・クロフォード創案）。

### 2）KJ法

小さなカード1枚に、思いつくままに単一情報を記載する。また、情報の種類に応じて色別のカードを使う。共通項目に分類し、キャッチフレーズをつけて整理する。それらのキャッチフレーズから、エッセンスを抽出する。

### 3）6−3−5法

ドイツの形態分析法。①6人のグループで、各人が3案のアイデアを5分間で考えて、シートに書く。②そのシートを隣の人と交換し、それらのアイデアを否定しないで、インスピレーションを受けた新しいアイデア3案を加える。③これを1周回るまで繰り返すと、6×3×5＝90のアイデアが生まれる。たくさんの人がいれば、短時間にたくさんのアイデアが生まれるいい発想法である。

## （5）広告課題発見のための「導具」

### 1）SWOT分析

ソリューション型のアプローチ法である。いままでの、煩雑な情報を整理して、分析して、発想につなげるアプローチに加え、広告が取り組むべき課題を発見して、そこから発想していくアプローチである。

年間2000の商品が、新発売されると言われている現状では、競合問題をかかえていない商品は、ないと言ってもいいくらいである。例えば、商品名は知られているけれど、なぜか売れていないとか、売れていたけど売れ行きがにぶってきたとか、広告はその問題を解決して、少しでも売れるようにすることが求められる。このためには、商品を取り巻く環境を整理して、広告の課題を発見する必要がある。この課題発見アプローチでポピュラーな方法

を以下に記す。

　広告は、広告主のオリエンテーションで掲げられた目標設定に、どう取り組むかという指針設定から始まる。前節で紹介した"情報分析による思考法"に加え、"目標分析から課題発見"に至る道筋を見えやすくする方法論である。

　ダイヤグラムのY軸下部を「企業要因」とし、上部を「市場要因」とし、X軸左を（＋）要因、右を（－）要因と設定する。ダイヤグラム左下の第3象限をStrength（ストレングス＝商品／サービスの強み）、第4象限をWeakness（ウイークネス＝商品／サービスの弱み）、第2象限をOpportunity（オポチュニティ＝商品の市場性）、第1象限をThreat（スレット＝市場の脅威）という流れで情報を整理・分析し、総合的にダイヤグラムを見て、課題を抽出する。

何を課題にするか

| | 市場要因 | |
|---|---|---|
| O | Opportunity 機会 | Threat 脅威 | T |
| プラス要因 | Strength 強み | Weakness 弱み | マイナス要因 |
| S | 企業要因 | | W |

図表3-10：課題発見チャートとして

［参考事例］
例題「電気自動車の啓蒙」の目標に対して、まず、供給サイドの企業要因として、"ガソリンを併用しない"強みと、"未整備の電気供給施設や、1フル充電での走行限度"の問題が挙げられている。需要サイドの市場要因では、環境に優しい"クリーン＆グリーン"に対し、エンジンやガソリンタンクのない電気自動車なので、将来は、一般企業も参入できる"競合激化"が予想される。これらを統合的に見れば、"きれいな走りのコミュニティ・カー"という啓蒙課題が見出せた。

| Opportunity<br>排気ガスなしのクリーン<br>＆グリーン・カー | Threat<br>誰でも市場参入できる。<br>競合多数 |
| --- | --- |
| Strength<br>ガソリン併用でない電気<br>エネルギー | Weakness<br>電気供給源、<br>走行距離に問題 |

当面は「きれいな走りのコミュニティ・カー」で啓蒙

図表3-11：電気自動車の啓蒙

　もちろん、この課題設定に関しては、参加者が多ければ多いほど、さまざまな課題試案が提示されるであろう。これを討議することが、ブレーンストーミングの内容を深めることになる。

## (6) 広告課題から解決手法を見やすくする「導具」

### ハーマン・バスケの＜考える三角形＞

　「目的」から、SWOT分析で「課題」を抽出し、解決・手段の創案を見やすくする"考える三角形"である。デンマークのCDのハーマン・バスケが考案した手法である。大きなキャンペーンが、コンパクトな三角形に表されるので、競合とのキャンペーン比較にも使われるものである。

　単一目的に対して、複数の課題が考えられる場合、＜考える三角形＞は、その課題の数と同数の三角形をつくり、おのおのの解決→手段を探ることになる。

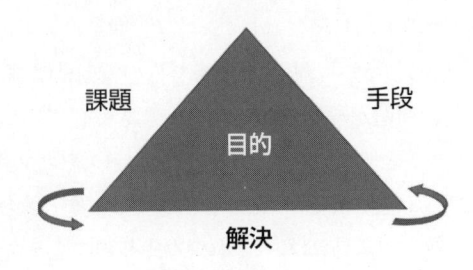

図表3-12：アイデアを考える三角形

[参考事例]
例①＜パリに五輪招聘＞キャンペーン。

　課題は、"パリに五輪なんか要らない"というクールなパリ市民の態度を変えようとしたパリ市の試み。（パリ市民のクールな態度は、五輪が引き起こす交通渋滞を嫌い、観光客の増加を避けてほしいという贅沢な要求から生まれていたが）解決は、理屈ではなく、「五輪の楽しさを体感してもらおう」というものであった。よって、手段は、「パリの目抜き通りを使って、五輪競技を実演する」。

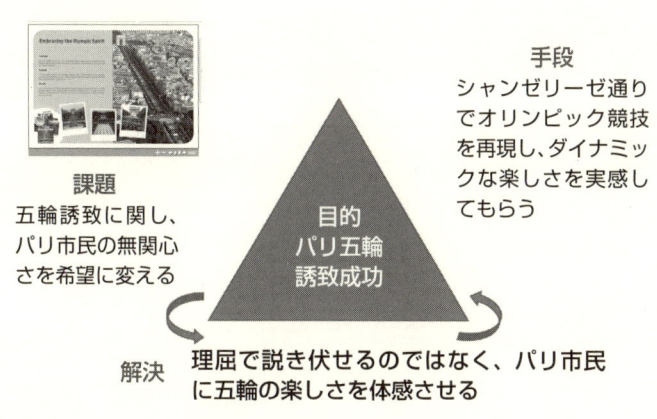

図表3-13：パリにオリンピック誘致

## （7）表現へのステップ

　広告主の要求を生活者のNEEDS（必要）やWANTS（欲求）に結びつける表現開発が、広告制作に課せられている。広告表現への主要なステップで必要な「導具」を案内してきた。

　広告表現は、多種多様であるが、表現のトーン＆マナーは、おおむね5種類に仕分けられる。

①話題性インパクト

　スナック菓子や即席食品のように、商品にあまり差がなく、検討に時間をかけないで購入してしまう「低関与度商品」の広告に多用される。話題を提供し、クチコミで、商品への関心を喚起する。

②好感度アップ

競合を引き離すトップブランドの広告や、イメージや嗜好で選ばれる炭酸飲料のような商品広告に多く見受けるトーン＆マナー。
③知名度アップ
「低関与度商品」の新登場告知や、売れているが意外と知名度が低い商品広告に使われる。
④理解促進
ネット検索の頻度が高いクルマやパソコン等の「高関与度商品」で多用される。
⑤ブランド・イメージ
商品格差がないときに、企業のブランド力を感じさせるために、あるいは、企業への好感度を醸成するために使われる。

表現のトーン＆マナーは、5種類ほどあるが、表現の切り口は、さらに少なくて、3種類である。
　1.商品　2.（使う）人　3.（人と商品がつくり出す）事

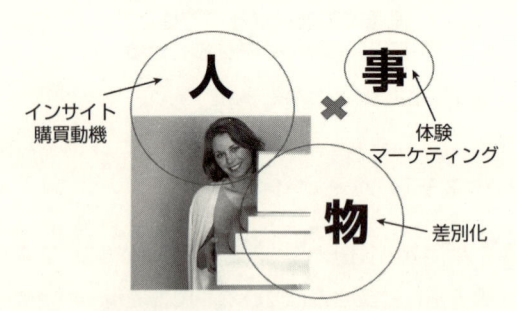

図表3-14：表現の３つの切り口

表現の切り口は、3種類であるが、購買動機づくりは多様である。低価格商品は、商品をほめる。高価格商品は、使う人をほめる。購買者心理を読み解く購買動機づくりの典型を示す。

3章 広告とクリエイティブ

| 3つの切り口だが、たくさんの訴求方法がある＜購買動機づくり＞ | | |
|---|---|---|
| 「商品」切り口の購買動機 | 「人」切り口の購買動機 | 「事」切り口の購買動機 |
| （こんなにいい）良質感訴求 | （より良い物を）上質志向 | （売れているのがいい）量 |
| （ここが違う）差別化訴求 | （より高級な物を）高級志向 | （少ないからいい）質 |
| （こんなに便利）利便性訴求 | （便利が快適に）付加価値訴求 | （伝統の優位性）順序 |
| （企業努力）作り手の思想訴求 | （人よりもよく）背伸び志向 | （正統への信頼）本質 |
| （常習になりそう）新習慣訴求 | （人とは違う）個性化欲求 | （理にかなう）合理主義 |
| （責任ある）ブランド訴求 | （誰にも話したくない）独占欲求 | （使い勝手がいい）実用主義 |
| （人より進んでいる）先進感訴求 | （変化を求める）変革欲求 | （専門家推薦）プロ目線 |
| （実績のある）信頼感訴求 | （安心したい）安定志向 | 少数決もいい |
| （身近な）親近感訴求 | （禁じられた）タブー願望 | 変わっているからいい |
| （企業良心の）環境保護主張 | （大勢にさからう）反逆志向 | 新しいのが一番進んでいる |

図表3-15：3つの切り口の購買動機

## 3. 表現発想の「導具」たち

　根源をたどれば、人は2つの思考法をもっている。垂直思考と水平思考である。

　垂直思考とは、考えを掘り下げ、論理の足場を固めていく思考で、他の正しくない思考経路を排除することによって、ある方向に向かって常に有効適切に思考すること。従って、「結論」を導くのに適している。

　一方、水平思考とは、流れにとらわれず、考えを飛躍させる思考で、正しくないと思考経路を排除することなく、多数の思考を開発する思考法。従って、「仮説」を導くのに適している。

　前節までは、どちらかというと、"理にかなった"垂直思考で情報を分析し、客観視してきた。3節では、マーケターからよりクリエイターに近づき、表現発想のための水平思考を調べたい。

### （1）新しい情報配列を誘発する思考法

　水平思考を体系化したエドワード・デボノは「伝統的な垂直的思考は、効果的であるが、同時に不完全なものでもある。（中略）情報を集めて、それを洞察力によって再構成して、創造性を生み出すプロセスが、水平思考なのである」と述べている[*2]。

　また、「アイデアとは、要素の新しい組み合わせ以外の何ものでもない」（J.W.ヤング）という指摘[*3]に、「水平思考」の要諦がある。

図表3-16の「並列法」では、A、Bの2つの関連しない要素を、変化を媒介させる記号として"ブラック・ボックス（デノボの場合は、"PO"で表しているが、本書では視認しやすい形体にした）"から生まれる新しい組み合わせ、Cを創造する例を示した。「コンピュータ」に対し、何でもいいのだが、できるだけ関連性の見えない要素、例えば「犬」を、ブラック・ボックスに入れて、各々の特性の創造的な再構築で、「コンピュータ」の使い道が見える。このように頭の中で"暗算"して"ひらめく"ことが、図解されている。だから、ある事柄の発展形を創造したいとき、水平思考の「並列法」を使えば、"ひらめき"やすくなる。

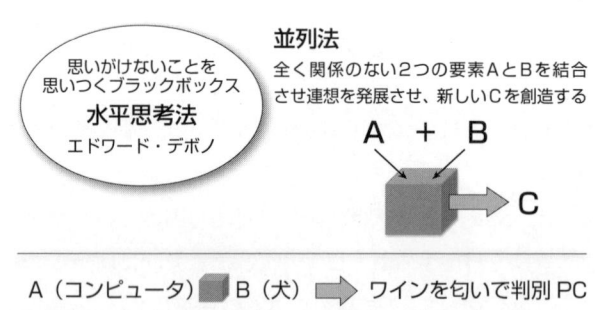

並列法
全く関係のない2つの要素AとBを結合させ連想を発展させ、新しいCを創造する

思いがけないことを思いつくブラックボックス
水平思考法
エドワード・デボノ

A + B → C

| A（コンピュータ） | B（犬） | → | ワインを匂いで判別PC |
| モニター | 侵入者に吠える | → | ホーム・セキュリティ |
| Wi-Fi無線 | 外で遊びたがる | → | リモコン付き首輪 |

図表3-16：水平思考の「並列法」

## (2) モノレーション発想法

　「並列法」を転用して、新しい商品開発をするための"気づき"を生み出すモデル「モノレーション」が発表されている（博報堂生活総合研究所2007）。
　［事例］AにBを作用させて、Aに対する"気づき"Cを見出して、新製品開発に役立てる（"モノレーション"記号の代わりに■（ブラック・ボックスを挿入）。

　　ラジオ■塩・コショウ＝意識していないが、いてほしい（ラジオ）
　　オーブンレンジ■マニキュア＝なくてもいいけど、あるといい

香水■ギター＝残り香（をテーマにした香水の開発が考えられる）

水着■炭酸飲料＝外に行きたくなる（街着としてのリゾートウエア）

デジタルカメラ■ばんそうこう＝人とくっつく、仲良しになれるカメラ

CD■手帳＝時間の流れ（をテーマにCD制作）

シャンプー■ビール＝一日の終わり（社会→自分を解放する潤い）

ヘッドフォン・ステレオ■人と話さなくていい＝人払い機能

電子レンジ■夫、子供ひとりで食べられる＝「卒婚」機能

包丁■むしゃくしゃしたときにみじん切り＝「平和維持」機能

　要は、江戸時代の日本人が創作した"○○とかけて、○○と解く、その心は？"という言葉遊びが、水平思考の応用篇、もしくはこの「モノレーション発想法」に適用された有効な商品開発のツールと言える。

## (3) 無作為刺激法

　デボノの体系化した水平思考の一手法で、話中に、任意の単語を投げ込み、創造的な展開を生む。

　例えば、「勉強を楽しくする方法」を話し合っているときに、ブラック・ボックス（以下、■と表記）■レーズン＝（レーズンは、太陽を浴びて育った果実）「健康的に屋外で勉強をする」楽しくする方法が発見できる。あるいは■ドーナツ＝（ほぼ誰もが好きなおやつ）教室の後ろにコーヒーサーバーやドーナツを置けば、授業も楽しくなる。あるいは、（チョコ、バニラ、シナモン、フィップクリーム等、いろんな種類がある）「個性を尊重した勉強法」を考えて、勉強を楽しくする。

## (4)「脈絡のない飛躍」法

　デボノは「垂直思考では、順序正しい論理の段階に従って思考が働いていくが、水平思考では、脈絡のない飛躍をして、（中略）思考を前進させる」このために「脈絡のない飛躍」が必要と指摘する。

　例えば「勉強時間」に関する討論に「■勉強のために費やされる時間は、勉強以外のことをしないために費やされる時間である」。この指摘は、後の討論で、"勉強以外のこと"の検証で、勉強の意味、価値等を再検討する起

点になる。

## (5) 疑惑（半分の確信）法

デボノは「討議が行き詰まったときに、■を用いて、行き詰まった局面を打開できる」と説いている。この打開策には、■"IF（もしも）"が有効であると指摘する。これは、コピーライターの糸井重里氏も「コピーに行き詰まったら、"IF"で、いろんな局面をつくって、コピーや広告を考える」と語っている。

例えば、地球温暖化というテーマで行き詰まったら、■もしも、タイムマシンでシロクマが絶滅する22世紀の地球に行ったらどうなるかなど、思考発展に役立つ。

## (6)「間違ったままでいる」法

「■どうして後ろ向きにクルマを運転してはいけないのか」という提案が、フロント・ウインドウには、ホコリや油膜がついて、運転視界が確保しにくいとの問題解決の議論で出た。後ろ向きに運転するのは、明らかに間違った提案だが、走行風圧とウインドウ角度に関心を転じるきっかけになるとか、有効になる場合もあり、垂直思考では却下されるアイデアが、水平思考では、間違ったままでいることを、デボノは手法化している。

## (7) 飢餓発想法

（人の気持ちを聞き取り調査する）定質マーケティングで使われている手法で、日常生活をデリートする水平思考がある。"もし、あるものを無くしたら、どういう状況になるか"をシミュレーションして、そのものの意味や意義を発見する手法で、新製品開発時に有効である。例えば、
・ある日、突然この世から、クルマがなくなったら？
・ある日、コーヒーがなくなったら？
・ある日、人類が愛を感じなくなったら？
・ある日、飛行機がなくなったら？
・ある日、夏がなくなったら？
・ある日、音楽がなくなったら？

有効な発想の種子があることに注目してほしい。

## （8）バルーン発想法

写真の登場人物にセリフをつけて、物事を客観視することで、見えなかった部分を見る手法。制作会社の入試試験に採用され、就職候補者の性格判断に使われたりしている。

その他、企画するイベントの過去の写真を見て、せりふを入れて、イベントになにが必要かなどを考え、発想していく手法。意外な角度の発想が浮かぶときがある。

図表3-17：バルーン発想法の例

## （9）自由発想法

「広告界で成功するのは、おばあさん子か、子供」とよく言われている。おばあさん子とは、おばあさんの経験豊富な知恵と注意力を授けられた成人であり、子供とは、好奇心旺盛で、いつも何故？ を連発する成人を意味する。「自由発想法」とは、既成概念にとらわれない、好奇心旺盛な頃の心理状態にかえり、発見を試みることである。まさに、水平思考の精神がある。

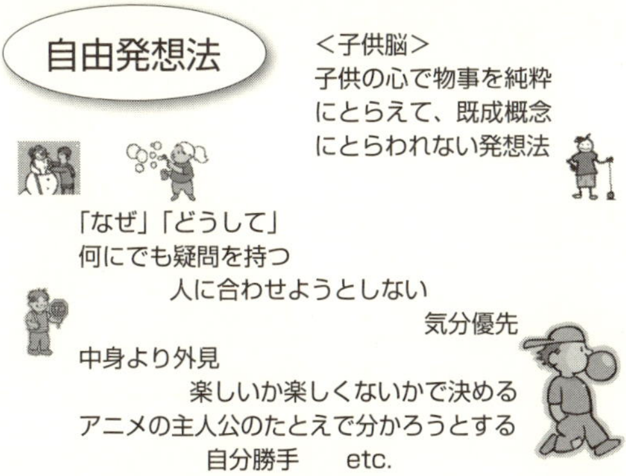

自由発想法

＜子供脳＞
子供の心で物事を純粋にとらえて、既成概念にとらわれない発想法

「なぜ」「どうして」
何にでも疑問を持つ
人に合わせようとしない
中身より外見　　　　　　気分優先
　　楽しいか楽しくないかで決める
　　アニメの主人公のたとえで分かろうとする
　　自分勝手　　etc.

図表3-18：無常識になる自由発想法

## (10) 垂直思考の逆をいく

　創造力の根源になる水平思考の主要な手法を以上に集約した。ひとつの事象を掘り下げるのではなく、広げることが、水平思考である。

　例えば、アシカが河をさかのぼってきて、いろいろなハプニングを起こしたことは記憶に新しい。アシカの見物人を俯瞰して描くと、人間模様のスケッチができる。ここに、街を離れて東京に行っていた、生活に疲れた家族を入れれば、物語ができる。すなわち、水平思考で物語の下地が描ける。

　広告では、ターゲットの性格付けをするプロファイリングなどに、この検索法を使う場合がある。

★見物人
・子供（友達になろう、毎日来よう、一緒に泳ぎたい）
・お母さん（かわいそうに迷子になって、動物園でひきとれないのかな）
・お父さん（水が汚いけど大丈夫かな、保護してやった方がいいのでは）
・近所のお店の人（記念まんじゅうでもつくれないかな）
・大学生（僕のブログに載せよう、音楽を流してやると喜ぶのでは）
★警察官（人が集まると事故がおこりやすい。早く去ってくれ）
★消防署員（動物のレスキューが必要かもしれない、そのときはどうするか）
★新聞記者（見物している人の感想を知りたい）
★テレビカメラマン（なにか、ハプニングがおきないかな）
★市役所員（町の名所にしたいな）

図表3-19：水平思考でハプニングをとらえると物語ができる。

## (11) 表現技術＜レトリック＞

　伝えたいこと"What To Say"が決まり、いかにそれを伝えるか"How To Say"のコピー技法を以下に記す。

**レトリック（修辞法）**
隠喩（メタファー）＝「○○に似ている」と言わないで、暗にたとえる
　Ex:酒は、男のため息だ。
換喩（メトニミー）＝ある事柄と関係の深い他の事柄を使って表現する
　Ex:リングに上がらなくなっても、ファイターだった。
転喩（メタレプシス）＝結果→原因のように、物事を裏返して表現する

Ex:靴が小さくなったのではなく、お子様が成長したのである。
風諭（アレゴリー）＝たとえなどで、それとなく遠回しにさとす
　　Ex:人生が旅なら、いいガイドが必要だ。
暗示＝相手にそれとなく、ある観念を与える
　　Ex:女性の第六感は、悪魔のささやきだ。
逆説（パラドックス）＝通説を否定するように見せて、真理を強調する
　　Ex:急がば、回れ。うれしい悲鳴。
対照法＝白と黒のように、事象を２元化して違いを表現する
　　Ex:子は、親を見て育つ。
活写法＝目の前にあるように、生き生きとした様子を表現する
　　Ex:鼻から白い息を出して、彼は駆けてきた。
挙例法＝体感されやすい実例を挙げる
　　Ex:ケニアの朝は、汗がふき出す暑さである。
列挙法＝あらゆる状況を、様態を挙げる
　　Ex:伸びる、縮むで、伸縮自在と言う。
誇張法＝事実以上に表現する
　　Ex:牛乳を毎日飲んでいると、身長が止まらなくなる。
緩叙法（ライトティーズ）＝控えめに言って、強調された効果を表現する
　　Ex:高級品というだけではお贈りしない。
擬人法＝人の行為や性格に、モノをたとえる
　　Ex:呼吸する靴
兼用法＝ひとつの言葉が、本来の意味と比喩的意味を兼ねる
　　Ex:この洗剤は、汚れにアワを食わせます。
反復法＝同表現あるいは類似表現を繰り返して強調する
　　Ex:千年も、万年も、来年も。
引用／証言＝人や本の言葉を引き合いにだす
　　Ex:「飲むふりして撮影するなら、お断りだ」（スティング）
詭弁法＝自分に有利なように勝手に状況を仮定する
　　・２分法　Ex:天使か悪魔か。
　　・相対法　Ex:家がなければ、旅もない。
　　・消去法　Ex:歩くのを止めたら、人は死ぬ。

・ドミノ論　Ex:兄が好きになると、僕も妹も好きになる。

　修辞法は、表現発想の「導具」ではないが、説得するための「導具」である。では、最後に、いままで発想したことを、広告会社内外に、どう説得するかを学習する。

## 4.プレゼンテーション

　広告は、説得の美学である。
　広告主を納得させ、生活者を共感させて、説得の美学が完遂する。ビジネス・レターから、楽しくて、忘れられないラブレターになって、広告の存在意味が生まれる。心を揺さぶるラブレターを書く人が、いいクリエイターである。
　初めに、広告の美しい"骨格"を描くことができれば、次に世の中に広告を送り出してくれる広告主の理解と賛同を得るためのプレゼンテーション話法を開発する必要がある。
　効果的なプレゼンテーションを行うアップルのスティーブ・ジョブズは、古代のアリストテレスが考案した"人を説得する5つのステップ"を参考にしていると言われている。

**アリストテレスの人を説得する方法**
①聞き手の注意を引くストーリーやメッセージを提出する
②解決あるいは回答が必要な問題あるいは疑問を提出する
③提出した問題に対する解答を提出する
④提出した解答で得られるメリットを、具体的に記述する
⑤行動を呼びかける。ジョブズの場合は「今すぐここを出て買ってくれ」といったところだろう。[*4]

　アリストテレスの説得法を、広告のプレゼンテーションに応用すると、
①広告主の問題意識（例えば、新製品の市場は明るいかどうか）から入る
②いままでの方法では、新市場を開拓できないことを訴える

③ライバルの顧客を引きつける方法を提示する
④新しい顧客獲得で、顧客層の若返りが図れる
⑤新たな流通販路を加え、スローガンを刷新する

　広告主へのプレゼンテーションと同様に重要なのが、制作担当チームのコンセンサスづくりであり、このために＜クリエイティブ・ブリーフ＞がある。

| 広告目標 | ブレの留意点 | 広告主が一番言ってほしいこと |
|---|---|---|
| 売上げアップか、ダウンに対する対策か、大型商品にしたいのかニッチな商品でいいのか広告主の期待 | 広告主は迷っているのか、自信があるのか、予算はたくさんあるのかどうか | 商品や企業の優位性、差別化点 |

図表3-20：キャンペーンの必要性

| 目標達成のための問題点 | どんな生活者 | 消費者の抱く商品や企業イメージ |
|---|---|---|
| ターゲットの高齢化とか、悩み | 属性：年齢、性別<br>特性：意識、価値観<br>新しいターゲットか顧客か | 強みや弱み、革新か保守か、親しみか憧れか品質感、知性、先進 |

図表3-21：どんな課題があるか？

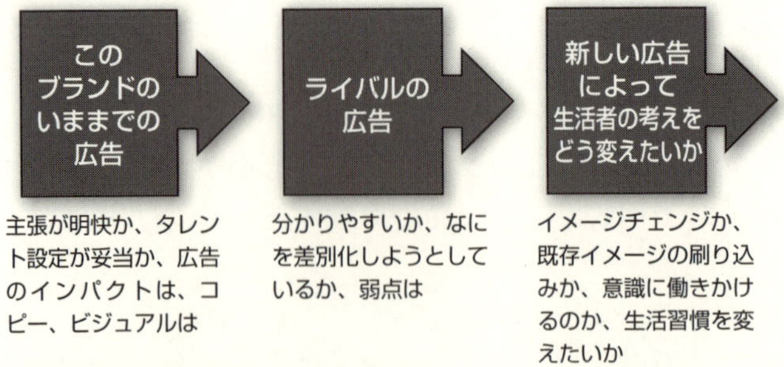

| このブランドのいままでの広告 → | ライバルの広告 → | 新しい広告によって生活者の考えをどう変えたいか → |
|---|---|---|
| 主張が明快か、タレント設定が妥当か、広告のインパクトは、コピー、ビジュアルは | 分かりやすいか、なにを差別化しようとしているか、弱点は | イメージチェンジか、既存イメージの刷り込みか、意識に働きかけるのか、生活習慣を変えたいか |

図表3-22：どう解決すればいいか

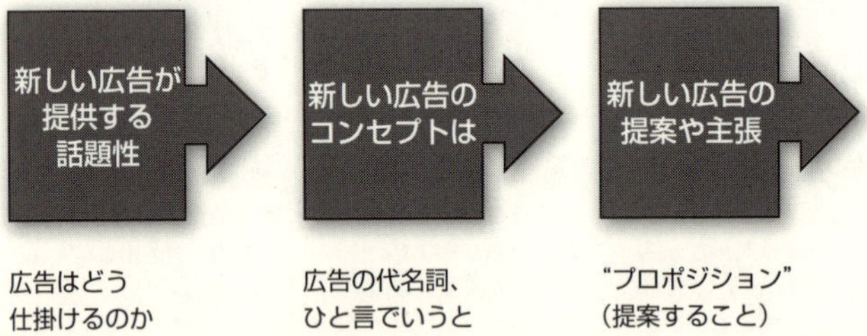

| 新しい広告が提供する話題性 → | 新しい広告のコンセプトは → | 新しい広告の提案や主張 → |
|---|---|---|
| 広告はどう仕掛けるのか | 広告の代名詞、ひと言でいうと | "プロポジション"（提案すること） |

図表3-23：どのような手段があるか

　＜クリエイティブ・ブリーフ＞は、広告というシンフォニーの楽譜であり、クリエイティブ・ディレクターの仕事である。
　「今日は昨日の延長ではない、1日として同じ日を過ごすことがない」広告クリエイターの世界に身を置くためのガイダンスとした。

［注］
＊1　AdAge.com "72.3 % of PVR Viewers Skip Commercials" CNW Marketing Research, Bandon, Ore.調査
＊2　エドワード・デボノ『水平思考の学習』（1971年、講談社）
＊3　ジェームス・W・ヤング『アイデアのつくり方』（2011年、阪急コミュニケーションズ）
＊4　カーマイン・ガロ『スティーブ・ジョブズ』（2010年、日経BP社）

# 4章　広告とメディア

# 1. 広告媒体と媒体特性

　いかに表現が優れていても、それを伝えるべきターゲットに広告が届かなければ意味がない。広告コミュニケーション上、メディアの役割は、広告メッセージをターゲットに効果的に届けるための手段であり、それぞれの特性を理解した上でのメディアの選択が重要となってくる。

　「広告」は広告表現とメディアが一体となって初めて成り立つものであり、ここでは、広告媒体について触れたい。

## (1) 広告媒体の分類

　広告媒体の分類は、電波媒体、印刷媒体、アウトドアメディア（またはOut of Homeメディア）、インターネットの4つに大きく分かれる。

　電波媒体では、テレビ・ラジオ、印刷媒体では、新聞・雑誌のレベルをメディアタイプと呼び、各メディアタイプの特定・個別媒体をメディア・ビークル（vehicle）と呼んでいる。具体的には、テレビではフジテレビの月曜日夜9時台のドラマ番組、新聞では、全国紙の「読売新聞」、出版では、小学館の女性誌「CanCam」などである。ビークルは、一般に乗り物の意味であり、広告メッセージを乗せる意味で使われている。

　媒体に広告を入れる際には、新聞では、全ページ広告、全7段広告、突出し広告など、雑誌では、表2のカラー（4C）広告、テレビでは、Aタイム（時間帯）の15秒スポットCM、番組内30秒タイムCM提供というように、定型化されたスペースやタイムを指定して媒体を購入していくわけである。このような広告掲出の基本単位を広告単位と呼ぶ。

　一般的には、従来からあるメディア、電波媒体のテレビ、ラジオ、印刷媒体の新聞、雑誌を既存4媒体、また、これらの既存メディアを、マスメディアであることからマス4媒体とも呼んでいる。但し、ラジオや雑誌は、媒体規模からみても、マスメディアというより、特定のターゲットを想定したメディアであり、「クラスメディア」や「ターゲットメディア」と捉える方が適切である。

　「日本の広告費」（電通発表資料）の媒体分類では、BS、CS、ケーブルテ

レビといった衛星系の電波メディアを「衛星メディア」として「テレビ広告」（地上波テレビ）と区別している。BS、特にCSテレビは、専門チャンネル化されており、雑誌のように特定層を狙える、ターゲットメディアとして、総合編成の地上波テレビとは異なるメディアと捉えるべきである。

　また、いまや広告費で新聞を抜いたインターネット広告は、広告テクノロジーの発展により、バナー広告以外に、キーワード検索連動型広告、行動ターゲッティング広告、アフィリエイト広告、モバイル広告などさまざまな広告形態が誕生している。

　BTLに属するメディアは、「プロモーションメディア」と総称しているが、屋外広告、交通広告、流通、購買時点のメディアであるPOP（point of purchase）広告、新聞紙に挟み込まれている折込、販促物であるカタログ、DM（ダイレクトメール）、フリーペーパー、フリーマガジン、電話帳、業界のトレード・ショーや自治体の展示映像、映画館で上映されるシネアドなどのメディアがある。

　自宅以外の外出時に触れる、生活動線上のメディアをアウトドアメディアまたはOOHメディアと呼び、以下の3つに分類される。

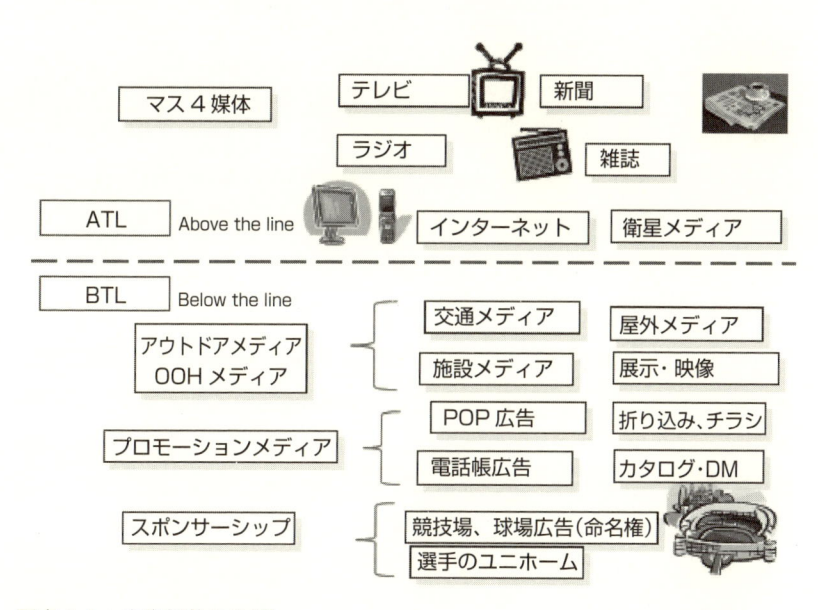

図表4-1：広告媒体の分類

①屋外メディアは、サイン、看板、屋外大型ビジョン、デジタルサイネージ、ビルボード、ビル壁面、懸垂幕など
②交通メディアは、電車、バス、タクシー、飛行機などの乗り物、駅、空港などの施設を利用するメディアを総称するもので、駅構内の駅貼りポスター、アドピラー、自動改札ステッカー、電車内の中刷り、額面（窓上、ドア横）、ドアステッカー、電車内ビジョン、その他ラッピング電車およびバス
③施設メディアでは、野球場、多目的アリーナ、空港、商業施設（六本木ヒルズ、東京ミッドタウンなど）内の媒体など

## (2) 広告メディアの媒体特性

　数多くの広告媒体を効果的に利用していくためにも、各広告媒体の機能、特性を理解する必要がある。
　新聞（全国紙）の利点は、信頼性が高い、活字により理解を促進させる、宅配による安定性、広告スペースの自由度が高い、タイムリーな広告が打てるなどで、一方不利な点は、テレビと比べて動きがないため、表現上インパクトが弱い、若年層をカバーするには弱い、日刊紙はデイリーのため、広告露出の寿命は短いなどが挙げられる。
　テレビは、映像・音声が伴うため、4媒体の中で一番表現上インパクトが強い、幅広くカバーする、到達度（リーチ）が高いなど利点があるが、一方では、一方向であるため、視聴者の反応が得にくい、媒体単価が高い、15秒、30秒が主流のため、多くの情報が伝えにくいなどの弱点もある。
　次にマスメディアというよりもクラスメディア化した雑誌とラジオのそれぞれの媒体特性について触れたい。
　雑誌は、特定層を狙い撃ちできる、ターゲット・セグメントされている、グラフィック的に高い表現性、新聞と比べて広告露出の期間が長い（保存性が高い）、編集タイアップ広告が比較的やり易い、回読率が見込めるが、一方では、広告を入れてから露出されるまでに時間がかかる、テレビなどと比べると広告の露出頻度が少ないなどが弱点である。
　ラジオは、エリア、ターゲットともセグメントが高い、ながら聴きが可能、習慣性が高い、「パーソナリティ」DJといった出演者とリスナーの信頼

関係が高い、製作費が安いが、一方、音のみで表現として弱い、リーチが低い、アテンションが低いなどが弱点である。

アウトドアメディアについては、広告露出頻度が高い、地域をセグメントして広告が打てる、他媒体と比べて低コスト、広告接触後に購買に結び付けやすい（リーセンシー効果）が、一方では、制作コストがある程度かかり、到達コストはマスメディアより高い。広告接触者が不特定なので、広告効果が把握しづらいなどが弱点である。

インターネットは、双方向機能（インタラクティブ）をもつメディアである点が、マスメディアと大きく違う点である。

インターネット広告の利点は、ターゲティング技術の進展により、ターゲットに合わせて広告が打てる、ユーザー履歴を把握できることからROI（費用対効果）が明確な点などがあげられるが、一方、プル型のメディアであるため、マスメディアのように同時に多数にリーチできない弱点を補うには、Webサイトへの誘導として、マスメディアという導線が必要となる。

| メディア | 有利な媒体特性 | 不利な媒体特性 |
| --- | --- | --- |
| 新聞 | 信頼性の高い、活字により理解を促進させる、宅配による安定性、広告スペースの自由度が高い、タイムリーな広告が打てる | 表現上インパクトが弱い、若年層をカバーするには弱い、日刊紙はデイリーのため、広告露出の寿命は短い |
| テレビ | 4媒体の中で一番表現上インパクトが強い、幅広くカバーする、到達度（リーチ）が高い | 一方向であるため、視聴者の反応が得にくい、媒体単価が高い、15秒、30秒が主流のため、多くの情報が伝えにくい |
| ラジオ | エリア、ターゲットともセグメントが高い、ながら聴きが可能、習慣性が高い、「パーソナリティ」とリスナーの信頼関係が高い、製作費が安い | 音のみで表現として弱い、リーチが低い、アテンションが低い。一過性のため、メッセージの保存性、持続性が弱い。広告効果測定が難しい |
| 雑誌 | ターゲット・セグメントされている、グラフィック的に高い表現性、新聞と比べて広告露出の期間が長い（保存性が高い）、編集タイアップ広告が比較的やりやすい、回読率が見込める | 広告を入れてから露出されるまでに時間がかかる。テレビなどと比べると広告の露出頻度が少ない。都市型のメディアで、ローカルをカバーできない |
| アウトドアメディア | 広告露出頻度が高い、地域をセグメントして広告が打てる、他媒体と比べて低コスト、広告接触後に購買に結び付けやすい（リーセンシー効果） | 制作コストがある程度かかり、到達コストはマスメディアより高い。広告接触者が不特定なので、広告効果が把握しづらい |
| インターネット | ターゲットに合わせて広告が打てる。ユーザーのレスポンスが把握可能。ROI（費用対効果）が明確 | マスメディアのような同報性がない（同時にマスにリーチする）。Webサイトに誘導するためには、マスメディアという導線が必要である |

図表4-2：広告媒体の特性比較

## (3) 媒体選択の評価基準

　広告媒体の特性を十分理解した上で、実際には、広告対象となる商品あるいはサービスをターゲットにいかに有効に伝達させるための媒体選択が重要となってくる。

　媒体選択するためには、媒体の到達可能性（媒体普及、媒体露出）について、使用媒体のサーキュレーション（視聴世帯数や新聞、雑誌などの発行部数）、媒体オーディエンス層がターゲット層をカバーしているか、媒体接触率、媒体コスト（広告料）、到達コスト効率などを評価基準として選択する。

　上記までは、媒体到達効果の段階であるが、広告効果プロセスの考え方として、ARF（Advertising Research Foundation:アメリカ広告調査財団）が1961年に発表したARF媒体評価モデルがある。

　このモデルでは、広告効果プロセスを媒体到達効果、広告到達効果（広告露出、広告認知）、広告コミュニケーション効果、行動効果の4段階に分けている。

　媒体接触があっても、広告に実際触れて、それを広告として知覚していなければ広告到達効果とはいえない。さらに広告と接触したものの、記憶に残らなければ、つまり広告によってその商品を認知し、理解するといった態度変容が起こらなければ購買には結びつかない。広告に接触した後、何らかの態度変容に結び付く段階を、広告コミュニケーション効果といい、媒体自体の表現特性のほか、広告制作物の表現効果も重要となってくる。

　AIDMAの理論同様、購買行動はもちろんだが、購買行動に直接結びつかなくても、資料カタログの請求、モニターキャンペーンへの応募、試供品提供への申し込みなど何らかのアクションを誘発させる段階を、行動効果という。

　媒体効果は、広告効果プロセス全体にかかわってくるもので、表現効果と相まって広告コミュニケーション効果や行動効果を引き出す、そのもとになるのが媒体到達効果といえる。

　媒体到達（reachリーチ）と併せて、メディア・プランニング（媒体計画）を行う上で必要なのは、「頻度」（frequencyフリークエンシー）、「継続」（continuityコンティニュティ）が挙げられる。

フリークエンシーは、平均接触回数といい、一定期間内にターゲットオーディエンスが平均何回広告に接触するのかを意味する。

継続とは、いつ頃、どのくらいの期間、広告を出稿するかといった、出稿分布、出稿パターンで、代表的な出稿パターンには、継続型（一定の出稿量で継続する）、パルシング（出稿量に増減を持たせる）、フライティング（出稿を行う時期と止める時期を交互に行う）の3つのパターンがある。

実際に広告予算は限られており、その範囲で媒体予算が設定され、予算内で最適な媒体選択をした上で、到達、頻度、継続の3つを考慮しながら、出稿プランを作成していくわけである。

## 2. メディアの多様化とコミュニケーション・ニュートラル

### (1) 生活者を取り巻くコミュニケーション環境の変化

企業と消費者を結ぶコミュニケーション回路は従来のマスメディア以外に、ネットコミュニケーションの台頭により多層化された状況にある。

従来のマス広告コミュニケーションに、新たに企業と消費者を直接結ぶネットコミュニケーション（B to C）、ブログ、SNS（Social Network Service）、CGM（Consumer Generated Media）などによるパーソナルなネット口コミ（C to C）が加わり、さらにマスメディアとネットをつなげるクロスメディアによるコミュニケーション、マスメディア、ネットによるパブリシティルートと多層化されたコミュニケーション回路が形成されている（図表4-3参照）。

### 1）ネットコミュニケーション（B to C）

ネットコミュニケーションには、B to CとC to C[*1]の2つのコミュニケーション回路がある。

企業がWeb上でHPをもつことによって、消費者に対して自社製品ないしサービスの情報提供が出来るばかりではなく、消費者からの声をネットによって収集できたり、ブランド体験させたり、直接購買行動に結びつけることも可能となった。これは企業がマスメディアを介さず、消費者と直接つな

がる、いわば自社メディアをもつ環境になったということである。24時間オープンでいつでも消費者がアクセスでき、HPの制作費はかかるものの、テレビと違って媒体費はほぼ0に近い（図表4-3©のルート）。

**2) ネットコミュニケーション（C to C）**

一方消費者にとっても、検索エンジンの利用によって、個々の企業情報や比較サイト、コミュニティ・サイトなどに容易にたどり着くことができ、さらにネット口コミによる情報交換により商品・サービスを検討する際の判断材料となる情報収集力は飛躍的に伸び、いまや情報選択の上で消費者が主導権を握る時代になったといえよう。

マスメディアによる広告以上に、ネットによる口コミ効果が大きな威力を発揮する場合も生じてきている（図表4-3©のルート）。

ネットを介して蔓延していく感染型の口コミBuzz（バズ）[*2]を、いかに企業のマーケティングに活かしていくかという試みも出てきている。

テレビCMは関心のあるなしに関わらず、同時に不特定多数に、半強制的に企業メッセージを送り出す、強力なプッシュ型のコミュニケーションである。一方、Webは関心のある人たちがアクセスし、情報を得るプル型のコ

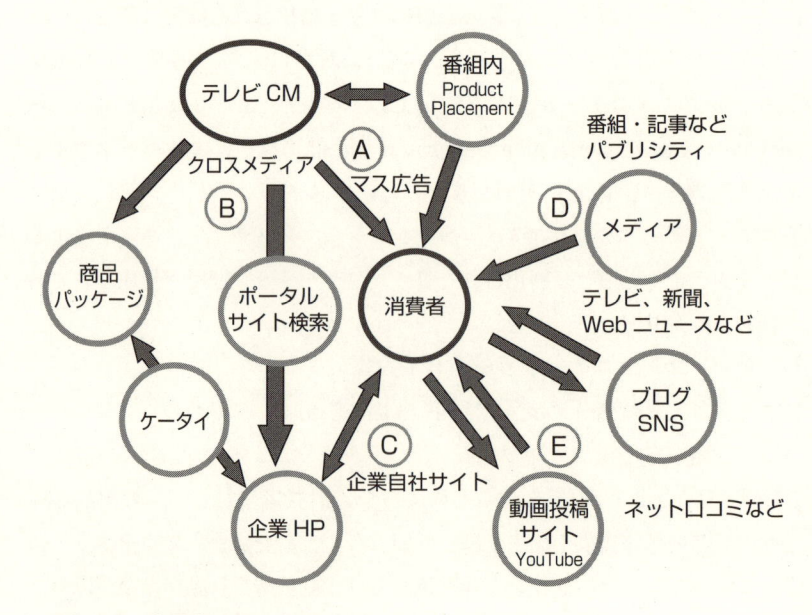

図表4-3：多層化するコミュニケーションルート

ミュニケーションである。そのためマスメディアのような伝播力は弱いと見られがちであるが、Buzzが生じると事情は変わってくる。時としてネット上でウィルスに感染するかのように情報が駆け巡っていくと、かつてBMW FILMSのショート・フィルムのようにマスメディアに匹敵するほどのパワーをもつ場合もでてくる。

またYouTubeのような動画投稿サイトでは、国内の話題となったCMに限らず、カンヌ国際広告祭で受賞した最新の海外CMまで視聴することができ、今やテレビCMはテレビの時間枠にとどまらず、コンテンツとして人々の関心に止まれば、ネット上で再映される機会は増えており、決して一過性のメディアではなくなってきている。

企業側がYouTubeを使って意図的にCMメイキング映像やネット専用のバイラルCMなどを流通させる、広告、プロモーションの場として利用するケースも目立ってきている。

いまやYouTubeに代表される動画投稿サイトは、消費者との重要なタッチポイントとなってきている。

### 3）パブリシティというPRルート

広告枠以外にPRの領域では、新聞やテレビといったメディア側が番組や記事として取り上げるパブリシティというコミュニケーションルートがある。今日では、マスメディアのみならず、ポータルサイトのYahoo!ニューストピックスなどネットメディアも波及効果が高く、パブリシティ、PR媒体として有効である。

パブリシティは、広告と違って無料で番組や記事に取り上げられたりするが、口コミ同様企業側がコントロールできないものである。それでもテレビCMの効力を広告の枠内にとどめるのではなく、メディアが取り上げたくなるような、ニュース・バリューのあるCMはパブリシティへの波及効果が期待できる。テレビ番組、たとえばワイドショーの情報コーナーで、著名なタレントを起用した場合や話題性のあるテレビCMが紹介される機会も増えてきている。また、マスメディアへのパブリシティは、ネット口コミ効果の誘発も期待され効果的である（図表4-3⑪のルート）。

### 4）クロスメディア・コミュニケーション

マスメディアは、その媒体価値が問われているものの、広範囲に到達さ

せるリーチメディアの利点を使って、CMに検索窓を表示して企業のHPへ誘導する、クロスメディア手法も一般化している。これは、ネット広告ではリーチが広がらない場合、テレビCMで広範囲に網掛けして詳細はネットのHPで見てもらう、双方の媒体特性を活かしたものである。テレビCMとの連動の他に雑誌やフリーペーパーなどの印刷媒体、さらに商品パッケージにQRコード（2次元バーコード）を印刷しておけば、ケータイのカメラ機能を通じてキャンペーン情報へつながるクロスメディア手法も頻繁に行われている（図表4-3Ⓑのルート）。

## (2) メディア・ニュートラルからコミュニケーション・ニュートラルへ

　メディア環境の激変の中で、広告コミュニケーション、メディアプランニングにも大きな変化が生じている。今日のようにメディアが多様化していない時代は、テレビ、ラジオ、新聞、雑誌といった既存4媒体中心の媒体選択で、広告予算に応じてそれぞれの特性を活かしたメディア・ミックスが行われていた。

　ところが、インターネットやモバイル、デジタル放送などが加わったことにより広告媒体の選択肢の幅も広がってきている。既存メディアは一方向のメディアであるが、パソコンやモバイルのWebサイトは、双方向機能をもった、コミュニケーションルートが全く異なるメディアである。そのため、マスメディアの水平的、量的リーチの拡大に対して、マスメディアでカバーした層に対して、インタラクティブ・メディアへ誘導させ、アクションを引き起こす、ターゲットの能動化には、前述した通り、クロスメディアの手法が重要となってくる。

　また、広告クリエイティブについても、テレビは、15秒や30秒のCM、新聞は段数による広告といったように定型化されたものばかりではなく、長尺のインフォマーシャル、ショート・ムービーなどのブロードバンド・コンテンツへのスポンサード（ブランデッド・エンタテインメント）、アウトドアメディアにおいても、規制緩和によって生まれたラッピング車両広告や駅構内のスポンサーとのコラボショップといった新たな広告スペースの開発など、従来のフォーマットに捉われない、タイム、スペースとも広告開発の自

由度が広がっている。

　さらに、プロダクト・プレイスメントのようにコンテンツに広告を入れる手法も出てきており、広告メディアの領域は、コンテンツと広告の融合によって拡がってきている。

　また、メディアを介した広告コミュニケーションのみならず、マーケティング・コミュニケーション、ブランド・コミュニケーション全体から、メディアを捉えなおす必要が出てきている。

　広告はブランドと生活者との絆づくりに欠かせないものであるが、ブランドは広告だけで形成されるものでない。ブランドと生活者とのタッチポイント（接点）は、広告やメディアばかりではなく、広告以外のマーケティング・コミュニケーション（MC）の領域の、パブリシティ、インストアプロモーション、スポンサーシップなど、さらにMC以外の領域、商品パーケージ、店舗の雰囲気、従業員の応対、アフターサービスなど広く及んでいる。

　このようにブランド・コミュニケーション、生活者とブランドとの接点をベースに、それを取り巻くメディアやコミュニケーション領域の中で、どこに接点、タッチポイントがあるのかを探った上で、メディアプランニング、広くはコミュニケーション・プランニングを行うことが重要となってきた。

　テレビなどのマスメディアも選択肢の1つであるという、メディア・ニュートラルな立場で、メディアも包含するブランド・コミュニケーション全領域から媒体戦略を再構築する時期に差し掛かっている。

　その意味では、メディア・ニュートラルというよりも、コミュニケーション・ニュートラルといった方が適切であるといえよう。

## 3. 広告関与度を高めるためのメディア活用

### (1) 映像コンテンツとしてみたテレビCM

　テレビCMの年間出稿量は、ビデオリサーチによると2010年関東地区の民放5局で2656.9万秒（前年比103.2%）で、タイム、スポットCM別でみると、前者は691万秒、後者は1965.4万秒、全体の約74%がスポットCMと

なる。これを1局1週間に換算すると、平均CM時間は約28時間となる。また、CM好感度調査を行っているCM総合研究所によると、関東地区キー局5社で月にオンエアされるCMは、約12万回で1人当たりの平均接触予測回数は約5120回となるが、そのうち視聴者が記憶しているのは2.8作品と聞く。CMの長さ（秒数）でみると、テレビCMの80％強は15秒CMで以前と比べて比率が多くなっており、CM出稿は時間量の規制があるため、15秒が増えるということは自ずと限られた時間枠の中にCMの本数が増え、混雑していき、クラッター（Clutter）化して互いに広告効果を相殺する結果にもなりかねない状態となってきている。

このCM量によるクラッター化以外に、多チャンネル化による視聴シェアの分散化、HDD録画による再生時のCMスキップ、ネットコミュニケーションの利用時間の増加などによって、テレビCMの広告媒体としての優位性が損なわれてきている。確かにテレビCMを取り巻くメディアの環境は、従来と比べて大きく変わってきている。

振り返ってみると、テレビが新聞を広告費で抜いたのが1975年、その後1985年に1兆円を超え、2001年には2兆円を超える規模となったが、80年代後半から90年代に向けての衛星放送による多チャンネル化、90年代後半以降今日までのインターネットやケータイの急速な普及によって、企業と消費者を繋ぐコミュニケーション回路に大きな変化が生じてきている。

テレビに代表されるマスメディアという、一方向で広範なメディアは企業メッセージを消費者に届ける唯一無二のコミュニケーション回路ではなくなり、企業のHPで直接消費者とつながったり、検索エンジンから直接購買行動に結びついたり、SNSやブログなどによるネット口コミなどネットコミュニケーションも大きな影響力を持ち始めてきている。

テレビCMがテレビというモニターの中で、もはやとどまる時代ではなく、今日人々が関心を持ち、話題となるものは、YouTubeで流れたり、ブログで取り上げられたり、テレビ番組にパブリシティとして取り上げられたりなどむしろ多様なコミュニケーション回路への波及が生じてくる可能性が強まってきた。

HDD録画された番組内のCMは再生時にすべてスキップされるとは一概にいえず、関心のあるものは、むしろ何度でも再生される機会も生まれる場

合もあろう。要するに今までテレビ番組に付随してみられていたCMが、かつての強制力が弱まり、視聴者の選別に委ねられるということで、優れたクリエイティビティのあるCMは、スキップから逃れられ、CMがコンテンツとし魅力があれば、再映され、保存される機会さえ生じてくる。

テレビCMを1つの映像コンテンツとみて、それをテレビCMという枠以外のところにどう波及させていくのかという発想に切り替えるべきではないか。そのように考えると、テレビの効力が目減りした分だけ、CMを魅力ある感染力のあるコンテンツに仕立て上げパブリシティやネット口コミを誘発させる仕掛けが重要になってこよう。

## (2) SWOT分析によるテレビCMの機会と脅威

ネットコミュニケーションの台頭により、多層化されたコミュニケーション環境の中で今後テレビCMの媒体価値がどのような要因によって変化していくのか、その方向性を探るため、ここでSWOT分析を用いて整理したい。

図表4-4の通り、テレビには、視聴覚メディアとしてのインパクトやマスメディアとしての広範なリーチ力などの強みがある反面、一方向であるため、視聴者の反応が得られない、マスを捉えられるが、特定ターゲットを狙うには効率が悪い、媒体費が高い割にROI（Return On Investment）が不明確などの弱みを併せ持っている。

機会、プラス面からみると、通常の15秒、30秒といったCM枠以外に、企業の自社サイト、YouTube、ブログ、SNSなどネットでの動画配信に加え、デジタルサイネージなどアウトドアメディアの映像端末化などによって、テレビCMを映像コンテンツとしてみた場合新たな再映機会の可能性が生じてきている。また、テレビCMのリーチ力、強力なプッシュ型の特性を活かして、プル型のネットメディアへ誘導する太い導線の役割を担ってくる。

一方脅威、マイナス面からみると、CMのクラッター化、多チャンネル化、ネットコミュニケーションへのシフト、情報力をもった消費者が主導権をもつなどがテレビのマス広告としての媒体価値、優位性を損なう要因として挙げられる。

HDD録画の普及によって、CMスキップが常態化されると、CMのもつ

強制力が弱まり、CMは視聴者が選別してみる方向に転換され、媒体力ではなく、CMがもつクリエイティビィティが問われてくる。CMスキップを回避するためには、広告というよりコンテンツとして興味を持たせてみせ、広告内容に関与させていく、そのためにはエンタテイメントと広告が結び付いた手法も有効となってくる。

また、映像メディア、端末の多様化により、テレビCMだけが動画広告とは限らなくなってきた。従来のテレビCMばかりではなく、スポンサー提供によるショート・ムービーなどブランデッド・エンタテインメントやネット上で蔓延するバイラルCMなど、テレビCMと競合する動画広告の比重も高まってくる。

従来のテレビの枠に捉われず、アイディア次第では、全く新しい映像メディアが多くの人たちの関心を集め、マスメディアとは違った広がりをみせるケースも出てきている。ユニクロが2008年カンヌ国際広告祭で受賞した「UNIQLOCK」と呼ばれるブログパーツを利用したキャンペーンが挙げられる。これは、自社サイトを利用して、5秒間時計が表示され、5秒間ダンス（ユニクロの服をきたダンサーが踊る）それを交互に軽快なテンポの音楽とともにエンドレスで繰り返すものである。ダンサーが着ている服もその

|  | Strength（強み） | Weakness（弱み） |
|---|---|---|
| 内部要因 | 1）テレビCMの持つ強み<br>視聴覚的に強力なインパクトがある。<br>不特定多数（大衆）を捉えられるリーチメディア。<br>テレビ視聴者に対して強制力をもって視聴させる。 | 2）テレビCMの持つ弱み<br>一方向であるため、視聴者の反応が得られない。<br>多くの情報を伝達しにくい。<br>マスを捉えられるが、ムダ打ちも多い（ターゲット効率が悪い）。<br>媒体費が高い（他媒体と比べて）<br>ROIが不明解。 |
|  | Opportunity（機会） | Threat（脅威） |
| 外部要因 | 3）テレビCMの新たな機会<br>テレビCMの新たな再映機会。<br>YouTube、ブログ、SNS、モバイル端末のブロードバンド化による動画配信、デジタルサイネージなどアウトドアメディアの映像端末化など。 | 4）テレビCMでの脅威<br>HDD録画によるCMスキップ（テレビCMの強制力が弱まる）。<br>多チャンネル化の進展。<br>ネットコミュニケーションへのシフト。 |

図表4-4：SWOT分析によるテレビCMの機会と脅威

時のシーズンに合わせて変わる。また、ブログパーツとして、カレンダーも用意され、こちらもシーズンに合わせて商品カタログが表示される仕掛けになっている。ブログパーツというコミュニケーションツールを提供することによって、インターネット内の数多くのブログにリーチしたもので、画期的な広告手法である。

ケータイなどのモバイル端末のブロードバンド化が本格化してくると、モバイルメディアでも動画配信が活発していき、テレビ、PC、ケータイ、デジタルサイネージとCMという映像コンテンツの流通領域が拡がるが、反面新たな広告媒体、動画広告が登場する脅威も共存している。

## (3) 感染力のあるコンテンツとコミュニケーションデザイン

テレビで気になったCMは、コンテンツとして魅力があれば、YouTubeなどの動画投稿サイトに上がったり、ブログやSNSに書き込まれたりとネット口コミによる波及効果は大きなパワーを持ってきている。テレビの枠に留まらず、CMをコンテンツとして捉えて、多様なメディア、コミュニケーションチャンネルへ波及させてゆく、コミュニケーションデザインが求められている。

テレビCMが従来のようにマスメディアの伝播力に大きく依存できなくなってきている中で、視聴者をいかに受動的から能動的な態度にしていくのか、そのためには、CM視聴者の心を動かし、広告への関与を高めることが必要となってくる。「気になる広告」から「自分のお気に入りの広告」へ、そして「人に伝えたくなる広告」の段階に至った時に大きなパワーを持つといえる。

つまり、従来の媒体露出（Exposure）によるメディア力を利用した量的側面から、いかに視聴者を巻き込み、関与度を高めるためのコンテンツ力とコミュニケーションデザインを図っていくか、視聴者へのコミュニケーション深度、広告関与度（Involvement）という質的側面が求められてくる。

テレビCMへのInvolvement、端的にいえば「視聴者の能動化」の方法について、ここでは3つのタイプに分け、それぞれ事例をもとに説明したい。

### 1) コンテンツへの関与　Relevancy（コンテンツとの関連性）

通常テレビは、強制力のあるメディアであるが、HDD録画による再生時

では、ビデオ再生時のテープによるCM早送りよりも、さらに簡単にCMがスキップされるため、テレビCMの強制力はさらに弱まってくる。そのため、番組内に商品を露出させるような、つまりCM枠以外でのブランド露出手段としてのプロダクト・プレイスメントの導入や広告と番組コンテンツの境を曖昧にし、シームレスに繋げる広告手法の2つが試みられている。

前者のプロダクト・プレイスメントは、元来映画から起こったものである。前述したBMW FILMSのネット配信用の動画コンテンツ（ショートフィルム）ばかりではなく、米国ではテレビドラマやリアリティーショー、またゲーム内広告など広く行われている。米国人気オーデション番組「アメリカン・アイドル」では、審査員席に常設されるコカコーラのカップ、日本でも2006年TBS系列で放映されたコカコーラ120周年記念特番「カクレカラクリ」（原作：森博嗣）ではドラマに頻繁にコカコーラの商品や看板などが露出された。

後者の例では2004年に年4回日本テレビで深夜放映されたドラマ「東京ワンダーホテル」で、ドラマの登場人物がそのままCMに入って、提供スポンサーの商品の解説をしたりしてドラマのストーリーに溶け込んだものとなっている。雑誌の編集タイアップ広告が広告とコンテンツ（記事）を一体化させるように、テレビ局の制作がドラマのストーリーの中で、シームレスに本編とCMをつなげて途切れないような工夫を凝らしている。

また、2007年フジテレビ月9の枠で放映されたテレビドラマ「ガリレオ」（原作：東野圭吾）では、旭化成が番組内のタイムCM枠を利用して、主人公の福山雅治をCMキャラクターに大学の研究室のシーンのCMを放映した例などが挙げられる。CMとコンテンツの融合、コンテンツとCMのマッチングは、コンテンツとの関連性から注目を集めるもので、「気になる広告」となり、内容次第でネット上でバイラル効果やメディアで取り上げられるパブリシティ効果も期待できる。

また、コンテンツへの関与としてテレビ番組ではなく、アニメ作品への大掛かりなタイアップを行った事例としては、日清カップヌードル「FREEDOM」キャンペーンが挙げられる。

これは、日清カップヌードルが若年層にブランドイメージを醸成するために、大友克洋氏をオリジナルキャラクター＆メカニックデザインとして起用

した、アニメーション作品とのタイアップである。テレビCM、Web、ケータイによるネット配信、アウトドアメディア、イベント、コミック誌、ヤング誌を中心とした雑誌広告、フリーペーパーなど多様なメディアを使いながら広告宣伝を行い、2年間にわたって、DVD作品を全7話完成させ、コンテンツ販売を行った。DVDのコンテンツ内にも主人公たちがカップヌードルを食べるシーンを登場させるなどプロダクト・プレイスメントの手法も取り入れている。アニメというコンテンツを介して若年層へブランドイメージを定着させるために、スポンサーがタイアップした形で、テレビCM自体が単なる商品広告というよりはDVDコンテンツのプロモーションともなっているところがユニークである。

広告へ関与させる手段として、コンテンツと広告の際がなくなり、両者が融合してゆく現象、米国では、M&V（Madison & Vine）[*3]とも呼ばれているが今後も増えていこう。

## 2) CMキャンペーンへの関与　Participation（CM参加型）

テレビCMを視聴する段階から、参加を促す視聴者参加型CMキャンペーンが最近増えてきている。

2011年4月、日本クラフトフーズから新ストライド（ガム）発売キャンペーンに先駆けて、新CM出演募集告知広告がテレビCMで行われた。新製品の姿は現れず、いわばティーザー広告である（1章4.広告の種類参照）。

2010年の新発売キャンペーンでは、最初に原始時代の類人猿を登場させ、第2弾では、類人猿の正体が、バイクで登場したタレント成宮寛貴が現代から過去に向けて逆走し、バイクから馬にまたがり、最後には辿れば類人猿だったという、ティーザー・キャンペーンを展開した。

今回のテレビCMでは、前回のキャラクターの類人猿を出し、それにお笑い芸人江頭2：50を登場させインパクトを強め、「CM出演募集、ヤバーランドで検索」を促す内容のCMである。誘導先のキャンペーンサイトには、応募方法など詳細情報が記載されている。「ヤバイやつら大集合」と題して、プロアマ不問5名の募集、賞金総額100万円といった募集要項を告知し、参加する場合は、「いいね」をクリックして、流行りのソーシャルメディアFacebookに登録した上でCM出演に参加する仕組みを取っている。第1回の募集期間では、エントリー総数579名に上り、急遽1枠追加募集を行うほ

ど反響を呼んだ。

　また、ガム離れの20歳代の若者層にアピールして、大ヒットしたロッテのガム『Fit's』(フィッツ)のキャンペーンでも、視聴者を参加させるキャンペーンが展開されている。CMキャラクターに佐々木希と佐藤健を起用し、テレビCMで若年層を狙い撃ちしたあとに、Webサイトを使って、YouTubeと提携してフィッツダンスコンテストを行った。これは、YouTubeにフィッツダンスを踊った映像を投稿し、再生回数を競うもので、優勝賞金100万円を目指して、ターゲットである若者を中心に、親子、小学生、プロのダンサーなどさまざまな人たちが、趣向を凝らしてダンスコンテストに参加した。再生回数を競い合うことから、投稿した後は、参加者は再生回数を稼ぐために、友人、知人に投稿作品を見てくれるようにメールを送ったり、自らブログやSNSなどに書き込んだりとネット口コミを誘発させ、バイラル効果を高める結果となった。

　2011年6月から始まった「友達つくろうキャンペーン」では、「佐藤健と佐々木希と、CMで踊ろう！」と題して、前回同様フィッツダンス動画コンテストに応募した中から、友達役2組を選び、テレビCMで共演させる、参加型CMを仕掛けている。

　HDD録画の普及によって、テレビCMがスキップされるリスクが増えてきているが、フィッツのキャンペーンの場合は、ダンスを習得するためにCMを再生する機会もおのずと増えるしくみとなり、CM再生率を高める効果が期待できる。

　このような参加型CMキャンペーンは、視聴者自らを関与させ、能動化させる、コミュニケーション深度を深めると同時に、ネット口コミを誘発させ、友達から友達へといったようにバイラル効果による横の広がり、リーチも確保できる企画といえよう。

### 3) 話題性、ニュース性を生み出すキャンペーン（ニュース・バリュー型）

　人々に伝えたい広告、つまり伝播性のある広告は、何もテレビCMに限らない。求人広告が伝播性のある情報コンテンツとしてニュース性をもち、数多くのニュース報道となった例をここで紹介する。

　2009年カンヌ国際広告祭サイバー、ダイレクト、PR3部門でトリプル受

賞したクイーンズ州観光公社の「The Best Job in the World」は、求人広告をきっかけに世界各国でパブリシティを誘発させ、従来にない斬新なPRキャンペーンとなった。

同キャンペーンは、2009年1月世界各国の新聞でいっせいに、求人広告が掲載された。募集内容は、「グレートバリア・リーフの中心、ハミルトン島で、世界で1番楽な仕事をしませんか」と呼びかけ、島の管理人として、6か月間島の生活をブログなどでPRしてもらえば、報酬として15万豪ドル(約1000万円)が受け取れるもので、まさに「The Best Job in the World」である。

この募集広告が出るや、時期的に世界不況で深刻な雇用不安が広まっていた最中であったため、ニュース価値がつき世界各国のテレビ、新聞などのメディアがこぞって報道し、瞬く間に話題になったものである。

応募方法は、第1次選考では、履歴書の代わりに仕事に自分が適しているか、約1分のPR動画を投稿させ、世界中から約3万5000人の応募があったといわれている。

第2次選考では、選考された50名の動画がキャンペーンサイトで公開され、人気投票も行われ、最終選考では16名に絞られ、実際にハミルトン島に渡り、そこでもさまざまなチャレンジが行われ、最終選考に日本人の女性も残ったことから、日本のメディアでも大きく取り上げられ注目を集めた。

同キャンペーンは、求人募集であるが、狙いは観光PRキャンペーンで、魅力的な求人内容、選考過程をウェブで公開して、ショーアップしたことなどが世界各国のメディアを引き付け、PR効果は絶大なものであったといえよう。

実際、広告主であるクイーンズ州観光公社が支払った広告費は、最初の求人広告とWebのキャンペーンサイトの管理くらいで、あとは各国のメディア報道によるパブリシティやネット口コミによって、費用がかからず、宣伝されたといえる。広告にニュース価値がついて、広告メディア、自社メディア、パブリシティ、ネット口コミが相まって、シナジー効果を発揮した好例である。

## (4) 感染力のあるコンテンツ×能動化させるコミュニケーションデザイン

　以上これらの事例からいえることは、視聴者を広告へ関与（Involvement）させるためには、感染力のあるコンテンツを生み出すクリエイティブ力と、多様なメディア、コミュニケーション回路を駆使して、コンテンツを波及させていくための導線作り、コミュニケーションデザイン力が一体となって初めて視聴者の能動化を促すことといえる。

　多様なコミュニケーション回路のメディア環境の中で、マスメディアの受動的な関与による媒体露出（Exposure）から、いかに視聴者を巻き込み、関与度を高め、人々へ働きかけ、「能動化」を促す広告手法として、
①番組コンテンツへの関与　Relevancy（関連性）
②CMキャンペーンへの関与　Participation（参加型関与）
③話題性、ニュース性を生み出すキャンペーン（ニュース・バリュー型）
の3つのアプローチを提示した。

　テレビCMの場合は15秒、30秒のCM枠だけではなく、エンタテイメント・コンテンツとの融合やCMそのものを他の媒体へ伝播させるための映像

| コンセプト | 関与のアプローチ | キーワード | 広告手法 |
|---|---|---|---|
| 広告関与度を高めるためには | コンテンツへの関与 | Relevancy（コンテンツとの関連性） | プロダクト・プレイスメント シームレスCM コラボ広告 |
| 感染力のあるコンテンツ×能動化させるコミュニケーションデザイン | CMキャンペーンへの関与 | Participation（CM参加型） | 新CM出演募集告知広告 動画コンテスト参加 |
| | ニュースへの関与 | 話題性、ニュース・バリュー提供型 | パブリシティ、ネット口コミを誘発させる仕掛け |

図表4-5：広告関与度（Involvement）を高めるための3つのアプローチ

コンテンツとして捉える発想がますます重要となってくる。

　つまり広告枠だけに限定されたクリエイティブではなく、広告、PR、SRなどの領域が融合、統合される中で、CMがテレビの枠を越えて波及していくためには、バイラル効果やメディアのパブリシティ効果などをいかに誘発させるかが鍵となる。

　同様に新聞広告でも、話題性、ニュース性があればパブリシティを誘発させ、広告枠を超えた、伝播性のある情報コンテンツとなりうることを、前述したクイーンズ州観光公社の「The Best Job in the World」求人広告キャンペーンは示している。

　このような環境下、これからの広告媒体の活用は、それぞれ単体ごとではなく、広告という従来の領域に止まらずに、多様なコミュニケーション回路に波及させてゆく、感染力のあるコンテンツと人々を能動化させるコミュニケーションデザインが強く求められてこよう。

[注]
* 1　B to Cは、Business to Consumer 、C to C はConsumer to Consumerの略で、ネットビジネスのタイプとしてよく使われるが、ここでは、ネットコミュニケーションのタイプ。
* 2　Hughes,M. (2005)Buzzmarketing（マーク・ヒューズ著、依田卓訳『バズマーケティング』2006年、ダイヤモンド社。185－197頁）。BUZZの語源は、蜂の羽音で、騒々しい様を指す。
* 3　Madison Avenueはかつて広告会社が軒を連ねていたことから広告業界を、Vine Streetはハリウッドの映画スタジオ、レコード会社などのエンタテインメント業界をそれぞれ象徴し、ブランデッド・コンテンツの開発を目的に両者のコラボレーション、接近をM&Vと呼ぶ。

[参考文献]
・石崎徹編著『わかりやすい広告論』（2009年、八千代出版）
・岸志津江・田中洋・嶋村和恵『現代広告論　新版』（2008年、有斐閣）
・岸本義之『メディア・マーケティング進化論』（2009年、PHP研究所）
・横山隆治『トリプルメディアマーケティング』（2010年、インプレスジャパン）
・湯淺正敏『次世代におけるテレビCMの広告コミュニケーション戦略』ジャーナリズム＆メディア3号（2010年、日本大学法学部　新聞学研究所）

# 5章　広告とマーケティング

# 1. マーケティングとは

## (1) 広告とマーケティング

　日ごろよく見ているテレビや新聞の広告を、私たちは制作者のアイデアひとつで作られているように思ってしまう。しかし、実際はそうではない。広告は常にある意図を持って作られている。その意図とは何か。それは「今、この商品・サービスは何をすべき時なのか、そのためには広告では何をすべきか」。常に広告はこのようなことを考えながら作られている。言い換えると、広告は常にマーケティングを考えながら作られていると言えるであろう。マーケティング課題はいったい何なのか、それを意識しながら作られている。広告はマーケティング課題の解決策のひとつであり、マーケティング上の課題の何を広告で解決すべきなのかを意図して作られている。つまり、広告を考えることはマーケティング全体を考えることでもある。

　いい広告とはマーケティング課題を高い水準で解決する広告のことである。的確なマーケティング課題が設定できていないところに、いい広告は存在しない。いくら広告が面白くても、マーケティング課題を解決しない広告はただの面白い映像に過ぎない。

　広告は商品・サービスについてのマーケティング戦略を立て、それに基づいて広告の戦略を考えていく必要がある。その広告戦略を設計図にして、実際の広告を作っていく。広告目的や広告課題や広告ターゲットを確認し、広告コンセプトを決め、そして具体的なキャッチコピーを何にするか、どのような表現内容にするか、タレントは起用するのかどうか、音楽は何にするかなどである。

　広告がマーケティング戦略の一環であるとして、ではそのマーケティングとはいったいどのようなものなのだろうか。

## (2)「マーケティング」の誕生

　ここ20〜30年、ビジネスの世界では「マーケティング」という言葉がよく使われている。では「マーケティング」という言葉はいつごろ生まれた言

葉なのであろうか。

　マーケティングという言葉が生まれたのは19世紀の終わりごろと一般的には言われている。イギリスでは産業革命で大量生産の技術ができあがった。大量に生産された商品は、自国内で消費されないと植民地に輸出され、植民地で売りさばかれた。だからイギリスでは売れ残ることを恐れる必要がなかった。しかし植民地を持たないアメリカではそれができない。アメリカでマーケティングが生まれた背景には、このようなイギリスとは異なる状況がある。

　アメリカでマーケティングの考え方が生まれたのは南北戦争以降になる。工業化が進展し、生産された商品はアメリカ北部から東西を結ぶ大陸横断鉄道を使って輸送された。大量生産された商品を米国全土に送り出すためには、地域の実情と販売時期に合わせて生産や配送を考えなければいけない。つまり、工場の配置や生産計画、原材料・製品の精緻な配送計画が求められた。また、販売員の採用・教育・訓練や、合理的、効率的な販売計画も求められた。さらには人的セールスとともに広告・販売キャンペーンが重要であることにも気付き出したのである。ところがこうした諸活動を表す言葉が存在しない。英語には「trade」や「commerce」や「sell」という言葉がある。しかしこれらの言葉では計画的な生産や販売、それと連動したキャンペーン活動のことを表現できない。「消費者が欲しがる商品を欲しがる量だけ生産すること」や「生産と販売とを一括管理していくこと」や「人的セールスと告知活動を連動させていく」という諸活動を包括的に表す言葉が必要になってきた。こうして市場（需要）を表す「market」に「ing」を付けて「marketing」という言葉が生まれたのである。だからマーケティングがイギリスではなくアメリカで生まれたのはいわば必然だといえるだろう。

　マーケティングという言葉が社会的に認知されたのは1902年のミシガン大学の講義要項や、1905年のペンシルバニア大学に「Marketing of Product」の講座が新設されたことや、1910年にウィスコンシン大学に「Marketing Method」の講座が設けられたことなどがきっかけである。つまり、マーケティングの歴史は20世紀の初頭に起点があると言っていいであろう。

## (3) マーケティングの定義

　マーケティングは変化への対応である。そのため「マーケティング」の定義も時代の変化と共に変わってきている。

　最新の定義をアメリカマーケティング協会にみてみよう。アメリカマーケティング協会は2007年、マーケティングを次のように定義付けている。「マーケティングとは、顧客、依頼人、パートナー、社会全体にとって価値のある提供物を、創造・伝達・流通・交換するための活動、一連の制度、過程である」と。もう少しわかりやすく言い直すと、「マーケティングとは、顧客の欲しがるものを、適正な価格で、適切な販売ルートを使って、的確に伝達し、満足を交換すること（＝商品の代金と価値が同じであること）」であるといえるだろう。

　一方、日本でも日本マーケティング協会が1990年に「マーケティングとは、企業及び他の組織が、グローバルな視野に立ち、顧客との相互理解を得ながら、公正な競争を通じて行う市場創造のための総合活動である」と定義付けている。

## (4) マーケティングの4P

　マーケティングとは何かは、4Pで語られることが多い。4Pとはproduct、place、price、promotionの略で、頭文字をとって4Pと呼ばれている。マーケティングとはこの4つの要素を効果的に組み合わせることだ、という考え方である。広告はこの考え方ではpromotionのひとつになる。広義にpromotionを捉え、このpromotionの中に広告や広報や各種販促活動が含まれるという考え方である。この4Pについてもう少しわかりやすく具体例で説明しよう。

　例えばリップクリームというproductを、定価200円というpriceで、高級デパートというplaceで、広告や広報というpromotionを積極的に行いながら販売したとしよう。果たして売れるだろうか？　定価5万円する高級化粧クリームを、コンビニエンスストアで販売したとしよう。売れるだろうか？　これらの場合、成功するとは考えられない。何故なら共にplaceという販売経路に問題があると考えられるからである。つまり、最適な組み合

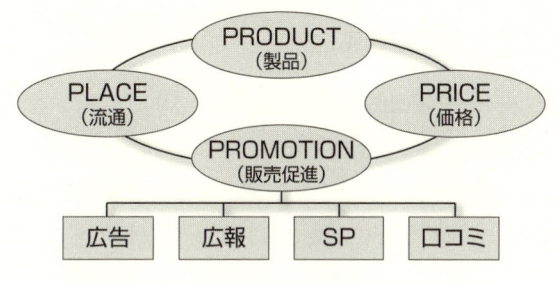

図表5-1：マーケティングの4P

わせにはなっていないのだ。マーケティングとはproduct 、place、price、promotionの4つの要素を最適に組み合わせることなのである。

しかし、この説に異論があることも事実である。マーケティングの本質は顧客側から考えることだ。しかしこの4P説は顧客の側から捉えたものではなく、送り手側から捉えたものである。だから異論も続出している。このため、これ以降、マーケティングに関するさまざまな考え方が生まれていくことになる。

## (5) 4P以外の考え方

前述のとおり、4Pはproduct 、place、price、promotionのことを指すが、消費者側に立っていないという指摘もあった。そしていろんな考え方が生まれてきた。そのひとつが4Cである。4Cとは、consumer value、convenience、cost、communicationの4つである。consumer valueとは消費者にとっての価値であり、convenienceとは便利さ、costは価格で、communicationとはコミュニケーションそのものである。この4つの効果的な組み合わせをどう図るかがマーケティングであるという考え方である。

また3Cという考え方もある。3Cとは、company、consumer、competitorである。companyとは企業、consumerとは消費者、competitorとは競合のことである。この3つの要素をどのように考えて最適な組み合わせをするか、それがマーケティングであるという考え方である。また5Pという考え方も出てきている。これは4Pの考え方にpersonを加えたもの。マーケティングの要素として人材も欠かせないという考え方である。

## (6) マーケティングの進化

　マーケティングの定義は時代と共に変わってきていると先述した。そのマーケティングの進化について簡単にみてみよう。
　フィリップ・コトラーはマーケティングの進化を3期に分けて論じている。ここではコトラーの説をもとに、少し筆者なりの修正を加えて説明したいと思う。

**1) マーケティングの第1期**

　マーケティングの第1期とは、製品主導型マーケティングの時代といえる。市場や需要を考えることなく大量生産技術にのみに頼り、大量販売を試みてきた時代である。需要を考えないのだから必ずしも成功するとは限らない。このような状況から脱却するために「商品志向」から「販売志向」へと変わっていった。それがマーケティングの第1期である。

**2) マーケティングの第2期**

　マーケティングの第2期は、テレビ放送の開始に代表されるマス・コミュニケーションの発展が特徴である。マス・コミュニケーションの発達で、市場環境は大きく変わった。そして、ビジネスそのもののあり方もダイナミックに変化を遂げた。マス4媒体を使っての大量販売のマス・マーケティングの時代が第2期である。

**3) マーケティングの第3期**

　第3期はコンピュータや情報技術の発達の時代である。コンピュータとインターネットの発達で大きくマーケティング環境は変化した。そしてマーケティング自体も変化してきている。まず、コンピュータの発達でデータベース・マーケティングが大きく前進した。顧客の履歴情報に基づくマーケティングの促進である。この結果、かなり確度の高いマーケティングが可能になった。さらにはマス・マーケティングの時代から、ワン・ツー・ワン・マーケティングの時代を迎えたのである。同時にインターネットの発達で、企業は容易に直接消費者に商品・サービスの情報を届けることができるようになった。消費者にしても企業のWebサイトで商品情報を調べ、直接購入することができるようになった。その結果、ダイレクト・マーケティングが大きく発展した。また消費者同士が商品やサービスに関する情報を交換し合

う時代になった。これまでのように企業側からの一方的なコミュニケーションに頼ることがなくなったのである。それが第3期である。

このようにマーケティングは時代や技術の発達と共に大きく変化してきているのである。

## (7) マーケティングと調査

マーケティングの考え方には、4Pや3Cや5Pなどいろいろあるが、マーケティングの本質は消費者の立場に立って考えることである。消費者の目線に立って、商品やサービスのあり方や販売方法、コミュニケーションを考えることにある。そのためのひとつの方法としてマーケティング・リサーチがある。マーケティング戦略を考えるとき、マーケティング・リサーチを行うことで、より確度の高いマーケティング・プランを立案することができる。

新しい商品やサービスを考え出すとき、開発者は自分の思い込みだけで新商品を考えるのではない。自分の思いも大切であるが、自分の思いは多くの人と違っていることもある。たとえば自分では良い商品だと思っていても、他の人からみるとそれほど良い商品でないこともあったりする。また開発者が作る商品は、開発者とは違った年齢の人や違ったライフスタイルを持った人が使う場合もある。だから失敗を犯さないためには、できるだけ多くの人の意見を聞いてみることが必要となる。そして、客観的な意見に静かに耳を傾け、より多くの人に受け入れられる商品やサービスの開発に努める。

また広告作りにおいても同様である。広告が消費者に高い共感を持って受け入れられるために広告調査をすることも多い。広告を実行するためには多くの費用がかかる。失敗は許されない。失敗を回避するために、試作案の段階で実際にターゲットにみてもらい、より完成度の高い作品作りを目指すことも多い。

さらには実際の消費者に調査をすることで広告の効果を把握し、以降の効果的なキャンペーン計画に活かすことも多い。キャンペーン実施ごとに広告の効果を把握すれば、どれくらいの広告を出稿すればどのくらいの効果が得られるかがおおよそわかってきたりする。そうすれば、次にキャンペーンを行うときに、だいたいこれくらいの広告出稿をすればこのくらいの効果が得られると予測がつくようになるからである。

このようにマーケティングにはマーケティング・リサーチが欠かせない。「マーケティングとは市場調査のこと」という誤解を生みやすいのもこのためである。

## (8) マーケティング・リサーチ

### 1) 調査の方法

マーケティング・リサーチにはさまざまな調査（リサーチ）がある。調査手法の違いから分けると、調査員が各家庭を訪問して調査を実行する訪問面接調査、調査票を訪問先に置いてくる訪問留置き調査、電話を利用した電話調査、ファックスを利用したファックス調査、インターネットを利用したインターネット調査などがある。また、調査会場に調査対象者を集めて行う会場調査や、家庭で実際の生活の中で商品を試用してもらって調査に答えてもらうホーム・ユース・テストなどもある。

①市場調査

調査の目的から分けると、主に市場での売れ行きなどをチェックするのが市場調査。どのような販売ルートで、どのような商品が、どれくらい売れているのか、また価格ラインはどの程度のものか、などを中心的に調べる。

②消費者調査

消費者を対象に、消費行動や購入行動に関するデータを得るのが消費者調査。消費者の意識や行動を深く理解し、商品作りや新商品の開発、効果的な広告や販促作りのヒントを得る。

③商品調査

商品の完成度や使い勝手、競合との評価の把握などを行うのが商品調査。商品調査を行うことで商品上の問題点や改善点を発見したり、競合対抗上、商品のどの箇所を訴求点にするのがいいのかを探る。

④流通調査

流通状況や流通での評価を得るための調査が流通調査。流通調査では、商品の扱いマージンなども調べるようにする。この調査から、流通への興味の喚起や、商品の扱い意欲向上のためには何をしたらいいのかを探ったりする。そして自社に有利な流通上のヒントを得る。

⑤企業調査

企業に関して行うのが企業調査。消費者に企業についての評価を質問してデータを得たりする。時には専門調査員が企業を訪ねて調査を行うこともあるが、必ずしも企業側が答えてくれるとは限らないから困難もつきまとう。

⑥広告調査

広告調査は広告表現や広告メディアに関する調査である。できあがった広告表現が当初の意図を反映しているかどうかや、修正点や改善点をみつけたりする。また競合の広告と自社の広告を比較し、評価を把握したりする。キャンペーン実施後に行う広告効果測定調査もこの分類に入る。

**2） 定量調査と定性調査**

また、調査はデータの種類から2つに分類することもできる。定量調査と定性調査の2つである。前者は主にアンケート票などを用いて数字で得られる調査のこと。番号に○印を記入して答えてもらったり、数字を書き込む調査である。これらの場合、集計してパーセント（％）で表すことができる。「買いたいという回答が78.3％だった」というのが例である。後者の定性調査とは、答えを数字に置き換えることができない調査のこと。例えば聞き取り調査をして文章で答えてもらったり、アンケート票に文章で記述してもらって答えを得る調査のことである。定性調査の場合、数字で表せないので項目間の比較をしたりすることはできない。しかし、微妙なニュアンスを得るには適した調査方法である。アンケートで「この商品が好き」と答えた人が70％いたとしても、どの程度の強い思い入れなのかがわからない。

またどのような理由から評価されたのかもわからない。これらの疑問を埋

|  | 定量調査 | 定性調査 |
| --- | --- | --- |
| 内容 | 対象者の意識、態度を「数値」で測定 | 対象者の意識や態度を「言語」で把握 |
| 代表的な手法 | 選択肢式のアンケート調査　など | グループインタビューなど |
| メリット | ・統計的な処理が可能<br>・サンプリングによる母集団全体の推定 | 回答者の意識を深く掘り下げることが可能 |

図表5-2：定量調査と定性調査

めるのが定性調査である。定性調査はアフターコーディングすることで定量処理をすることも可能である。

## (9) マーケティングとは総合戦略

昨今、マーケティングの持つウェイトはますます大きくなってきている。かつてのようにマーケティングを単なる販売技術の手法と考えるのは適切ではない。マーケティングとは全社的経営手法である。だからマーケティング戦略は総合戦略といえるだろう。

マーケティング戦略は市場戦略、企業戦略、商品戦略、価格戦略、流通戦略、コミュニケーション戦略などに分解できる。またコミュニケーション戦略も、広告戦略、PR（広報）戦略、販売促進戦略に分けることができる。さらには広告戦略も表現戦略、メディア戦略に分けることができる。マーケティングとは総合戦略だと理解しておくとよい。

## (10) マーケティングとさまざまな手法

マーケティングは手法によってさまざまな「マーケティング」が存在する。その代表的な幾つかを取り上げて説明しよう。

**1) マス・マーケティング**

「マス・マーケティング」とは、多くの人（＝マス）を同一の特性を持った人の集まりと考えてマーケティングを展開していくことをいう。日本の高

```
                    ┌── 市場戦略
                    ├── エリア戦略
                    ├── 商品戦略
マーケティング戦略 ──┼── 価格戦略
                    ├── 流通戦略      ┌── 広告戦略 ──┬── 表現戦略
                    ├── ターゲット戦略 ├── SP戦略      └── メディア戦略
                    └── マーケティング ┼── PR戦略
                        コミュニケーション戦略 └── クチコミ
```

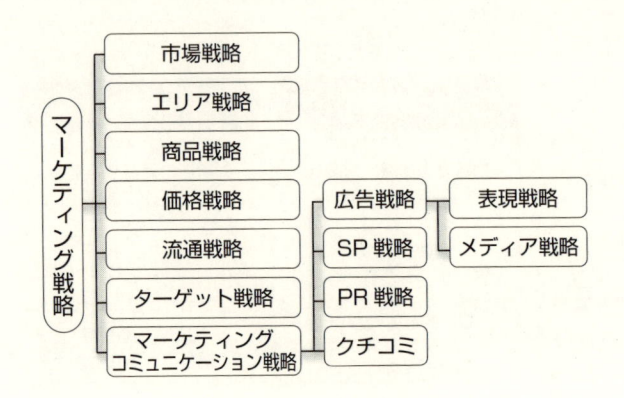

図表5-3：マーケティング戦略と下位戦略

度成長時代はこのマス・マーケティングが中心であった。その反対が「ワンツーワン・マーケティング」である。顧客は1人ひとり別々の考えやニーズを持った存在であるとの前提に立つ。そして、個々のその人にあったマーケティングを展開していくことをいう。マス・マーケティングが1対多数とすると、このワンツーワン・マーケティングは1対1で展開するマーケティングと言える。

### 2) データベース・マーケティング

「データベース・マーケティング」とは、顧客に関する情報を集中管理し、そのデータベースに基づいて展開していくマーケティングをいう。例えば、買い物をして愛用者カードを送ったり、問い合わせや購入申し込みをしたりすると、相手に住所や名前や電話番号や個人特性データが伝わる。このデータを利用して効果的なマーケティングを展開するのがデータベース・マーケティングである。このデータベース・マーケティングは、コンピュータの発達で特に近年著しく進んできている。

### 3) リレーションシップ・マーケティング

「リレーションシップ・マーケティング」とは、顧客との関係を重要視するマーケティングのこと。売上げの拡大や市場シェアの拡大を目的とするのではなく、いかにして顧客といい関係を形成するのかを優先し、その結果が売上げに結びつくという考え方である。ここから「顧客生涯価値」という考え方が生まれた。英語で「life time value」というこの考え方は、顧客1人の全期間で、その顧客が企業にもたらす価値の総計をいう。顧客のロイヤルティを高めることで、その顧客が生涯にわたって企業に大きな利益をもたらしてくれるという考え方のマーケティングである。成熟した競争の激しい市場ではシェアの奪い合いをするのではないということから来ている。

### 4) バイラル・マーケティング

「バイラル・マーケティング」の「バイラル」とはウィルスの伝染を意味する。バイラル・マーケティングとは、商品やサービスを主にインターネットを利用して級数的にクチコミで広げていくマーケティングのことである。インターネットの発達で生まれたこの手法は、無料電子メールサービスのHotmail（ホットメール）が短期間に世界最大の無料Webメールプロバイダに成長したことで注目された（今はMSN Hotmail）。

5) モバイル・マーケティング

「モバイル・マーケティング」とは、ケータイなどのモバイル機器を使ってマーケティングを展開することをいう。モバイル機器とGPSを組み合わせることで、ある場所にいるときに、近くに位置する店舗の情報を届けたりすると大きな効果が得られるだろう。同じように「インターネット・マーケティング」とは、インターネットを使ったマーケティングのことである。

6) パーミッション・マーケティング

「パーミッション・マーケティング」とは、相手の許諾（パーミッション）を得た上でマーケティングを行うことをいう。インターネットの画面上や購入者カードなどに「今後商品やサービスに関する案内を希望しますか」と了解を求められることがある。これに了解した人に対して展開するマーケティングのことである。

マーケティングのやり方は時代と共に変わっていく。また技術の進歩とともに変化していく。それに応じて新しいマーケティングが誕生していくのである。

## (11) マーケティングとコミュニケーション

「コミュニケーション」とは日本語で「伝達、連絡、通信、意思の疎通」のことである。コミュニケーションには、企業などが商業目的で行うコミュニケーションと、個人と個人が楽しむ商業目的でないパーソナルなコミュニケーションとがある。マーケティングで行うコミュニケーションは、当然商業目的でのコミュニケーションである。これを「マーケティング・コミュニケーション」という。

マーケティングの中でも、近年マーケティング・コミュニケーションの持つウェイトが高まってきている。それだけコミュニケーションが重要な時代になってきたといえる。

マーケティング・コミュニケーションでは、企業や商品やサービス、ブランドに関する情報をあらゆるメディアを使って届ける。近年のインターネットの発達で、従来のようにテレビやラジオ、新聞、雑誌のマス4媒体だけを使っていればいいという時代は終わった。マス4媒体以外のメディアをいかにして上手に使うかが問われている。例えば電車の中の広告や、駅に設けら

れたデジタルサイネージ（＝電子看板）や、街中に立つ看板、繁華街のビルにはめ込まれた大型液晶ビジョン、ビルの垂れ幕、街灯、映画館、道路沿いの看板など、さまざまなメディアをいかに上手に使うか、それが問われる時代になってきている。またそれだけではなく、ブランドが顧客と出会う店舗や、店員、店員のユニフォーム、名刺や封筒さえもメディアと考えることができる。そうなると、これらのメディアを含んでトータルにメディアを管理していくことが大事になってくる。このように、ブランドが顧客と出会うあらゆる接点としてのメディアを、総合的に考え、計画を立案していくことを「タッチポイント・プランニング」と呼ぶ。「コンタクトポイント・プランニング」という言い方をすることもある。どちらも同じと考えていいであろう。

## 2. 広告計画の立案

### (1) 広告計画の立案作業

　広告はマーケティング課題の解決策のひとつである。だから広告を考える前に、もしマーケティング戦略が策定されているならそれを確認することが必要だし、マーケティング戦略が明確になっていないならマーケティング戦略から考えることが必要である。これらの作業を終えてから広告戦略を考えるべきである。いくら広告表現が面白くても、マーケティング戦略に沿った広告でないなら、それは失敗の広告である。基本となるマーケティング戦略に基づいて、PR（広報）はどうあるべきか、販売促進はどうあるべきか、そして広告はどうあるべきかを考えなければならない。

　では、広告を考える起点になるマーケティング戦略はどのようにして立案するのだろうか。

　マーケティング戦略を立案するには、企業や商品やサービスが今どのような状況にあるのかを、客観的に現状把握を行うことがまずは必要である。その現状把握の中から、問題点がどこにあるのか、逆にチャンスはどこにあるのかを考察する。次に問題点とチャンスをもとに課題が何かを導き出す。こ

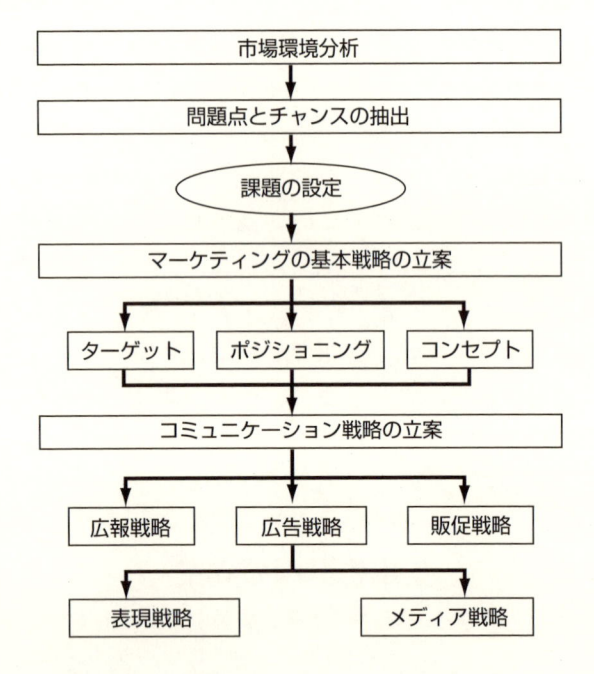

```
      ┌─────────────────┐
      │  市場環境分析    │
      └────────┬────────┘
               ↓
      ┌─────────────────┐
      │問題点とチャンスの抽出│
      └────────┬────────┘
               ↓
         ( 課題の設定 )
               ↓
   ┌───────────────────────┐
   │マーケティングの基本戦略の立案│
   └──┬──────┬──────┬───┘
      ↓      ↓      ↓
   ┌────┐ ┌──────┐ ┌────┐
   │ターゲット│ │ポジショニング│ │コンセプト│
   └────┘ └──────┘ └────┘
               ↓
   ┌───────────────────────┐
   │コミュニケーション戦略の立案│
   └──┬──────┬──────┬───┘
      ↓      ↓      ↓
   ┌────┐ ┌────┐ ┌────┐
   │広報戦略│ │広告戦略│ │販促戦略│
   └────┘ └─┬──┘ └────┘
           ↓    ↓
       ┌────┐ ┌──────┐
       │表現戦略│ │メディア戦略│
       └────┘ └──────┘
```

図表5-4：広告戦略までのプランニングフロー

の課題の設定が非常に重要である。問題点を反転させて課題に置き換えればいいという単純なものではない。またチャンスを課題に置き換えればいいということでもない。問題点とチャンスのどちらを優先すべきであるとの公式もない。深く考えて本質を見極めるしか方法はない。たとえば、複数の問題点の中で何が根源的な問題点かを考察し、その本質的問題点を解決すべき課題として設定する方法がある。課題の設定が間違っていれば、いくらいいアイデアでも用をなさない。マーケティング戦略を立てる上では課題の設定が一番重要な作業といっていいほどである。

　課題が決まれば、その課題を解決するためにはターゲットをどうすべきか、ポジショニングをどうすべきか、コンセプトをどうすべきかを決めていく。これらはマーケティングの基本戦略である。このマーケティングの基本戦略に基づいて、広告課題を決めていく。広告課題はマーケティング課題と同じである場合もあれば、異なる場合もある。それらは市場環境や競合や消

費者の動向によって判断していく。

　広告課題が決まれば、その課題を広告表現やメディアの使い方で、どのように解決するべきかを考えていく。

　ここまででわかるように、広告とマーケティングとは切っても切れない関係にある。広告を考える前に、まずはマーケティング戦略そのものに対し、自分なりの考え方を持つことである。

## (2) 市場環境分析

### 1) 市場分析

　市場環境分析と一口に言っても多くの分析が含まれ、その中のひとつが市場分析である。

　市場は刻々と変化していく。1年前と同じということはない。続々と新製品や新アイテムも発売されるし、流通の状況も刻々と変わる。価格も変化するし、市場を支えている消費者の状況も変わっていく。そして、それに応じて市場も変化していく。そんな市場の構造をつぶさに分析したり、市場の変化を時系列で把握したり、市場の将来を予測することは非常に大事な作業である。

　市場の変化を市場規模から把握するときは金額だけでなく、個数ベースでも把握するように努めるべきである。金額ベースで市場は伸びていても、個数ベースでは伸びていないこともある。また金額や個数だけでなく、容量ベースでみることが必要な場合もある。例えば飲料の場合、本数でも容量でも伸びているとは限らない。容器の少量化で、個数では伸びていても、容量では伸びていないこともあるからである。

　また市場を細分化して分析することも忘れてはいけない。市場全体で伸びていても、市場を細分化したとき、伸びている市場と伸びていない市場が明確に分離していることもある。例えばパソコン市場で考えてみよう。仮にパソコン市場全体では伸びていなくても、モバイルパソコン市場は大きく伸びていることもあるからである。同様に、パソコン市場でも、5万円以下の市場と5万円以上の市場ではまったく異なる市場動向を示すこともありえる。このように市場を分析するときは、さまざまな視点から分析してみることが大事である。

## 2）企業分析

　企業分析は対象の企業を深く調べるだけでなく、競合企業と比較しながら、当該企業の強みや弱み、優れているところ、劣るところなどを分析する。そしてマーケティング戦略立案の材料にする。

　企業分析は企業の思想や目指すものを分析したり、歴史的な成り立ちを調べることで企業文化を理解したり、企業の強みを把握したりする。また組織や人員構成や支社や工場の配置などから、企業が何を志向し、どこに強みを出そうとしているのかを把握したりする。さらには、原材料入手経路や特許などからも企業の強みは伺える。

　例を紹介する。ある電気メーカーＡ社は液晶技術を自社の得意領域としていた。そして競合企業との戦いに勝つための中心にこの液晶技術を置いたのである。そして得意な液晶技術を活かして、液晶テレビ、ビデオカメラ、デジタルカメラ、ファックス、携帯電話などを積極的に開発していった。そして「液晶ならＡ社」というイメージを作り上げていったのである。

## 3）商品分析

　商品分析とは、自社の商品やサービスを、あるときは他社と比較しながら優劣を客観的に把握したり、商品としての完成度の高さや、消費者のニーズにどの程度対応しているのかを把握することである。

　競合他社の商品と自社を比較して、優れている点や劣っている点を知ることはマーケティング戦略を考える上でとても重要なことである。他社よりも優れている商品上のポイントを消費者に広く知らせていけば優位な戦い方ができるからである。しかし大事なのは、商品上の優位点が、消費者からみて意味のある優位点でなくてはならないということ。消費者がどうでもいいと思っているところでいくら他社より優れていても、消費者の大きな共感は得られない。

　商品の訴求ポイントをどこに設定するかは、商品分析だけから導き出されるものではない。消費者の意識や競合の動向、さらには市場状況などを勘案しながら訴求ポイントを探っていく。それでも商品分析が重要な分析になることは間違いない。

## 4）消費者分析（ユーザー分析）

　消費者分析はユーザー（使用者）分析であることもあるし、生活者分析で

あることもある。分析対象が消費者であるべきか、ユーザーであるべきか、生活者であるべきかは調査のテーマによる。いずれにしても商品・サービスや企業に対する人の考えや思いや意識・行動を把握し、分析することが目的である。

消費者の分析の視点は多くある。幾つか例を挙げてみよう。性別・年齢別・職業別・年収別などのデモグラフィック別に分析してみるのもひとつの方法である。デモグラフィック別に分析してみると、商品の使用状況や購入状況に大きく違いがある場合が少なくない。これを競合商品と自社商品を比べることで、それぞれの商品ごとの支持層の違いを知ることができる。このような結果が得られれば、次の戦略が立てやすくなる。またライフスタイル別に分析するのもひとつの方法である。さらには、ライトユーザーとヘビーユーザーではどのように使用や購入者のプロフィールに違いがあるのかを分析する方法もある。もし、両者に大きな違いがあれば、今のライトユーザーをヘビーユーザーに格上げするための大きな戦略上のヒントが得られるだろう。

同じように、ブランドロイヤルティの高い人と低い人では、プロフィールにいったいどのような違いがあるのかを解明すれば、効果的なマーケティングプランの作成に役立つであろう。

消費者を分析したり、購入者や生活者を分析することは、単にターゲットを決めるためではなく、購入促進や頻度を拡大させるヒントを探る上で有効である。

## 5）流通分析

流通分析では流通の状態を調べ、自社の商品がどのような扱いや評価を得ているのかを把握する。そして流通の抱える現状を認識し、自社の抱える流通における問題点は何か、取扱い意欲を向上するためには何が必要か、今後流通をどのように考えていけばいいのかのヒントを得る。

## 6）コミュニケーション分析

コミュニケーション分析とは、自社と競合他社とを比較しながら、広告表現やメディアへの出稿状況や広報の状況などを把握する。広告表現の分析では各社がどのような表現戦略を採用しているかを調べる。またメディアでは、どのようなメディアを採用しているのか、メディアごとにどのような表

現を行っているのか、訴求ポイントをどこに設定しているのか、起用タレントは誰か、毎年いつごろからキャンペーンを開始しているのか、どの程度の広告出稿をしているのかなどを把握し、マーケティング戦略やコミュニケーション戦略の立案に活かす。

## (3) チャンスと問題点の抽出

　市場環境分析を行うと、そこからさまざまな問題点が抽出される。同時にチャンスがどこにあるのかも見つかるはず。それらを整理しながら課題をどこに設定するかを考えていく。

　それぞれの問題点を解決していくことは必要である。しかし、それぞれの問題点に全方位で対応していくことは簡単なことではない。問題点が多すぎたり、早急に解決すべき問題点が複数ある場合が多いからである。しかし、広告キャンペーンで解決を図るには問題点はひとつにしないといけない。やるべきことが拡散することは得策でないからだ。特にテレビのスポット広告は15秒が基本。その15秒の中であれもこれも訴求することはできない。15秒ではワンポイントしか訴求できない。

　チャンスというのは、「市場を切り開いていくときのきっかけになるもの」と言ってもいいであろう。企業や商品・サービスのどのような点を掲げて消費者に訴えていくのか、そのポイントを抽出する。たとえば先述した電気メーカーで考えると「液晶技術」がそれに当たり、「液晶技術ならA社」を戦いのチャンスとして利用できる可能がある。もしこのチャンスを活かすとなると「液晶技術のA社。そのA社が作った商品」として商品を打ち出していく方法がある。

　このように市場環境分析をすると問題点もチャンスもたくさん抽出できるだろう。しかし、多くの問題点とチャンスを一覧にしただけでは何も解決できない。問題点とチャンスを整理し、絞り込む作業が必要なのである。それが課題の設定につながる。

## (4) 課題の設定

　先の項目でも述べたように、問題点とチャンスを抽出したあとに、それを絞り込む作業が必要である。最も今やらねばならないのは何か、それが課題

である。課題はできるだけひとつに絞り込む。そして絞り込んだ課題に対し、広告やPRなどのコミュニケーション活動で、どのように解決していくかを考えていく。ひとつの課題をあらゆる手段を結集して解決していくといったらいいであろうか。

　問題点と課題は違う。問題点は「解決すべきポイント」のこと。課題とは「やるべきポイント」のこと。この両者は異なるために、問題点を裏返しにすれば課題になるという単純なことではない。

　問題点を課題に置き換えるために問題点を絞り込む作業が必要なことは先述の通りであるが、それは簡単な作業ではない。課題の設定が間違っていると、以降の全ての作業が誤った方向に進んでいくからである。プランニング作業において最も重要な作業といって過言ではない。

　問題点やチャンスを課題に置き換える方法はいくつかある。ひとつは問題点の中から最も重要と思える問題点を選び出す方法である。それほど重要でないと思える問題点を捨て去り、どうしても捨てきれない問題点だけを残す。そしてその問題点の解決策を課題に設定するという方法である。もうひとつは、問題点間の因果関係を考察し、最も根源的な問題点は何かを考え、その問題点の解決を図るために課題に設定するという方法である。複数の問題点はそれぞれが無関係というものでもない。お互いに関連している場合も多く、ある問題点を解決すると他の問題点も自ずと解決する場合もある。この2つの方法はどちらも何が一番重要かを選ぶという点において、ほぼ同じことを意味する。

　課題の設定は、問題点だけから行うのではない。チャンスを課題に設定する方法もある。自社の優れている点や商品・サービスの優位点を声高に伝えていくという設定方法である。

　比喩で説明しよう。子供を育てていく場合、子供の欠点に注目し、直しながら育てていく方法がある。しかしもう一方で、子供の欠点に目をつむり、長所だけを伸ばしながら育てていく方法もある。どちらも子育てにおいて間違っているわけではない。どちらも正しく、要はその子供の資質を始めとして、周りの状況などを広く考えて最善の策を考えるしかない。同じように、問題点とチャンスのどちらを優先してマーケティング課題に設定すべきかは簡単にはいえない。

戦略の立案には課題の設定が一番重要といっていい。いくら画期的なアイデアを思いついたとしても、課題の設定が間違っているとそのアイデアは効果をなさない。間違った方向に位置付けられるアイデアでは、マーケティングとしては失敗するからである。

## (5) マーケティングの基本としてのTPC

課題をどう解決するか、そのために誰をターゲット（Target）にするか、同様に市場における競合との相対的位置付け（Positioning）をどうするか、そのためにコンセプト（Concept）をどう設定するか、それはマーケティング戦略の基本である。この3つの言葉の頭文字をとってマーケティングの基本TPCと呼ぶことがある。マーケティングの基本を表すもので、非常に重要なものである。

マーケティング戦略の基本のTPCは、以降の全ての戦略を規定してくる。広告戦略やPR戦略、それに販促戦略は、全てこの上位戦略であるマーケティング戦略の影響を受けるからである。

マーケティングの基本の3要素はどれから先に決めるべきかの決まりはない。ターゲットから考えてもいいし、コンセプトを先に考えてもいいし、ポジショニングから考え始めてもかまわない。実際にはこの3つを同時に考え付くことが多いのも事実である。たとえば「男のための辛いカレー」はコンセプトではあるが、競合の相対的位置付けからポジションされたものだし、ターゲットも含んでコンセプト化されたものだからである。

## (6) ターゲット

ターゲットは「Target」と書き、狙うべき想定購入者をいう。誰を狙って戦略を展開するのかを決めることをいう。

ターゲットの決め方には、大きくは3つの方法がある。

### 1) デモグラフィック特性

1つめは、性別・年齢・職業・年収などでターゲットを設定する方法である。これはデモグラフィック特性からのターゲット設定の仕方である。

### 2) ジオグラフィック特性

2つめは、都心部かローカルか、首都圏か京阪神か全国か、などからター

ゲットを決める方法である。エリアからターゲットを決めるこのやり方はジオグラフィック特性からの設定になる。

### 3) サイコグラフィック特性

3つめは、スポーツ好きな人とか、料理をよくする人とか、何にでも興味を持つ人などのようにライフスタイルや心理的な側面からターゲットを決める方法である。これをサイコグラフィック特性からの設定という。

ターゲットを決めるとき、できるだけリアルにターゲット像が浮かぶようにする。リアルにターゲット像が思い浮かべられれば、スタッフ全員の合意が得やすいし、アイデアを出すにも考えやすいからである。できるだけ詳細にターゲット像を描くことが重要である。そのためには上記の3つの組み合わせでターゲットを設定するのが望ましい。

## (7) ポジショニング

ポジショニングとは「Positioning」と書き、Positionにingを付けたものである。市場の相対的な関係の中でどのような状況にあるのかを表すのはポジション（Position）。この現状を、今後どのように変えていくか、すなわちポジションをどこに移すか、それを考えるのがポジショニングである。だからポジショニングは戦略そのものになる。

デパートの例で説明しよう。今、あるデパートが図表5-5の左下のポジションにあったとする。そして売上げが不振だったとする。そうなると、今のままではよくないわけで、そのためにはポジションをどこかに移動させな

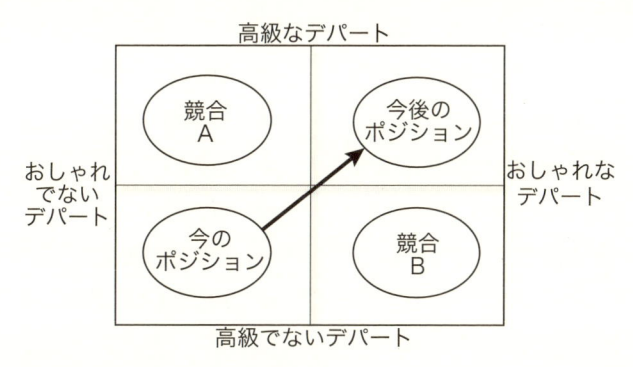

図表5-5：ポジショニングマップ

ければならない。競合の存在を考えると、右上の空いたポジションに移動させるのがいいと判断できる。

実際に右上のポジションに移動するとなると、全てを見直す必要がでてくる。商品の品揃えを高級でおしゃれなものに変え、広告も高級感漂うおしゃれな広告に変える必要があるし、店舗も店員の接客も、買い物袋さえ高級感のあるおしゃれなものに作り変える必要が出てくる。ポジショニングを変更することは、マーケティングのあらゆる要素を変更することになる。これがポジショニングである。

## (8) 広告計画

広告計画はマーケティング戦略に基づいて立案していく。広告の上位概念であるマーケティング戦略を確認し、それに沿いながら計画を立てていく。

広告計画を立てるには、「5W1H」で計画をまとめていく方法がある。「5W1H」とは、「Why」・「Who」・「What」・「When」・「Where」・「How much」の6項目である。「Why」はどのような目的で、「Who」は誰に対して、「What」はどのような内容で、「When」はいつからいつまで、「Where」はどのようなメディアで、そしていくらくらいの予算でを表す「How much」の5W1Hである。

広告計画では、まず最初に、広告の目的を確認する。何のために広告をするのかを明確にする。議論を進めるうちに目的を見失うことがよくある。そして議論が誤った方向に進んでいくことも多い。誰に対して広告をするのか

- ❖ どのような目的で？　　　➡ WHY
- ❖ 誰に対して？　　　　　　➡ WHO
- ❖ どのような内容・表現で？　➡ WHAT
- ❖ いつからいつまで？　　　➡ WHEN
- ❖ どのようなメディアで？　➡ WHERE
- ❖ いくらぐらいの予算で？　➡ HOW MUCH

図表5-6：広告計画の5W1H

の広告ターゲットを決める場合、マーケティング・ターゲットと同じとは限らないので気をつける。どのような内容の広告にすべきかは、広告表現に深く関わってくることである。マーケティング戦略で決めたことを再認識した上で進めていく。広告展開をする期間は、広告予算や流通事情や競合動向、それに商品やサービスの季節性なども考慮しながら決めていく。広告メディアも同様であるが、メディアの場合はさらにターゲットのメディア接触状況も重要な検討要素となる。広告予算は、広告目標や売上げ目標、目標シェアなどを基準にして設定していく。

## (9) 広告と表現

　広告の重要なことのひとつは広告表現を考えることである。そのためには、まずはマーケティングのTPCと広告に課せられた役割を理解しなくてはいけない。そしてこれらを理解しながら広告に対する考え方を固めていく。広告で何を、誰に、どのように伝えていくのかを決めていく。つまりwhat to sayとhow to sayを明らかにしていくことが広告戦略である。

　広告を誰に伝えるのかによって、表現の仕方も変わってくることは容易に想像がつくだろう。たとえば小学生に伝えるときの表現と、大人の男性に伝える表現では、訴求内容や用いる言葉も言い回しも、起用するタレントも変わってくる。ターゲットの思いや気持ちを深く洞察しながら、より共感が獲得できる表現を探っていく。また、同じターゲットだったとしても、共感を得るための表現は時代によっても変わっていく。受け手の生活者の意識や感覚やニーズが時代の気分によっても変化していくからである。

　広告表現にはさまざまなアプローチがある。真面目に訴求していく方法や、面白おかしく訴求していく方法や、データを用いて科学的アプローチをしていく方法など、幾通りもの表現方法がある。どれが正解というものはない。

## (10) 広告とメディア

　広告表現は必ず何かのメディアに載せて届けられる。どのようなメディアに載せて届ければいいのか、それを考えるのがメディア・プランニングである。メディア・プランニングは「媒体計画」とか「メディア計画の立案」と

言い換えることもできる。

　効果的なメディア・プランニングのためには、広告ターゲットの意識や行動を深く知ることである。ターゲットが接触しないメディアに大量の広告出稿をしても、広告費の浪費に終わってしまう。ターゲットを深く研究し、ターゲットにとっての効果的なメディアを選び、組み合せていくことが優れたメディア・プランニングになる。

　例えばテレビでも、番組によって見ている人の属性は異なるし、時間帯によっても視聴している人の属性は違う。雑誌も同様で、同じ週刊誌でも読者の構成は異なる。それぞれのメディアがどのような視聴者なり読者構成になっているかを把握した上で、使用するメディアを決めていく。

　メディアへ広告出稿にはいくつかのパターンがある。キャンペーンの最初から最後まで同じ出稿量で推移させるパターンや、キャンペーンの最初に多く出稿し、少しずつ出稿量を減らしていくパターン、その逆に、キャンペーンの最初は出稿量を少なくし、少しずつ広告の量を増やしていくパターン、あるいは、間に広告出稿をしばらく休むパターンなどいろいろである。どのパターンがいいかは、企業や商品の置かれている状況や、競合の動向、流通状況、ターゲットのメディア行動などによって変わってくる。

　最近、「タッチポイント・プランニング」とか「コンタクトポイント・プランニング」という言い方がある。これはブランドが生活者や消費者と接する全てがメディアだと考え、マス・メディアに限らず、あらゆるメディアを組み合わせて効果的な広告の伝え方をする考え方をいう。言い方は異なるが、2つは同じことを意味している。

## (11) 今後の広告

　インターネットの誕生で、広告の世界は大きく変わってきている。インターネットのWebサイトは広告メディアでありながら、PRメディアでもあり、販促のメディアでもあり、自社の店舗でもあるからである。従来は広告会社経由でメディア会社に広告の掲載を依頼するしかなかった。しかしWebサイトを使うことで、企業は自社発信のメディアを手に入れたのである。それも世界に向かって発信できるメディアである。このメディアを使うことで消費者や生活者と双方向で、しかも迅速な情報のやり取りも可能に

なった。

　インターネットの誕生で広告のやり方が変わったことは幾つかある。そのひとつは、マス・メディア中心のメディア・プランニングからの脱却である。マス・メディアの影響力は絶大なので、今後ともマス・メディアを除外してメディア・プランを立案することは実際的ではない。しかし、これまでほどマス・メディア依存である必要もなく、インターネットメディアを効果的に使用する方法を考える必要がある。

　ふたつ目はWebサイトの影響で、広告やPRや販促の区分が希薄化していったことである。先述したようにWebサイトは広告メディアであり、PRメディアであり、販促メディアでもあり、またインターネット上に設けられた店舗でもある。そのため、広告なのかPRなのか販促なのかは、もはやあまり意味がない。これからはコミュニケーション全体をどう設計し、管理していくかという「コミュニケーション・デザイン」という考え方が問われてきている。

[参考文献]
・フィリップ・コトラー、ヘルマワン・カルタジャヤ、イワン・セティアワン『マーケティング3.0 ソーシャル・メディア時代の新法則』（2010年、朝日新聞出版）
・井徳正吾編著『広告ハンドブック』（2005年、日本能率教会マネージメントセンター）

# 6章　広報と企業

## はじめに

よく、「広報が大事だ」とか「もっとPRが必要だ」などと言われる。PRとはPublic Relationsの略で、戦後アメリカからもたらされた「市民や社会との良好な関係作りのためのコミュニケーション活動」、その和訳が「広報」だ。しかし、日本では「PR（ピーアール）」という言葉は、どちらかというと「販売促進における広告宣伝」の意味合いが濃い。

本書では、「広報」も、「PR」も、広く報せ知名度を上げて少しでも有名になりイメージを向上させてブランド力を高めることとし、企業の広報活動についてわかりやすく解説しよう。

## 1. 広報の本質…なぜ有名になる必要があるのか？

### (1) 人は小さい時から自分広報の達人だ

私たちは毎日外出前に鏡を見て、服装を整える。それは何のためか？ 社会人としての身だしなみであり、相手に気に入られたいためや少しでも自分を良く見せたいためでもある。TPO（Time／時、Place／場所、Occasion／機会）に応じて、「ありたい自分」「あるべき自分」「目指したい自分」に見せようと自分を演出する。言い換えれば、人は、日々「自分広報」している。幼いころから、自分が自分の「広報担当」なのである。

しかし、美しく見せようとすればするほど、素顔から離れ、行き過ぎて偽装に近づいていることになる。自分に備わっている以上のものを、過度に見せようとしてはならない。

自分広報と同様、会社の活動をTPOに応じて、いかに適切に美しく見てもらうかが、経営における広報の役割である。広報担当は、会社の「ファッションコーディネーター」であり「身だしなみの演出家（プロデューサー）」なのである。

## (2) ビジネスの本質…報せることは経営の始まり

　ビジネスの最小単位は「行商」だ。物を仕入れ、商品化し、売る。代金をもらい、儲かれば再投資して新たな仕入れを行う。もっと儲かれば給与を上げ貯金する。トヨタでもソニーでも同じ。このビジネスサイクルを回すことが、規模の大小にかかわらず経営の基本だ。

　ところが売る前に、絶対に「報せる」必要がある。神様でも知らないものは買えないし報せなければ買っていただけないので、売る前に「報せる」仕事があるのだ。お客様が知らない商品はないのと同じ。買っていただけないのは報せる努力が足りないのである。報せれば報せるほど顧客が増え、売上げが増す。つまり広く報せることは、経営なのである。「広報力」とは「成長の能力」なのである。

　その報せる方法には窓口応対や顧客訪問によって1人1人直接報せる方法もあるが、もっと広く報せるためにメディア（媒体）を活用する。それには新聞、テレビ、雑誌、ラジオの「4大マスメディア」があり、最近は、「ネットメディア」によって直接多くの人々に、一挙に報せる方法も盛んになってきた。こうして、企業において、日々の活動から価値ある情報を創り出し、積極的に広く報せる広報力の重要性はますます高まっているのである。

　広報担当は、経営トップとともに「私が広報パーソン」という強い意識をもって、多種多様のメディアを駆使し、ライバルとの報せる競争に勝たなければならない。

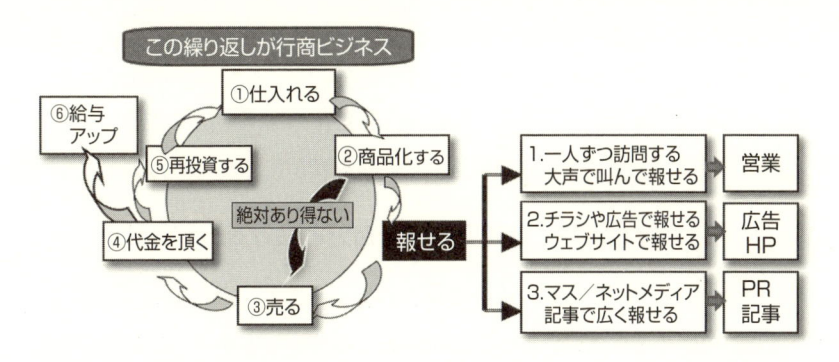

図表6-1：行商ビジネス

## (3) なぜ有名になる必要があるのか？

　経営者は「広報という経営の仕事がある」ことを心に刻む必要がある。対外的に有名になれば、
・信用が上がって知名度が向上する
・顧客が増え、ビジネスチャンスが拡大。売上が上がり業績が向上する
・有名ブランドは万人に好まれ、リクルートに役立つ
・顧客・取引先・株主・地域住民…周りが喜び誇らしい
　加えて、実は社内的な効果も大きいことを見逃してはならない。
・知名度があがれば、自信と誇りが芽生え、社会的な責任感も向上する
・社内が活性化し、帰属意識やモチベーションが高まる
・関係会社を含む、社員や家族・子供まで喜び誇らしい

　人も会社も、少しでも有名な、良いイメージの尊敬される人や会社と仲良くなりたいのが人情である。こんなWin-Win-Win効果は、広報によってしか得られない。
　つまり「広報は、人を喜ばせる気高い経営の仕事」なのである。
　広報の重視は、義務であり使命！
　広報の軽視は、怠慢であり傲慢！
　「わが社は広報しなくてよい」と豪語する経営者は、会社及び人々に大きな機会損失を与えると同時に、ライバルより報せる力を弱め、長期的な衰退を促進していることに気がつかないといけない。
　さらに、1人の社員の言動が会社や商品のイメージを高めも低めもする。電話1本の対応等、会社の品性は最前線の社員で決まる。お客様は黙って去っていくことを忘れてはならない。広報担当は、最前線の社員1人1人まで、広く報せる大切さを徹底する重要な任務を帯びているのである。

## (4) 人も会社も情報で生きている…自分と会社を一致させよ

　人間は、「脳」の情報が自分の手足や指先を動かし、言動を司っている。つまり脳の情報で生きている。会社は法人と呼ばれるように、人と同じである。脳が社長、骨格が組織、各関節には管理職が陣取り、指先は社員。社長

の命令が情報として、神経や動脈によって末端組織まで伝達され全社を司っている。情報が滞れば社員は壊死し、社長は脳死する。その情報を司るのが、顔の位置にいる広報担当の役割である。

つまり、広報の本質とは、適切な情報交通で"ビジョン"に向かって会社を司り、真(まこと)の会社にすること。そして尊敬される真の会社（真(ま)人間）になって多くの人々（パブリック）に喜んで受け入れられ、良好な関係を築くことによって、企業に永続的発展をもたらすことなのである。

そのためには、社長と社員との間のコミュニケーションが円滑で、瞬時に情報が交流するように鋭敏でなければならない。あたかもスポーツ選手のような身体だ。その情報の中心基地が広報担当なのである。

情報発信に際しては、常にビジョンに沿って「To be good」（いかに善くあるべきか）を決めて、次に「To do good」（いかに善く行うべきか）を実行する。社長と広報担当は、常に自分と会社を一致させ、あるべき自分・会社を目指し、ビジョンに向かって全方位どこから見られても恥ずかしくない

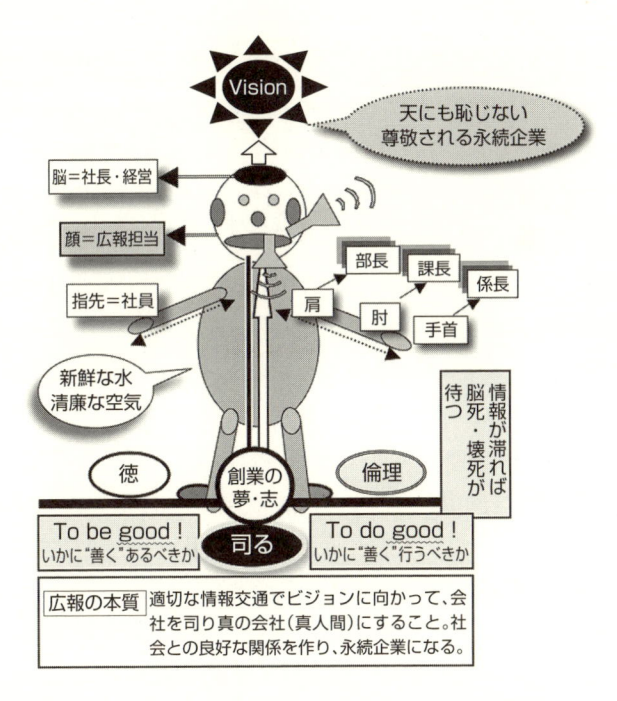

図表6-2：パブリック（社会）との良好なリレーション作り

真の会社を目指して、日々誠実に言動していく。その一貫した日々の地道な長年の努力が尊敬される会社を築いていくのである。

　広報担当は、自分を信じ、自分の能力を精一杯発揮し、能力に恥じない仕事をすることが義務であり、自分に対する誠意なのである。

## 2. 全方位広報がこれからの時代…報せる方法の多様化

### (1) 報せたい物・サービス・会社等と報せたい人・会社をいかにつなぐか？

　会社情報を伝える方法は、最も直接的なのは電話応対であり、営業担当や窓口の面談である。「名刺」が最初で最小のツールであり「会社パンフレット」「プレゼン資料」もそうである。ただそれでは、多くの人々に伝えることができないので、マス／ネットメディアを活用する。

　そのマス／ネットメディアへ報せるツールが「プレスリリース」（後述）である。それらは全て伝える「メディア＝媒体」であり、実は、自分自身も「パーソナルメディア」なのである。

　知名度が上がればお客様が増える。良いイメージが人々の心に深く浸透していくと「ブランド化」していく。そのブランドは、創業者から代々脈々と受け継がれ、スパイラル的に際限なく向上し続けなければならない。なぜなら内外環境は常に変化し、ライバル企業との競合があるからである。

・内部環境とは：経営戦略、業績、人事組織、商品、技術……
・外部眼鏡とは：政治経済、法令、景気、季節、顧客、好み、流行……

　時代を先取りして革新しつつ、創業の想いやビジョンの確実なバトンリレーが経営の使命。社長は機関車で社員がエンジン付きの車両。広報担当が車掌として車両をリードしていく重要な役割を担っている。広報担当がこのような誇りと自覚を抱く会社は必ずや発展するであろう。

　新聞（＋通信社）、雑誌、テレビ、ラジオの4大マスメディアからネットメディア、それに自社ウェブサイト、メルマガ、ブログさらにはツイッターまでいろんなメディアをできる限り駆使して、全方位広報を目指そう。

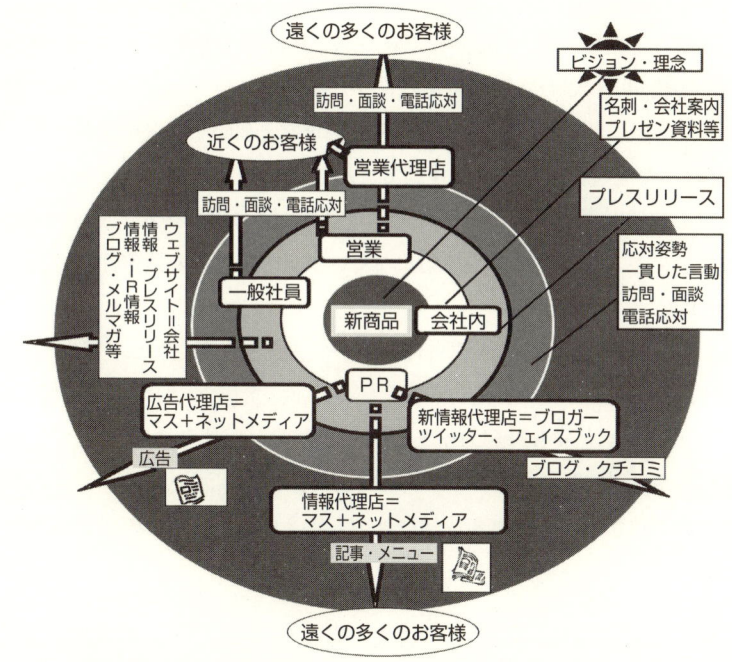

図表6-3：全方位広報

# 3. メディアとは何か？

## (1) 4大マスメディアは多種多様

最近ネットメディアやモバイル等の新メディアにより報せる方法は多様多彩である。

**1) 新聞**

日本は世界有数の新聞大国で、1日の発行部数は4400万部。

・全国一般紙：読売など5紙で全体の6割近くを占め、全国的に最も影響力あり。
・ブロック紙：4大地域でのシェアは高く影響力あり。
・地方紙：県単位で約80紙。地元密着記事が多い。地方企業や大企業の地方支店や工場にとっても重要。

・産業経済紙：各分野別に紙面が広く詳細情報入手に役に立つ。
・業界紙・専門紙（誌）：各業界ニュースを広範囲・詳細にカバー。業界発展や業績向上に寄与する意欲的な記事が多い。
・ミニコミ紙：特定地域の話題やお店の紹介など細かな情報を満載。
＊通信社：全国紙同様の取材体制で、加盟先の地方新聞社や放送局など二百数十社に配信。一挙に全国に飛ぶ可能性があり地方紙掲載を狙う場合、波及効果が大きい。原稿の締切がなくいつでも配信する速報性が特長。

## 2) テレビ

受信料を財源とするNHK以外は、広告収入を主たる財源とする民間放送で日本テレビ他5社。キー局として全国ネットを形成、主要番組を配信する。メディアの中でも最も瞬発力があり影響力が強い。地上波放送、BS（放送衛星）、CS（通信衛星）がある。2011年7月より地上波テレビは、60年続いたアナログ放送からデジタル放送（地デジ）となりネットとの融合が進展し

| 種類 | メディア名 | 発行部数(万部) |
|---|---|---|
| 全国一般紙 | 読売(1002)、朝日(796)、毎日(360)、日経(304)、産経(164) | 2626（61%） |
| ブロック紙 | 北海道(117)、東京(56)、中日(273)、西日本(82) | 528（12%） |
| 県紙 | 山形(21)、福島民報(30)、静岡(70)、神戸(56)、熊本日日(34)他 | 1098（25%） |
| 産業経済紙（全国） | 日経産業(16)、日経MJ(25)、日刊工業(43*)、フジサンケイビジネスアイ(16*) | 100+α（3%） |
| 合計 | | 4354+α（100%） |
| 業界・専門紙 | 鉄鋼(9*)、日刊産業(9*)、化学工業日報(13*)、繊研(20*)、日刊自動車(15*)、日本食料(1*)、日本農業(36)他 | |
| 通信社 | 共同通信、時事通信、AP(米)、UPI(米)、AFP(仏)、ロイター(英)、新華社(中国)、タス(ロシア)、DPA(独) | |
| テレビキー局 | NHK、日本テレビ(30局)、TBS(28局)、フジテレビ(28局)、テレビ朝日(26局)、テレビ東京(8局) | ()は地方局数 |
| ラジオキー局 | 全国3局（NHK第一、第二、FM）、東京・横浜・千葉(11局)大阪(6局)、名古屋(4局)、北海道・東北・関東(21局) | |
| ビジネス誌経営誌など | 日経ビジネス(26)、PRESIDENT(18)、週刊ダイヤモンド(11)、エコノミスト(9*)、週刊東洋経済(9)、週刊文春(49)週刊現代(37)、週刊ポスト(28)、週刊女性(17)、女性セブン(28) | 週刊誌(44誌)合計　651万部月刊誌(109誌)合計1370万部総計2020万部 |

図表6-4：主要メディア一覧　　出典：ABC協会統計：新聞・雑誌：2010年6-12月、（＊＝自社公称部数）

よう。

**3）雑誌**

雑誌はビジネス誌、業界誌、男・女性誌、ファッション誌等各業種・性別・年齢・地域・趣味別等ターゲット毎に狙いを絞れるメディアである。雑誌の特長は、記事のストーリー性と反復性で何度でも読んでもらえ、また保存・記録性も高いことである。

**4）ラジオ**

音声だけで不特定多数のために情報を伝える移動メディアで、主流はAM放送とFM放送。移動型で特定ターゲットにアクセスでき、生活密着型なので狙い定めた広報が可能である。

このようにメディアは多種多様なのである。それぞれの特長を理解して、自社商品の広報に有効に活用し、狙いのターゲットへの訴求を図る。メディアは自分とお客様をつなぐ仲人。メディアに親しみ、どのメディアも自社広報の協力者とみなし、広報力を高めることがライバルに勝る道である。

## (2) 記事と広告の違い

一般に記事と広告は混同されやすいので、その違いについて明確に理解しよう。

[広告・CM]：会社がメディアのスペース（紙媒体）・時間（テレビ・ラジオ）を買い指示通りに露出すること。予算に応じ計画的にできるが効果を出すには大きな資金がかかる。その内容は主観的で自画自賛である。

[記事・ニュース]：会社がメディアに情報を提供し、メディアが自らの判断・都合により報道すること。このように情報提供により記事やニュースとして取り上げられるようメディアに働きかける活動を「Publicity」（パブリシティ）（狭義の広報活動）と呼ぶ。客観的なので、信頼性は高く波及力も大きい。

[記事広告]：パブ広告やタイアップ広告あるいはアドバトリアルともいい、記事と広告の中間的なもの。広告と同じ部類。

言わば、広告が金／Moneyとすれば、記事はお金で買えないValueと考えよう。つまり金（カネ）より価値（カチ）。MoneyからValueである。

広報活動により商品知名度・会社知名度・イメージ・ブランドの4つのアッ

プを継続的に実現するには、記事が主導し、広告が後押しする関係が理想的。近年、ネット広告がテレビや雑誌を追い抜く程に成長しているので、相乗効果が得られるようネットを含めて効果的に組合せ、どのような媒体にどんなタイミングで記事や広告を出すかというメディアミックスが大切である。

　広告は広告費（カネ）がかかるが、記事はタダで出る、と一般に言われるが、それは表面的見方。記事を出すには、経営者や担当者の"熱意"つまり「情熱費（パッション・フィー）」が不可欠である。

## 4. ニュースとは何か？

### (1) ニュースのキーワード

　記者は「次にどんなテーマや切り口で記事を書こうか？」といつもニュースネタを探し回っている。メディアを報せる"武器"とすればニュースネタは"タマ（弾丸）"。日々の活動の中からお客様に喜ばれるタマ作りに精を出そう。その際「32のキーワード」で考えるといい。その主なものは、

**1）新・最・初・1番**

　新聞は「新しく聞く」と書くように、「新」はニュースの原点。また「最も」美しい、最も大きい、最高・最低・最大・最小等「最」がつくもの、それに「初めて」がつけば何でもニュースになる。それらのキーワードに、自分の業種、分野、地域があてはまれば、いろんなネタが見つかる。さらに何でも1番、何かで1番、どこかで1番を考えよう。

**2）3独**

　「独自＝オンリーワン」、「独特＝ユニーク」、「独創＝オリジナル」という「3つの独」には興味を惹く。他のキーワードに加えると価値が倍加する。

**3）旬**

　今旬のものは？　今の話題は？　と考える。他の話題にその「旬」を付加しよう。①季節の旬、②業種の旬、③社会の旬、④記念日の旬、⑤地域行事の旬等、いろんな旬からネタの付加価値を捻り出そう。

**4）人**

周りに「人生ドラマの主人公」のような人はいないか？　新聞や雑誌の「人」欄に当てはまるような人を探そう。プロ的趣味を持つ「人」や痛快事を達成したような「人」は、どのメディアも常に探しているテーマである。

**5) 物語・ドラマ**

ある新商品の成功に至るまでの喜怒哀楽、開発に至る苦労、奮闘、希望、失敗、予想外のハプニング、友情、チームワーク……。人助けや地道な社会貢献などの美談や心温まる話は拍手喝采を受ける。

**6) 独自ネーミング**

業界でかつてない面白いネーミングを発明すると、話題のニュースネタになる。それを募集イベントと結び付けるとさらに魅力的である。例えば、福岡の農機具メーカー「筑水キャニコム」は、新草刈り機名を、俳優名にちなんで「草刈機まさお」とし、電動マルチカートには「ついてくるか〜い」や「おでかけですカー」と名付け、何度もネーミング大賞を受賞している。

**7) 組合せ＝コラボレーション**

いろんなコラボを考えると、記者の興味を惹くニュースネタになりやすい。異業種企業や自治体とのコラボ、海外姉妹都市との国際コラボも有力である。ペットやシルバー・介護、子供などを組合せた地域特有の話題であれば記者の目を惹く。

**8) 「小」「狭」**

ネタは日本一でなくともいい。"条件付きキーワード"で考えてみよう。「小」と「狭」と「業種」「分野」「地域」と組み合せる。もっと小さな範囲でもいい。ある業種のこの部品の中でNo.1だとか、狭い範囲で独創的でもいい。神戸市最大であれば神戸新聞に載るばかりでなく、もしそれが他の地域にも役立てば全国級ネタになることが期待できよう。

**9) 「USP」「UDP」**

特に、USPおよびUDPをいつも念頭において、キーワードに見合う人、物、事を探し、作り出すと各地方でのニュースネタになろう。

・USP：Unique Selling Point＝独自の売り、長所、特長
・UDP：Unique Different Point＝際立った差別点、異別点

新商品が予想通り販売できるかどうかは、いかにライバル商品と比べて優れているかに尽きる。その優位点が何なのか、際立った差異別点があるのか

を明確に把握する必要がある。

　何かメディアに売り込みたいものがあれば、まずUSP・UDPをそれぞれ3～5つくらい箇条書きにしてみよう。これを基に、プレスリリースのタイトルを決めることができる。どんな「切り口（テーマ）」で出すかが大事であり、それにはタイトルに「ニュースになるキーワード」を使うとよい。

　差別点には、①他社との差別点、②他社商品・サービスとの差別点、③自社商品・サービスとの差別点がある。

　自慢ばかりのUSPだけでは、訴求できない。「中でもここが他とは際立って異なる点です」と冷静に強調するUDPがあれば、審査員（記者）への強い説得力になる。そのためには、特にUSP・UDPを重視して3つずつくらい簡潔に箇条書きで記述できるとよい。逆に、これがなければ、競合商品に比して際立って優れたものや異なったところがないことであり、審査員（記者）の興味を惹くわけがない。

| | | | | | | | | |
|---|---|---|---|---|---|---|---|---|
| I | 新奇性 斬新性 | 1 | 新しい： 新商品・新技術 | 2 | 最も：最小・最高、最も美しい | 3 | 初めて： 初の品種、新技術 | 4 | 1番：何かで1番・どこかで1番 |
| II | 意外性 希少性 | 5 | 驚く・画期的 お化け野菜 | 6 | 珍しい： 希にみる豊作 | 7 | 独自ネーミング： 突飛な名前 | 8 | 募集：商品名、ロゴ、イベント参加者 |
| III | 特異性 唯一性 | 9 | 3独 独自、独特、独創 | 10 | 革命的・革新的： 度肝を抜く | 11 | 究極ターゲット： 1億円富裕層、 | 12 | 差別点・異別点： 他との差異 |
| IV | 人間性 ドラマ性 | 13 | 人：00カリスマ、偉業達成 | 14 | 物語：逆境から成功、苦難克服 | 15 | イベント： キャンペーン、展示会 | 16 | 感動モノ：心温まる、爽やかな、心が豊か |
| V | 社会性 時代性 | 17 | 世相・トレンド： これからどうなる？ | 18 | 時流・流行り 渋谷で流行の、20代女性に人気の | 19 | 旬：今旬の、今話題の、 | 20 | 記念日： 地方の記念日、創業記念日、誕生日 |
| VI | 記録性 実績性 | 21 | 指標になる： 無事故00日 | 22 | 実績・記録： 生産高過去最高 | 23 | 番付・ランキング： 商品関連テーマ番付 | 24 | 調査・アンケート： 面白い調査結果 |
| VII | 実利性 お得性 | 25 | 顧客の実利： 福袋、記念セール | 26 | プレゼント企画 誰でも喜ぶ土産、千人目の賞品 | 27 | 度肝抜く金額数量： 50円均一、百万円ディナー | 28 | リスクリバーサル： 商品に不満足だと返却 |
| VIII | 経営性 国際性 | 29 | コラボ： 企業との提携 | 30 | 社会貢献： 老人ホーム慰問 | 31 | 人事： 珍しい人事 | 32 | 経営：初めての組織 先駆けた営業法 |

図表6-5：ニュースネタ32のキーワード

## 5.記事の出し方

### (1) 記事の出し方

　ニュースネタを記事にする方法には、企業からは、一斉発表と取材要請、記者からは取材申込みがある。取材要請と申込みは個別取材となる。一斉発表後の個別取材要請も通常行われる基本的な方法だ。

**1) 一斉発表とは**

　公式に、同じ情報を、同じ時に、複数のメディア（マス／ネットメディア）に情報提供すること。ホームページに掲載することも、記者会見や各種イベントも発表の一種だ。新商品・新技術やM&Aなど公式に発表したい案件の場合や事件・事故・不祥事など緊急に発表すべき場合がある。メディアが集まる「記者クラブ」（後述）への発表も一般的である。多くのメディアで報道される可能性もあるが、横並び情報なので相対的に小さくなる。

**2) 取材要請とは**

　あるネタをもとに、企業から特定メディア（記者）に取材を要請すること。それは記者にとって「特ダネ」となるので、報道の確率は高く、相対的に大きな扱いになる。ネタの価値と狙いに応じて、企業が適切なメディア（記者）を選べることによって戦略的な広報が可能となる。インパクトある報道となれば、他のメディアから"後追い取材"が入ることも期待できる。

　一斉発表でプレスリリースを広く配信し、その後個別にアプローチして興味を惹きだし取材要請によって個別取材してもらう組合せは最も広く用いられる。広報活動は、記者との1対1の対応が原点なのである。

**3) 取材申込みとは**

　記者からの特定テーマに関する取材申込みで記事になる確率が最も高い。しかし、進行中のマル秘案件や事件・事故・不祥事に関する情報を記者がつかんで取材申込みに来る場合もあるので、注意を要する。

【まとめ】平たく言えば、一斉発表とはみんなに"I love you"といい、同じラブレターを配布するようなもの。いわば合コンでのチラシ配布。読まれずにゴミ箱行きの運命も多い。読んでもらうには送った後に個別にコンタク

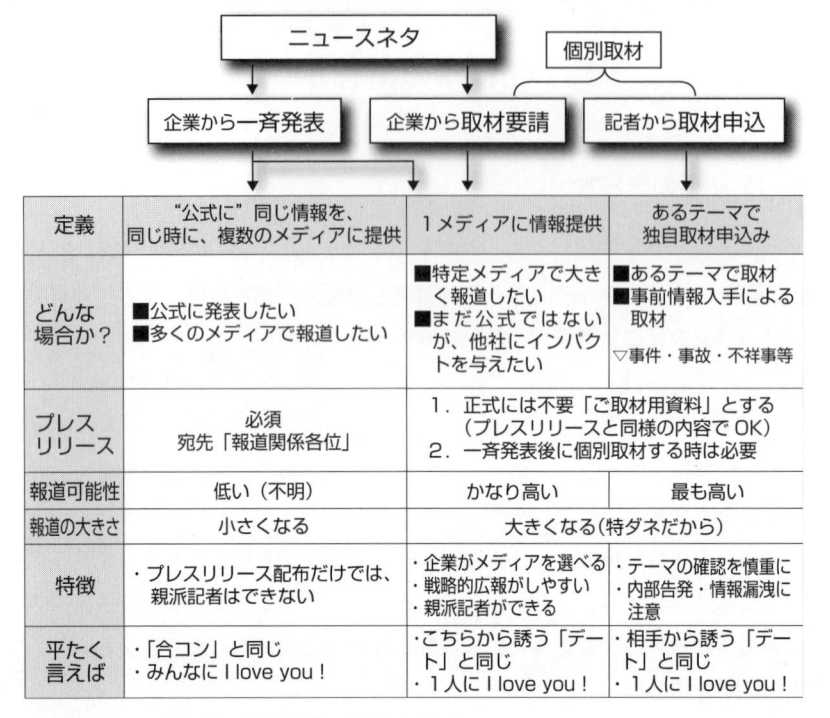

| | ニュースネタ | | 個別取材 |
|---|---|---|---|
| | 企業から一斉発表 | 企業から取材要請 | 記者から取材申込 |
| 定義 | "公式に"同じ情報を、同じ時に、複数のメディアに提供 | 1メディアに情報提供 | あるテーマで独自取材申込み |
| どんな場合か？ | ■公式に発表したい<br>■多くのメディアで報道したい | ■特定メディアで大きく報道したい<br>■まだ公式ではないが、他社にインパクトを与えたい | ■あるテーマで取材<br>■事前情報入手による取材<br>▽事件・事故・不祥事等 |
| プレスリリース | 必須<br>宛先「報道関係各位」 | 1．正式には不要「ご取材用資料」とする（プレスリリースと同様の内容でOK）<br>2．一斉発表後に個別取材する時は必要 | |
| 報道可能性 | 低い（不明） | かなり高い | 最も高い |
| 報道の大きさ | 小さくなる | 大きくなる（特ダネだから） | |
| 特徴 | ・プレスリリース配布だけでは、親派記者はできない | ・企業がメディアを選べる<br>・戦略的広報がしやすい<br>・親派記者ができる | ・テーマの確認を慎重に<br>・内部告発・情報漏洩に注意 |
| 平たく言えば | ・「合コン」と同じ<br>・みんなに I love you！ | ・こちらから誘う「デート」と同じ<br>・1人に I love you！ | ・相手から誘う「デート」と同じ<br>・1人に I love you！ |

図表6-6：一斉発表・取材要請・取材申込

トし（いわばデートを申込み）、より詳しい情報を提供する必要がある。

　取材要請は、一人だけに"I love you"を囁き、手書きのラブレター（資料）を手渡し、いわばデートに誘うことである。USP・UDPを、情熱を持って吐露すれば、デートに応じてもらえ、いい返事（記事）ももらえよう。

　取材申込みとは、相手から"I love you"とデートに誘われること。了承すれば会いに来てくれ（取材）、喜ばれればお礼の手紙（記事）も届くであろう。

　デートによってのみ恋人ができる。1人でも多くデートして"恋人"を作ること。恋人たちは真の記者人脈だ。その数と親しさが広報資産として築かれ、永続発展の礎となる。

## (2) 記者クラブとは

記者の親睦組織。記者側は取材の最前線基地として発表を受け入れる場、企業側は担当記者が一挙に集まる発表の場でメディアとの接点の1つである。

首都圏では官公庁系と民間系クラブがあり、一般紙と業界専門紙に分かれる。地方では、県庁に「県政記者クラブ」、市役所に「市政記者クラブ」、主要都市の商工会議所に「経済記者クラブ」があり、案件によって発表可能なので積極的に発表を申し込もう。複数の記者クラブで同時発表も可能である。

記者クラブの利点は、コストがかからず簡単に発表できることである。担当記者に接触するチャンスができるので人脈作りに役立つ。従ってどしどし発表ネタを作り積極的にクラブへの発表を心がけよう。

発表の申込みは、発表日の48時間前までが多いが、資料配布だけの場合には、前日でもいいクラブもあるので個別に確かめること。

## (3) プレスリリースとその作成のポイント

プレスリリースは、"記者へのラブレター"。ニュースネタを簡潔に記述し、マス・ネットメディアを通じて、社会に公表する公式文書でもっとも基本的な情報発信手段だ。それは自社の商品・サービスを低コストで世の中に広く知らしめ、しかも信頼を獲得するために効果的である。

一方、記者は自分だけの独占情報が欲しい立場なので、横並び情報であるプレスリリースは、実は嫌いなものであることを肝に銘じておこう。

**1) プレスリリース作成の原則**

・1テーマ、1プレスリリースが原則
・横書き、「A4」サイズで、1〜3枚が適当
・会社ロゴなどのテンプレート部分は定型化

**2) プレスリリースの基本形**

①テンプレート部分（ロゴなど）、②日付、③宛先、④発信者、⑤タイトル、⑥リード部分、⑦本文、⑧問合せ先、⑨会社概要（会社によっては不要）の9つの部分から成っている。定型はなく、案件の内容や伝えたい重要性により独創的なレイアウトで、いわば自分のアート作品のように作ることが大切である。そのためには、写真やグラフ、差別点比較表などを有効に

使用して、忙しい記者が斜め読みで内容がわかるようビジュアルに、"読んでわかるより見てわかる"がキーワードになる。独創的で魅力的なプレスリリースによってライバルよりも記者の興味を惹きつけて記事化を促すように工夫しよう。

留意点としては、伝えたい内容は網羅する。特に間違ってはならない数字や表現は記述すること。

### 3）必要なことを網羅するには「6W5H」がチェックポイント

学校で習った文章の書き方は、「who 誰が」「what 何を」「why なぜ」「where どこで」「when いつ」「How どのように」という「5W1H」だが、ビジネス文では不十分である。「Who 誰が」に「whom 誰に、誰を」を加えて、顧客対象を明確にし、「How どのように」に、具体的ビジネスに使

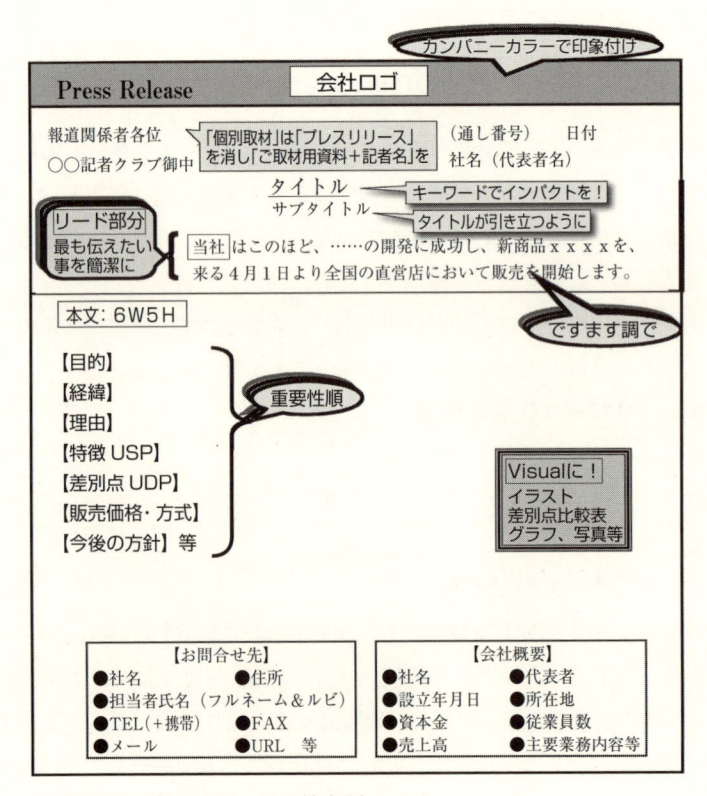

図表6-7：プレスリリースの基本型

う「4H」を追加して「6W5H」にする。

1. How much：「価格」「売上高」「利益」等「金額」に関して
2. How many：「販売数量」「生産数量」等「数」に関して
3. How long：「いつからいつまで」「いつまでに」という期限に関して
4. How in the future「今後の見通し」「今後の方針」「将来ビジョン」

**4) プレスリリース作成5つのキーワード＋1：「簡・豊・短・薄・情」**

①「簡」：簡潔・簡明を心がける。「ですます調」が簡潔丁寧で断定的、しかも決意を表す。箇条書きが有用。印や番号をつける。段落を付け小見出しを有効に使うとどこに何が書いてあるか一目で分かる。

②「豊」：文字は10～12ポイントを中心に大小使い分ける。必要な内容は網羅する。書いて欲しい数字や表現は、しっかり記述する。多量の内容を少量の言葉で収めるよう言葉・表現を選ぶ。

③「短」：1文を短く、1行も短く！　カンマよりピリオドを多く。

④「薄」：1～3枚に。あとは資料添付に。

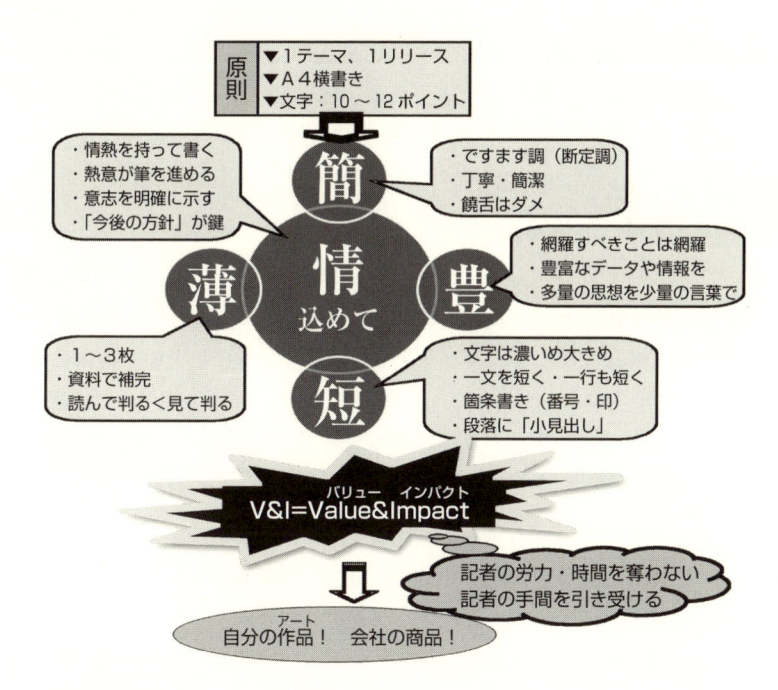

図表6-8：プレスリリース5つのキーワード＋1

⑤「情」を込めて：情熱を持って書く。本当に伝えたい人は、記者ではなく遠くの多くのお客様。「今後の見通しor方針」に企業の"意志""決意""熱意"が顕れる！
⑥「V & I = Value & Impact」がもう1つのキーワード。記者に価値と強いインパクトを与える。プレスリリースは会社の商品である。簡素ながら独創的なプレスリリースを作ろう。相手の立場で、読んでわかるよりも見てわかるように作る。その真意とは、
・記者に無用な労力・時間を使わせてはならない！　思いやり。
・記者の手間を省く。手間はこちらで引き受ける！　心遣い。

## (4) どこに送るか？

取りあげてもらいたいメディアにプレスリリースを配信するため、メディア名や電話・FAXを調べて簡単なメディアリストを作る。

### 1) 届ける方法は？

まず「手渡し」。メディアリレーションは記者との1対1が原則だが、一度には手渡せないので、FAXやメール、郵送等、相手に応じて使い分ける。知り合いの記者にはメールが最適である。郵送は、テレビや雑誌に対して、資料が多い場合とかDVDなどを添付する場合に利用する。届けた後は個別にコンタクトし、個別取材をお願いしよう。

### 2) ネット配信による発表

メール、ブログやmixi、GREE等の会員制無料コミュニティサイト「SNS = Social Networking Service」をはじめ、今は動画共有サイトやTwitter、さらにはフェイスブック等、ネットメディアが爆発的に拡大中。検索によって商品を厳密に評価されるため、企業は、消費者ニーズを満たすより優れた品質、より行き届いたサービスを提供するなど、他商品との際立った特長、差別化が不可欠である。

マスメディアではプロのジャーナリストが、膨大な情報をスクリーンにかけ検証・評価して記事を書く。メディアは第三者評価機関であり「有能な監視者」でもある。一方ネットメディアの利点としては、
・テーマに自由度が広く、速報性がある
・量的字数的制限がなく、写真・図・動画でも自由自在

・自分の書いた記事への反響がダイレクトにわかる
・アクセス率やページビュー（PV）がすぐ判明
・コメントがあったり、ブログに書かれたりフィードバックが容易

　規模の大小や業種を問わず、ネットの特徴を生かし、いかに他社との競争に勝つかは企業の知恵比べともいえる。独自の工夫によって従来とは異なった独創的な広報手法を案出し、ネットを戦略的武器としてライバルに先んじる広報を推進しよう。

　具体的には、プレスリリースを、いろんなポータルサイトや有償・無償のプレスリリース掲載サイト等ネットメディアにも配信する。

　さらに自社ウェブサイトにアップしてアクセス率を高める。社長ブログでトップメッセージを発信し、トップの意志を迅速・タイムリーに公表するなど透明性や情報開示性をアピールしよう。製品メルマガ発行も読者サービスになる。

　さらには、著名人やαブロガーなどインフルエンサー（影響力のある人）にブログを書いてもらうために「体験会」を開催したり、サンプルを送って、試飲・試食・試着・試用の結果をブログに書いてもらい、口コミでの波及効果を狙う方法もある。

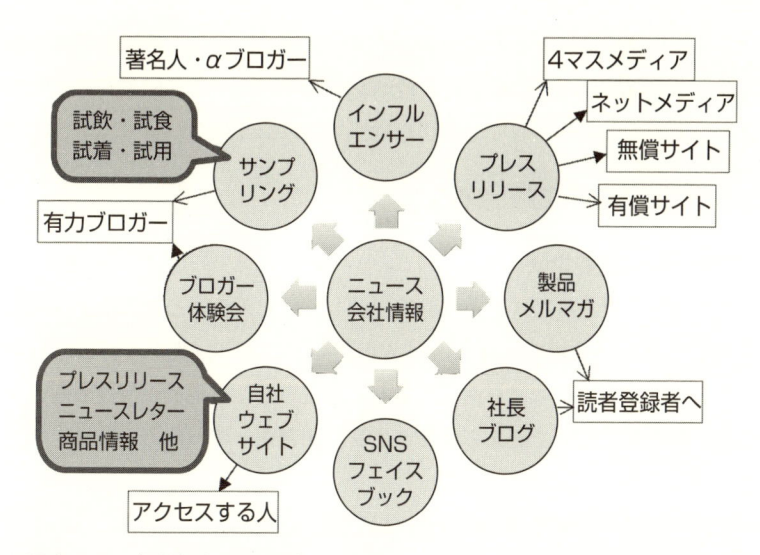

図表6-9：多彩なネットPR法

# 6. 企業危機とその対応法

　2011年3月11日マグニチュード9.0という世界最大級の地震と津波による東日本大震災は未曾有の甚大な被害をもたらした。多くの企業や団体が直接間接の打撃を受けたが、この機に企業危機における広報対応についてともに考えてみよう。

## (1) 危機とは人災である

危機にも大小いろいろあり、事件事故の要因もさまざまである。
1. 不祥事：違法行為、情報漏洩
2. 品質：欠陥商品、異物混入
3. 過失：垂れ流し、食中毒
4. 広告：誇大広告、虚偽表示
5. 経営：業績悪化、倒産
6. 情報：風評被害、ネットによる中傷
7. 天災：地震、津波、風水害　その他

　これら全ては人がからんでいる人災である。天災はどうか？　耐震偽装事件といい、福島第一原発事故といい、天災でも、必要な対策を講ぜず、対応が遅れたりして義務を怠れば人災なのである。
　そこで、長期的に見た最上の危機対応とは、風通しの良い社風を築き、優れた社員を育成し、善い会社を作り危機が起こりにくいようにすることである。その根本を直視せずして、適切な危機対応はあり得ない。

## (2) 適切な事前対応を怠るな

### 1) 事前対応は次の3つ

①予測と対策：できるだけ多く危機を予測しその対策をとっておく。社内啓蒙もその1つ。「火消し」よりも「火の用心」である。地震も津波も「未曾有」ではない。日本でも過去十数年に想定を超える地震が何度も起きている。各企業とも今こそあらゆることを「想定内」に収めるよう再点検を急ごう。

②経営陣・社員の危機意識を高める：緊急時には決断力・判断力に富むトップの指導力が危機の拡大を防ぎ、沈静化を早める。トップ・経営陣が危機

意識に欠けることは最大の弱点になる。逆にワンマン社長はたくましい強みだが、裸の王様になると悪い情報が上がらなくなり弱点ともなる。経営陣・社員とも常に危機意識を抱き、円滑な情報交通を心がける。

③緊急連絡網作り：経営幹部の他、社外は自治体や学校等の他、重要な顧客や取引先も。

④危機対応マニュアル：この作成を通じた社員への危機意識高揚も狙い。連絡ルートや危険物の取扱いなどは書面にまとめ徹底しておく。しかし、マニュアルはマニュアルに過ぎず、臨機応変な対応がいかにできるかにかかっている。

⑤最先端機器の導入：監視カメラ、ウイルス対策など最新IT機器の導入により、危機の発生を抑え、かつ発生時の即時対応に備えよう。

⑥問題が起きにくい人事・組織：癒着しやすい部署の定期人事異動・組織変更、決裁ルートとルールの徹底など、社員に出来心を起こさせない仕組み作りが企業の責務。

⑦練習を怠るな…リハーサルをしよう：事件事故を想定しての訓練を怠らないこと。毎年防災の日等に実施してもいい。また、危機発生の際マスコミ対応がわからないことも危機である。そのために、トップのみならず、実際に公式見解（プレスリリース）やQ&A作成を行う中間管理職を巻き込んでのメディア対応リハーサルを定期的に行い、関係者全員が危機対応時の役割を熟知しておく必要がある。

最後は「人」が防ぐ以外にはあり得ない。つまり、真の危機への事前対応とは、記者対応の小手先レッスンではなく、立派な会社になろうと努力することである。一貫した言動を行い、優れた業績を残し、尊敬される人（企業）を目指すこと。重要な経営情報を全社的に司る。常に言うべきことを社内外に伝達・公表する仕組みを作ることが危機への最大の事前対応なのである。

## (3) 危機が起きたら「5つの直」で対応しよう

事件や事故は日々至るところで発生し、個人でも交通事故や天災に遭遇する。日々大切な心構えは自分の身体は自分で守る、危機は自ら対応するとい

う意識がないと危機は管理できない。子供が転んだらすぐ抱き起こし、傷の程度でその後のアクションをとるように、臨機応変の適切な対応が必要である。

①トップに「直報」。悪い情報を上げない"悲しい風土"にしないこと。
②現場に「直行」し、即刻アクションを取り、率先して事態を仕切る。
③事態を「直視」し、情報隠蔽を防ぐ。重要情報を整理する。
④互いに「直言」し、公式見解をまとめ、即刻重要な情報を公開する。
⑤「率直」になれ。円滑かつ迅速な緊急時対応には、率直・素直なコミュニケーションの実行が不可欠。

そして①に戻り、マスコミと一般に発表する。ホームページにもアップする。
さらに官庁自治体、警察、地域住民、学校、従業員などにも伝達する。常に情報公開姿勢を貫き「発言を一つに、一人に、一元化」し先手を打つのだ。
　刻一刻の状況を最も知りたがっているのは、メディアではなく読者視聴者＝企業の顧客など多くの社会の人たちである。メディアの協力なくして、会社の立場を広く同時に公表することはできない。メディアはかけがえのない協力者であり、顧客・社会の代表者である。
　発表者は常に社長など上位者である。発表者が誰かによってその案件に対する企業の姿勢がわかる。常に誠実な応対姿勢によって「反感」を「好感」に、「対立」を「協力」に変えることができる。
「万物の徳を報ぜざる者は、日夜万物の徳を失ひ、
　万物の徳を報ずる者は、　日夜万物の徳を得る」（二宮尊徳）

## (4) 危機に臨むマスコミ対応の心得

社員全員が、"日々の言動が危機の源"であることを胸に秘めておくこと。特にトップ経営陣は、"日々の対応が危機対応"であることを深く自覚しておかなければならない。日ごろの記者からのいろいろな問合せへの回答もいわば小さな危機。さらに、重要な経営問題や事件・事故などに対する大きな危機までも覚悟しておく必要がある。
　そこで大切なポイントとは、

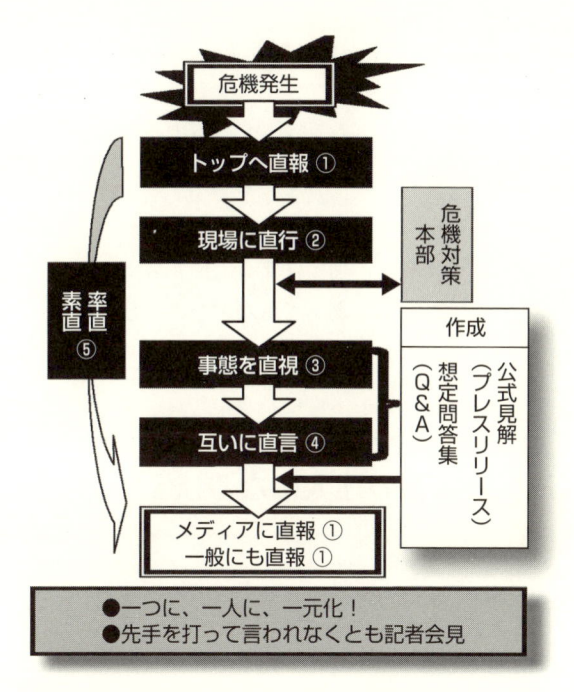

図表6-10：危機が起きたら「五つの直」がキーワード

## 1) 率先して受けて立つ

どんな事態でも率先して「受けて立ち、逃げない」姿勢を貫く。遅ければ必ず後手に回る。

## 2) 先手を打って統率する

言われる前に先手を打って記者会見する。いつでも「記者対応＝スピード」を肝に銘じておく。

## 3) 記者は協力者

記者の協力なしに、刻々の情報を一度に広く的確に報せることは不可能。

## 4) 誠実が誠実を生む

どんなに厳しい質問にも誠実な対応がすべてである。トップや広報担当は、特に危機に際してその態度や言葉遣いには細心の注意を払うこと。それによって、記者や社会が抱きやすい、「疑念」「不信」「不安」を払拭するだけなく好転させる。それにより不要な心配やイメージダウンを防ぐことができる。

「しまった！」から「よかった！」へと好転させ、危機を救うキーワードとは：

・まさか！　　　　　　から　　ひょっとしたら！
・そんなばかな！　　　から　　そんなとこまで！
・大したことはない！　から　　大変なことになる！
・何とかなる！　　　　から　　何とかする！
・よくあること　　　　から　　あってはならないこと！
・いやいや、まだまだ　から　　いやもう、すぐに！

## 7.広報の達人になる法

### （1）広報担当が学べる5か条

**1）会社のことに精通できる**
　常に経営者の感覚で、社長のビジョンを実現する立場なので、会社全体のことに精通できる。

**2）社内外の優れた人やキーパーソンから学べる**
　常に会社を代表していかに対外的な発言するかを決め、それを実行する立場にあるので、社内外のキーパーソンから情報を得ることになる。従って日々優れた人に接して学ぶことができる。

**3）質問予測力を磨き、人心の機微を学ぶ**
　ある案件に対してどんな質問が来るかをいつも予測して回答を準備しておく立場にあるので、質問予測力を磨くことができる。常に相手の立場に立って何が訊きたいかを考えなければならないので、思いやり能力を高め、人の心の機微も学べる。

**4）締め切りで仕事をすることを学べる…仕事に優先順位をつけよう**
　メディアには必ず原稿締め切りがある。そこで記者からの問合せについて、広報担当はいつも記者の立場に立ち、その締め切りに配慮して迅速な対応を心がける。そこで「いつまでに？」と訊く癖をつけることが肝要である。それによって、優先順位を明確にして仕事する習慣ができる。

### 5）社外視点で言動することを学べる…社外：社内＝7：3

会社各部、特に総務部など中枢部門は、70％くらい会社の立場で考える。それにより、「会社の常識が社会の非常識」になりがちである。そこで、広報担当は常に社会の代表である記者と接しているので、逆に社外を70％くらいの立場でものごとを考え、社内の立場で考える人たちに対処して、バランスを取ることが大切だ。

このように広報担当は多くのことを学ぶチャンスがある。広報をきちんと勤めあげることができれば、どんな部署でも通用する立派な人材として、大きく成長することができるであろう。

## (2) 広報担当の心がけ5か条

そのためには次の心がけを胸に秘めて日々実践しよう。

### 1)「御用聞き」どこでも出向きネタの授受　社内外にていつも頼られる

広報担当は、常にトップに接して会社を代表する対応を行ういわばエリートである。しかし、実際には、お殿様のように待つのではなく、「御用聞き」のように社内を自ら歩き回って情報収集に努め、記者に積極的に働きかけ、万全な記者サービスに努めなければならない。するといつも頼りにされる。

### 2)「すべて私の責任です」　その自負心が企業を救う

広報担当は、報道に関しての全責任を負う決意が要る。その自負心を心奥に抱くこと。その自負心を持ってすれば、困難に直面した時、その責任ある対応によって企業を救うことになる。

### 3) 直言も時には辞さぬ誇りと勇気　言うべき時に断固言うべし

組織が健全であるためには、直言できる部下・直言する上司が不可欠である。上司とは、"上を司る"人。各人が直言の気概を持ち、まずは自分を司る。言うべきことを、言うべき人に、言うべき時に断固言う決意を持とう。

### 4) 品格は1人1人が築くもの　「会社の品格は私が創る」

社員1人1人がトップと同じビジョンを持って日々の仕事に邁進し、会社の品格は自分が創る覚悟を持って、そのような風土、社風を築く。特に広報担当はトップと一心同体の自覚が不可欠である。

5) 王道を凛々と歩け　目指すはビジョンに志なり

　広報担当は、トップと共にビジョン実現を図る、会社の思想家たるべき人物に他ならない。そのためには、つねに凛とした姿勢で確固たる言動に努め、王道を歩くことである。

## おわりに

　広報に関する概要がおわかりになったであろうか？

　広報の仕事は、正しい広報活動によって、周りを喜ばせ、隣人に受け入れられ、顧客や社会の人々と良好な関係を築き、ビジョンを実現して、社会的・地球的貢献を行い、永続的な企業になること。つまり、真の会社を造ることである。そこで、会社の情報基地である広報担当には第一級の人材が登用されることになる。さもなくば、ライバルとの報せる競争に後れをとり、次第に衰退に向かうからである。

　広報の仕事をきちんとマスターすれば、どの部署にいっても必ずや秀でた業績を上げる人材に育つであろう。そのような気高い広報の仕事に、多くの人が興味を持って欲しいものである。

　「私の言行が＿＿＿＿＿＿です」に、自社名を記すことができるか。

　広報の仕事を通じて、自信を持ってできる人材となり、かつこういった人材を1人でも増やすことが尊敬される会社への近道でもある。

　そうして個人の社会的責任（PSR＝Personal Social Responsibility）を通じて、企業の社会的責任（CSR＝Corporate Social Responsibility）を果たし、さらには、企業の地球的責任（CER＝Corporate Earthly Responsibility）をも果たしていくことによって、会社は永続繁栄へと導かれるのである。

　広報を担当する人たち1人1人が自分を大切にし、小さな仕事にも常に大義を見出し、自分の能力をより高い価値へと振り向けよう。それがかけがえのない自らの能力への、自ら果すべき義務であり使命である。自分自身に正面から向き合い、より高い人格を目指して日々精進しなければならない。

　「人間の幸福は、自分の優れた能力を自由自在に発揮できるところにある」（アリストテレス）。

# 7章　行政における広報

# 1. 行政と国民

## (1) 国民の位置づけ

　国の統治のしくみを定め、国民の権利を保障することを目的とした国の最高法規が「憲法」である。日本では、日本国憲法によって、国会・内閣・裁判所の3つの独立した機関が相互に抑制し合い、バランスを保つことで、権力の濫用を防ぎ、国民の権利と自由を保障する「三権分立」の原則を定めている。日本国憲法は1946年11月3日公布、1947年5月3日施行されたわけだが、その内容を見ると、以下のように大きく2つの部分に分けられる。
①統治構造に関する組織規範的部分
②国家と国民の基本的な関係、基本的人権に関する部分

　そして日本国憲法の前文では、「日本国民は、正当に選挙された国会における代表者を通じて行動し、われらとわれらの子孫のために、諸国民との協和による成果と、わが国全土にわたって自由のもたらす恵沢を確保し、政府の行為によって再び戦争の惨禍が起ることのないようにすることを決意し、ここに主権が国民に存することを宣言し、この憲法を確定する。そもそも国政は、国民の厳粛な信託によるものであって、その権威は国民に由来し、その権力は国民の代表者がこれを行使し、その福利は国民がこれを享受する。これは人類普遍の原理であり、この憲法は、かかる原理に基くものである。われらは、これに反する一切の憲法、法令及び詔勅を排除する」としている。
　これを見ると、その働きとして考えられるのが以下のことである。
①憲法を読む際、その意味を知ろうとする手引き：どのような考えで憲法が生まれ、その考えとは違った考えをもってはならないということ。
②憲法改正を行う場合、この前文に記された考え方と、違う変えかたをしてはならない

　そしてこの冒頭では、「日本国民」という言葉を使い、その後もこの日本

国民をあらわす「国民・われわれ」を主語として多く使っている。これは、日本国民が日本という国のあり方を最終的に決定することを意味し、日本の政治原則は国民主権であり、そのために政治は国民の代表者からなる議会制度によること、すなわち国の権力行使を正当化する権威は国民にあることを強調しているのである。したがって、「日本国民が」日本国憲法を制定したことを明らかにしており、憲法の条文が定めていることの意味は、前文の考え、精神から読み解けば良いのである。

## (2) 行政の役割

### 1) 立法権（国会）

国会は法をつくる権能である「立法権」を持つ。法律を作り、廃止することができるのは国会だけであり、国会は国権の最高機関であり、唯一の立法機関（憲法41条）である。

### 2) 行政権（内閣）

行政権は内閣に属し（憲法65条）、国会で決まった法律や予算にもとづいて、実際に行政をおこなう権能が「行政権」である。行政権は、総理大臣を首長とする内閣が受け持つ。

### 3) 司法権（裁判所）

すべての司法権は、最高裁判所および下級裁判所に属し（憲法76条）、

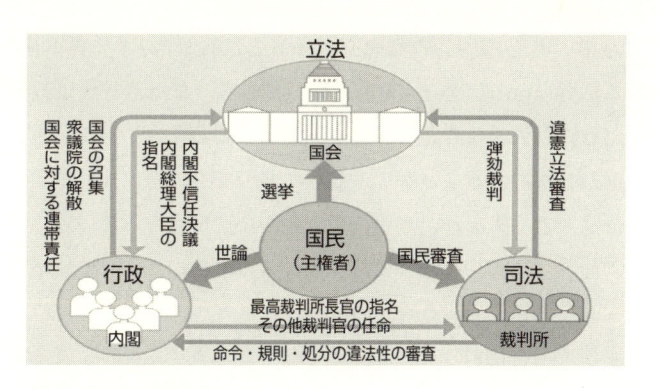

図表7-1：三権分立
出典：衆議院ホームページ
http://www.shugiin.go.jp/itdb_annai.nsf/html/statics/kokkai/kokkai_sankenbunritsu.htm

人々の間の争いごとや犯罪などを、憲法や法律にもとづいて裁く権能「司法権」を持つ。また、裁判所は法律や命令、規則などが、憲法に違反していないかを判断する。

上述のように、日本は三権分立をとっており、総理大臣は、内閣のリーダーとして、行政各部の指揮・監督を行い、予算作成などを行っている。立法・司法はその手続的特徴のため比較的容易に理解しやすいが、行政はその機能・機構範囲の広さも司法・立法とのかかわりもわかりにくいところがある。そこで、行政をどのような概念とみなすかは、立法との関係で論ずる場合、行政残余説（控除説）によって説明されることがある。これは、国家の作用を立法・行政・司法の3部門に区分し、立法とはとくに一般統治関係にある人民の権利義務に関する法を制定する作用であるとする。そして、司法とは、とくに民事・刑事の事件に関して現行法の適用を決定・宣言する作用であるとし、このような立法および司法の両作用を除いた残余の国家作用が行政であるというものである。この考え方は、近代自由主義の歴史的沿革である立法議会の成立および司法裁判所の独立という事実に立脚する概念であり、立法・司法の優越下における行政概念の把握である。

しかしながら、こうした考え方は、立法部の構成において、国会議員が行政部の大臣（長官）になっている議院内閣制を採用している日本や、行政担当者が権力的支配に参加している官僚制の国では十分な説明とは言えない場合もある。

そうした中、実際の活動の側面を考えると、行政は、「公共事務の処理」にかかわる活動（public service）を行っている。また、行政は政策目標を達成するために、公的な許認可・命令・強制・制裁を合法的な手段、いいかえれば公権力を使用することができる点においても、特に民間企業活動と比較した場合は大きく異なり、きわめて公共的な性格をもっている。こうしたことから、行政（政府）とは、公共サービスの供給にかかわる組織的・継続的かつ権威的な活動であると言える。

日本国憲法でも、国はすべて国民が持つ、「健康で文化的な最低限度の生活を営む権利」の向上と増進に努めなければならないと規定している（第25条）。すなわち、国は、国民が安心して生活できるように公共的な生活諸条件を整え保障すること、つまり、公共サービスを提供する義務と責任を

負っているのである。ここでいう「国」とは、いうまでもなく常設的政治機関としての「政府」・「行政」である。その意味で政府は、社会経済的に置かれた時代によって公共サービスの質と量を変え、また変えていくべき存在でもある。すなわち政府・行政は、その社会変化などを知る必要があり、ここに後述していく行政広報の役割もある。

## (3) 行政と国民

そうした中、日本は民主主義という政治体制を採用している。この民主主義（democracy）とは、諸個人の意思の集合をもって物事を決める意思決定の原則・政治体制をいう。すなわち日本は、国民の世論を政治に反映し、国民の理解と協力の上に政府・行政を運営していかなければならないのである。したがって、政府・行政機関は、民衆に働きかける側面と、民衆から行政へ働きかけられる側面の両面を持ち合わせてはじめて正しい行政活動を行なっていると言える。そして、これを広報行政の側面から考えた場合、従来の行政においては、市民への一方的な情報の提供で十分と考え、知らせる側面のみを重視する「広報活動」が重要視され、既に決まった施策を市民に知らせる目的の広報、いわゆる「お知らせ型広報」の域を出なかった現実がみられる。すなわち、ここでの行政広報の役割は、情報を市民に提供することが最優先の役割である。さらにその提供する情報内容も行政の事務、事業の執行過程に関連して民衆に周知すべきと情報の発信主体である行政が考えたものである。

しかし、行政が市民に自らの意思を伝える努力（広報）も含め、行政活動は、市民が求めているものでなければならない。したがって、行政が民衆の意見を聞き、行政自らの変革・調整を得ようという努力、すなわち広聴（真摯に市民の声を聴く）が行われなければ全く意味をもたない。

実際に近年の行政、特に地方公共団体行政では、「市民が主役」であることを再認識し、市民参加型行政への急速な転換が求められている。都市化の進む中で市民間での利害関係が複雑かつ多様化しており、生活環境の悪化、さらには迅速に社会問題へ対応しきれない地方公共団体政策機構の非合理化などが行政活動への市民参加の契機となり、広報の役割は行政活動の中で重要な位置づけとなってきている。

## 2. 行政と広報

### (1) 行政広報の理論

　日本における行政広報のモデルとして有名なのが、井出嘉憲のPRモデルである。井出は1967年その著書『行政広報論』において、行政広報をいかに理解するかを問い、行政広報の構造モデルとして、以下の3つの図式[*1]を提示した。第1式は、行政PRが広聴と広報からなっていることを示している。第2式では、行政PRの主体である行政体の内部ではPRプログラムと行政プログラムとの間に相互調整・統合の過程が存在することを指摘している。そして、この2つの式を合わせたものが第3式であり、第3式では、外部公衆との関係で、広聴活動によりもたらされたインテリジェンスを行政プログラムに反映させて行政施策を準備ないし修正して民意に応えるとともに、その施策をインフォメーションとして公衆に提供し、民意に働きかけ支持・協力を得るという行政PRの循環モデルを示した。さらに井出は、「行政PRの職能を担うのはひとにぎりの担当職員だけではなく、一般ライン部局の職員もまた『PRマン』としての自覚を求められているのである」つまり全職員が"PRマン"[*2]と主張している。

　しかし、ここでのPRが、PR＝広報・広聴という、日本固有の"上意下達"が残るものであるならば話は変わると思われる。つまり、ここでの情報の流れは、公的に認められた形式的な情報の受発信になる可能性があり、PRの捉え方次第で、行政機能としてのPRになるのである。すなわちPRとは、行政主導で行われるものと考えた場合、大きな問題が含まれ、形だけのPRになりうる。したがって、行政と市民との関係も"人間関係"を抜きにした、事務処理の一部として捉える可能性を示唆するものと考えられる。

　しかも「行政活動は、権力過程とコミュニケーション過程とが重なり合うものといわれる。表面的には行政過程は上から下への一方的な情報の流れ、すなわち一方的なコミュニケーション過程そのものとして存在している。しかし、実質的には権力過程は2つに分かれ、政策形成過程と政策遂行過程がそれである。コミュニケーション過程の一方向性は、したがって、一方で政

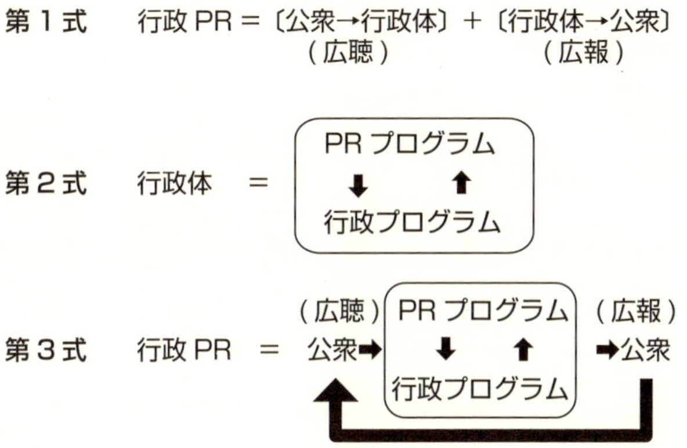

第1式　行政PR＝〔公衆→行政体〕＋〔行政体→公衆〕
　　　　　　　　　（広聴）　　　　　（広報）

第2式　行政体　＝　PRプログラム ↓↑ 行政プログラム

第3式　行政PR　＝　(広聴) 公衆→ PRプログラム ↓↑ 行政プログラム (広報) →公衆

図表7-2：行政PRの3式
出典：井出嘉憲『行政広報論』(勁書房、1967年)、29頁。

策形成過程と重なり、他方で政策遂行過程と重なることで、それは意味をもつ」[*3]と言われる。この場合PR＝広報・広聴という捉え方では、行政過程の中でまさに行政の都合の良い道具となりえる。つまり、行政と市民の間でコミュニケーション過程としてPRが行なわれても、市民からの社会的要請と行政側の恣意的な考えが混同する可能性がある。しかも行政の市民要請に応じ考えた政策は一定の社会的権威を持つ。つまりここでのPRは「その情報提供面も公聴面も、行政のイニシアチブによって行なわれるという当然のことを確認しておきたい。そのことは、市民に必須の情報を提供するという機能も、市民の苦情・要求を聞く機能も行政の望む程度で行なわれるということである。それはPRの限界である」[*4]ということになる。これはまさに行政の道具としてのPRというものであり、"人間関係"を無視し、機能の枠で捉えるならば、「政策遂行過程に対応するコミュニケーション過程は、逆に政策形成過程に連動し、具体的には権力に裏打ちされた政策、それを遂行するために規定された手段、行政機構をとりまく体制的条件、およびそれへの行政機構の実際的な反応によって特質づけられる」[*5]ものなのである。

しかしながら、このようにPRを道具として捉え、政策を実際に遂行する場合、市民が求めるものと行政が提供した政策の間では、全てが全てマッチするとは限らない。いやそれ以上に、ギャップが生じる方が多いのではな

かろうか。なぜなら対市民としてのコミュニケーション過程が行政の望む程度であるならば、市民の意見は反映されず、いわゆる社会体制の要求とのギャップは避けられないからである。

## (2) 行政広報の理解

そうした中、アメリカPRに深く関わったバーネイズは、その歴史を通じてPRと人間関係について「PRがコミュニケーションの飾りもの」[*6]になったことを嘆き、そしてあらためてPRを社会的責任にもとづいたアクション・プログラムへの助言を扱うものと強調している。これはまさにPRの社会的役割を強調するものであり、アクション・プログラム＝政策と捉えるならば、その政策と市民との関係（人間関係）のパイプとなるのがPRなのである。そしてさらに、その関係に整合性を与えるものがPRであり、積極的意味を持たせる必要性、すなわちPRの社会的責任をどのように考えるかが重要になる。そうした中、PRのプロセスをスティブンソンは以下のように捉えている[*7]。

①内部的調査（internal research）：組織内の情報、印象および観念を収集すること。
②PR政策との統合（integration with policy）：すべてのメッセージがPR目的の達成を促進するか否か、これに対する判断が加えられること。
③メッセージの準備（preparation of message）：メッセージを伝達する最も適当な方法を検討すること。
④コミュニケーション（communication）：公衆にメッセージを伝達するプロセス。
⑤外部的調査（external research）：メッセージの理解、効果および公衆の反応の性質を検討すること。

ここでは、PRを①～⑤の段階で捉えているが、PRには最初と最後に調査というものがある。さらに言えば⑤の部分における外部的調査による結果をもとに、改善された内部的調査が必要とされると述べている。つまりこの⑤の時点で①に連動することで、PRには調整・改善というものが現れると考えられる。従ってPRの社会的責任は、広報を通じて自己の主張や立場を伝

え、それに対する反応や要求を、広聴を通じてくみあげ、そしてさらに社会的役割として、その問題を共有し調整を行なうものと捉えるべきなのである。

　さらに、この場合コミュニケーションの知識・技術が当然のごとく必要とされていることに注目したい。それはつまり、社会という複雑な人間の集合体の中での"人間関係"の相互依存や課題を、コミュニケーションを通じていかに調整していくかがPR作用なのである。すなわち「社会の存続発展のためには、少なくとも、体系内部の諸集団および集団成員の間の相互関係を調整することと、他の社会体系との間の相互関係を調整することとの、内外二重の調整作用が必要」[*8]であり、これはコミュニケーションの役割である。ならばこのコミュニケーションを含むPRは、そこに調整があることは疑いようのないことと考える。従って、PRの認識化としては、PR＝広報・広聴ではなく、PRの社会的責任・社会的役割という積極的意味をもつ、PR＝広報・広聴・調整と捉えるべきなのである。

## 3. 行政機関と広報

### (1) 国の広報活動

　国が行う広報活動は、政府広報（内閣府）・省庁広報（各省庁）・団体広報（独立行政法人・特殊法人）に分かれる。内閣政府広報室が行う政府広報は、内閣での決定事項、特に省庁にまたがる重点政策、法改正など、国民全体に周知徹底をうながす、国民に直接大きな影響を与える領域の「政策広報」といえる。省庁広報は各省庁の広報担当部門、あるいは出先機関に設けられた広報課によって実施されるそれぞれの施策を推進していくための事業広報である。団体広報は独自の行政主体ともいうべき役割を果たすため、近年の行政改革による独立行政法人化した組織や、公社・公団などの政府機関としての役割を果たす特殊法人による広報である[*9]。国の主たる広報に関係する法律としては、以下のものなどがある。

内閣法

第十二条　内閣に、内閣官房を置く。

②　内閣官房は、次に掲げる事務をつかさどる。

　一　閣議事項の整理その他内閣の庶務

　二　内閣の重要政策に関する基本的な方針に関する企画及び立案並びに総合調整に関する事務

　三　閣議に係る重要事項に関する企画及び立案並びに総合調整に関する事務

　四　行政各部の施策の統一を図るために必要となる企画及び立案並びに総合調整に関する事務

　五　前三号に掲げるもののほか、行政各部の施策に関するその統一保持上必要な企画及び立案並びに総合調整に関する事務

　六　内閣の重要政策に関する情報の収集調査に関する事務

③　前項の外、内閣官房は、政令の定めるところにより、内閣の事務を助ける。

④　内閣官房の外、内閣に、別に法律の定めるところにより、必要な機関を置き、内閣の事務を助けしめることができる。

⑤　

第十七条　内閣官房に、内閣広報官一人を置く。

2　内閣広報官は、内閣官房長官、内閣官房副長官及び内閣危機管理監を助け、第十二条第二項第二号から第五号までに掲げる事務について必要な広報に関することを処理するほか、同項第二号から第五号までに掲げる事務のうち広報に関するものを掌理する。

3　第十五条第三項から第五項までの規定は、内閣広報官について準用する。

内閣官房組織令

第三条　内閣広報室においては、次の事務をつかさどる。

　一　内閣の重要政策に関する基本的な方針に関する企画及び立案並びに総合調整に関する事務のうち広報に関するもの

　二　閣議に係る重要事項に関する企画及び立案並びに総合調整に関する事

務のうち広報に関するもの
三　行政各部の施策の統一を図るために必要となる企画及び立案並びに総合調整に関する事務のうち広報に関するもの
四　前三号に掲げるもののほか、行政各部の施策に関するその統一保持上必要な企画及び立案並びに総合調整に関する事務のうち広報に関するもの
2　前項に定めるもののほか、内閣広報室は、内閣広報官が内閣法第十七条第二項に規定する広報に関することを処理することについて、これを補佐する。
3　内閣広報官は、内閣広報室の事務を掌理する。
（内閣情報調査室）
第四条　内閣情報調査室においては、内閣の重要政策に関する情報の収集及び分析その他の調査に関する事務（各行政機関の行う情報の収集及び分析その他の調査であって内閣の重要政策に係るものの連絡調整に関する事務を含む。）をつかさどる。
2　内閣情報官は、内閣情報調査室の事務を掌理する。

　わが国の広報活動であるが、問題点も指摘されている[*10]。その代表例が、平成18年8月25日付財務大臣通知「公共調達の適正化について」に基づいて、広報の業務に関して総合評価落札方式及び企画競争を導入するに当たり、評価方法の作成や落札者の決定に学識経験者等の第三者の意見を反映させるため、また、広報の実績や効果等に関する意見を聴取するための、政府広報事業評価基準等検討会である[*11]。
　だが、ここでの論点も市民とのコミュニケーションの必要性ではなく、いわゆる「広報」に焦点があてられており、その道具として使用するメディアに関しても、国民の意見を聴くことなく議論されている。すなわち、当時の自由民主党の無駄遣い撲滅プロジェクトチームでは、「広報誌については、冊子の形態でなければ広報の主たる対象者の閲覧に支障が生じる場合などを除き廃止することとし、情報提供が必要ならば各省庁のホームページ掲載等により代替する。また、廃止しない広報誌についても、職員や所管法人への配布をやめること等を通じてコストを削減する」[*12]などとし、国民と行

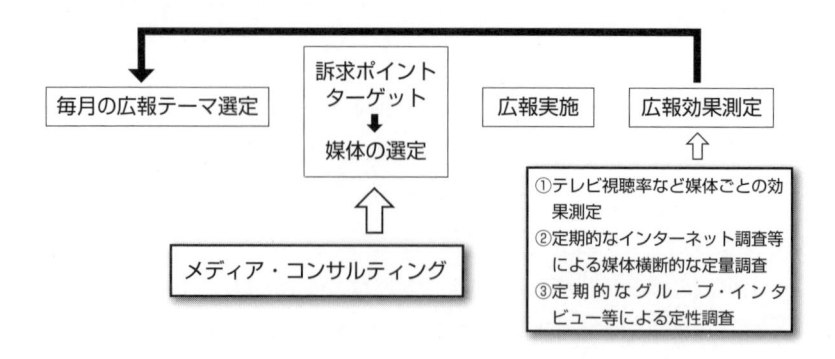

```
┌──────────────┐    ┌──────────┐    ┌──────────┐    ┌──────────┐
│毎月の広報テーマ選定│───▶│訴求ポイント │    │ 広報実施 │    │広報効果測定│
└──────────────┘    │ ターゲット │    └──────────┘    └──────────┘
                    │    ↓     │
                    │ 媒体の選定 │
                    └──────────┘
                         ▲
                         │
                    ┌──────────────────┐
                    │メディア・コンサルティング│
                    └──────────────────┘
```

①テレビ視聴率など媒体ごとの効果測定
②定期的なインターネット調査等による媒体横断的な定量調査
③定期的なグループ・インタビュー等による定性調査

図表7-3：広報効果測定
出典：政府広報事業評価基準等検討会（第4回）配布資料：平成19年4月25日（水）今後の広報効果測定について（イメージ案）
http://www8.cao.go.jp/intro/kouhou/kentoukai/kaisaijokyo/4th/material_4-5.pdf

政の間でのメディアに関する「同化」も求めることなく実際の運用への提言がなされ、こうした方向で行政も動いている。すなわち、ここでの前提は、IT化によって効率化（主に経費削減を目的として）を図ることであり、コミュニケーションの相手である国民との同化、市民との調整の効果を持っているかを議論していないのである。言いかえれば、日本の行政の場合、国民との同化・調整をするコミュニケーション戦略ではなく、ただ"やりっぱなし広報"（お知らせ）のためのメディア使用方法に論点が置かれているのである。すなわち国民を無視し、経費削減に重点を置き、本来の広報目的である、"国民とのコミュニケーション"の大前提は二の次になっているのである。しかもこの状況では、行政と国民のコミュニケーションはなされず、国民が行政を理解することは困難である。だからこそ行政も、国民との同化を促進するコミュニケーションの第一歩として、"どのようにすればコミュニケーションによる理解を深められるか"を検討する必要性もあると考えられる。その意味で、相手を知り、積極的に説得・調整するコミュニケーション戦略は欠かせないものと考えられる。

## (2) 地方公共団体の広報活動

　日本の行政広報の大半を占めるものが地方公共団体の広報といえる。ここでは大きく分けて、①首長による広報活動、②広報主管部門が行う活動、③

部門別の事業広報に分けられる。①の首長広報とはいわゆる知事などへ意見を述べ、トップの考えを地域住民へ伝える目的に行われるものであり、多くの地方公共団体で実施されている施策である。②の広報主管部門が行う広報としては、政策全体にわたる広報や主要プロジェクトなどを地域住民に周知するために行われるものである。③の事業広報であるが、これは都道府県、市区町村に共通の広報であるが、それぞれ国と連携をとって実施されるものである[13]。

　地域社会の行政需要の充足を図り、安定した地方自治運営を実現達成しようとする地方公共団体は、これまでに種々の行政施策を策定し、その実施に努力してきた。その過程における広報活動は、地方公共団体の政策を市民に周知徹底し、また市民の政策要求を反映しようと広聴活動を通じて市民対応体制を一応は形成してきた。しかしながら、政策の決定過程への市民の参加は、地方行政の長い発展の歴史の中で、現在転換期にあると考えられる。この転換期において、広報活動への取り組みに、種々の創意と工夫がなされてきたことも事実ではある。しかし、その努力にもかかわらず、広報に対する期待やその課題の理解は不十分である。すなわち、今日的意味で、地方公共団体は、広報に課せられた役割を再認識することが必要であろう。この"再認識"こそが、地方公共団体行政にとって行政広報の社会的役割とは何かを問うことなのである。

　こうした視点からすると、地方公共団体の広報に必要な情報としては、「都道府県、市町村の枠を超えた広域的な市民意識」、「継続的、追跡的な市民の意識調査」といえよう[14]。すなわち、地方公共団体の広報では、市民に対するコミュニケーション戦略の前提をまず検討すべきなのである。相手とコミュニケーションする場合、「送り手と受け手の間に何らかの情報（やモノなど）が伝達されれば、それでコミュニケーションが成立したわけではない」[15]という松尾の指摘は的確といえる。

　したがって本来、広報の発信者が把握しなくてはならないものとしては、接触率・到達度・理解・共感・態度変容・行動等なのである。それは、いくら広報メディアへの接触率が高くても、広報内容に対する理解等が得られていなければ、その広報は成功したといえないことを意味している。つまり、広報の最終目標は、認知・周知にとどまるものだけではなく、行動を起

こし、理解・共感してもらうことが最終目標ということである。よってこうした行政広報の考えでは、限られた予算・経費の中での"量的"な広報よりも、明確な目標を設定した"質的"な広報活動への展開が求められる。そしてこうした"目標管理型"（マネジメント）の広報戦略立案では、基礎データとして、広報効果測定が欠かせないということになる。まさに、その基礎となるものが相手の情報であり、それを基礎として相手を理解・把握したうえで広報戦略につなげ、いかに効果的に調整活動を行なっていくかが重要なのである。前述のように、日本は民主主義を採用している。ならば行政は、いかに国民からの意見を聞き、これを集約させてマネジメントに活用するか、そしてそこでの同意・反対などさまざまな意見を、どのように調整していくかが重要な課題のはずである。

## 4.行政学と行政広報

### (1) 行政理論と行政広報

　行政学の中で、行政広報は、行政への参加の理論との関連でその活動の役割は大きいとされてきた。その意味で、行政活動における広報は、参加の一形態だともいえる。なぜなら、上述のように広報と広聴の循環過程は、それ自身に市民が参加しなければ意味をなさないからである。ここで参加と広報の関係は、広報の1つの役割である行政情報提供の側面に限定される場合が多い。確かに行政への参加は、これを一律に定義することは難しいほどに多様な形態と多岐にわたる内容をもっている。しかし、総じて行政への参加、特に政策決定過程ないし政策実施過程への参加は、それをより有効にする必要があり、そのためには十分な行政情報が市民に提供されていなければならない。現在の広報活動は、極めて活発化しているものの、行政の政策決定ないし政策実施に関連する情報の提供という点では決して十分なものではない。すなわち、参加を促進するには、行政情報として、市民が行政に対する評価を行うために十分な情報が提供されてはじめて、参加が可能となる。

　したがって、参加における広報では、それが真に広範囲の市民に理解でき

るような情報の提供が必要となり、さらに行政そのものの理解に役立つ効果をもつことが重要となる。言いかえれば、市民にとって行政が十分に機能しているか否かは、行政サービスの提供を受け入れる実態的な側面からだけでなく、行政についての"知識"の側面からも判断される必要性を意味している。だからこそ、行政の広報には、行政情報が市民に有効に作用するために、その"情報"を3つの段階に区別する必要がある。

**1）情報"収集"の段階**

　すなわち、行政過程のみが広報のための情報収集の対象となるのではなく、広く市民の動向や地域社会そのものなど行政環境にいたるまで収集対象の焦点が当てられるべきということである。

**2）情報"選択"の段階**

　情報は多量に提供されれば有効性が発揮しうるとは限らない。むしろ、行政への参加を触発し、行政に対する知識を増殖することに適切、かつ、十分な情報が行政内部で選択されて提供されなければならない。

**3）情報"提供"の段階**

　行政情報が市民に提供される最も一般的な形態は広報活動である。しかし、広報は不特定多数の市民に提供されるものであるが、市民が求めている内容の情報提供が必要である。

　以上のような点で、行政情報の取り扱いに留意してこそ、参加における広報の効果は確保される。そして、この行政情報は、参加が提起される場合にのみ提供されるものであっては不十分であり、行政過程と環境に関する知識として、平常より広報活動のなかに組み込まれていなければならない。なぜなら、市民参加を成功裡に導く主要な要因のひとつは、広報活動にあるからである。

　しかし、行政への市民の参加において、実際に広報活動が十分に作用しているとはいえない。すなわち、より直接的にいえば市民参加における広報の役割が軽視されているという実態もある。

　行政における広報は、広報紙等の発刊・配布を含めて市民と行政当局の間の意思の相互交流の機能を果たすさまざまなメディアを使用する活動を意味する場合が多い。そして、メディアを使用し行政が市民に対して全体として

意思を表示し、かつ広聴活動を通じて、市民が自己の考えや要求を全体として行政に反映するのが、行政広報でなければならない。だがこれまでの行政広報、さらに市民参加の側面から言えば、行政側、すなわち広報サイドの性格の濃い市民参加はあっても、決して市民全体を代表しうるだけの数の市民が常に参加しているとは限らず、まして、行政の基本姿勢を問うような性格の参加の場に市民の多数が参加するケースは極めて少なかったと考えられる。

また、一方で個々の市民の行政に対する苦情や要求はとめどもなく発生し、そして行政へその解消や実現を迫るケースが増えているのも事実である。このことは、市民が自己の関心領域については極めて敏感であっても、その他について参加する意識は非常に低調な場合が多く、しかも行政への協力拒否の行動さえとることを示している。しかし行政とは、本来、市民の個人的な利害関係によって左右されるものではない。全体の市民に等しくかかわっていく必要があり、行政は市民と直接関連すること、さらにお互いが協力・調整することによって成立するものである。

行政への参加に幾つかの形態があり、いろいろな段階の参加があるが、一般的に広報活動を中軸としてなされているわけではない。広報は、市民と行政との意思の相互交流の機能を果たす活動である。そのため市民の直接的な行政への参加を目的とする場合、広報活動の役割は極めて大きいはずである。ならば、市民の意思をすみずみまで吸い上げる広聴活動の充実、計画策定の最終段階まで市民を参加させる行政サイドの姿勢が重要になる。そのためには、理論的に行政広報、特に広聴活動を行政の運営の中心に位置づけ、行政広報にたいする基本的な認識不足を、行政・市民間で払拭していく必要がある。

## (2) 政府と行政広報

市民と行政が広報過程によって結びつけられる関係は、多かれ少なかれ市民が参加し、その結果反応がフィードバックされて行政へ帰結するという循環過程が必要である。したがって広報の結果反応がフィードバックしないような状況は、本来の広報活動ではない。つまり行政側の意思の表示に対して、市民が反応表示をすることが広報過程なのである。その逆に、市民の意

思表示に対して行政が反応表示をしないこともまた、広報過程を形成するものとはいえない。

このような広報過程における意思の相互的なフィードバックを、より可能とするためには、行政における狭義の広報活動（情報伝達活動）の必要条件としておおよそ次の3つが指摘できる。

**1) 市民と行政の立場の並行性**

少なくとも、広報活動にあっては、市民と行政が平等・並行の立場で行われる必要がある。民主的な行政運営にあっては、権力的な上意下達の広報活動ではなく、常に、両者が独自の価値を認める立場で行われる必要がある。

いいかえれば、行政広報は、市民に対する一方的な行政当局の意思伝達ではなく、あくまでも市民が自主的に選択し、そして行動しうるような前提の材料を提供することが必要なのである。平等・並行の関係は、それゆえ、広報が市民と行政との間の善意友好を設定する要素となる。

**2) 提供される情報の真実性**

行政広報は、広報内容が真実でなければならない。事実を歪曲したり、ある特定の原理や価値を、ある主体の特定の目的のみで情報化する宣伝や広告とは異なるものでなければならない。すなわち、行政広報は、対象である市民の立場を第一に考えなければならないのである。

そして、広報によって提供される情報には、広報内容が真実となりうる2つの条件がともなわなければならない。それは、情報の適時性と迅速性である。提供される情報がどんなに真実に満ちた内容をもつとしても、問題の核心をそらす非合理的な時点に行われる広報は、真実を伝える広報とは言い難い。特定の場合を除き、タイミングをはずした広報は、それだけで真実の広報とはいえないのである。迅速に、そして適時に行われる広報こそ、真実性が確保されるのである。ここでの適時性とは、情報として伝えるにふさわしい時点で行われることであり、その意味で市民が求めている時期ということでもある。

**3) 広報の総合性**

ここでの総合性とは、狭義の広報活動である広報紙の場合でも、情報として伝達する行政は、全庁的な立場からなされる必要があることを意味する。すなわち、行政広報では、行政組織内で情報の一元化が行われ、行政の全体

的な総合的集約の過程を通じて行われることの必要性を意味する。なぜなら、行政内部において情報の多元性を集約しないかぎり、市民にとってはその受けとめる基盤が形成されないからである。言いかえれば、広報として情報化されるためには、全庁的に集約して市民に提供されなければならないという意味である。

## 5.行政広報の役割

### (1) 行政広報とメディア

従来、行政広報のメディア分類としては、印刷メディア、映像メディア、電波メディア、電子メディア、ライブメディアといった分類がなされるが、その他として「広く伝わるメディア」・「深く伝わるメディア」といった分け方、「入り口メディア」・「受け皿メディア」といった分け方も考えられる[*16]。

「広く伝わるメディア」としてはTVや新聞などのマス広告が代表であり、

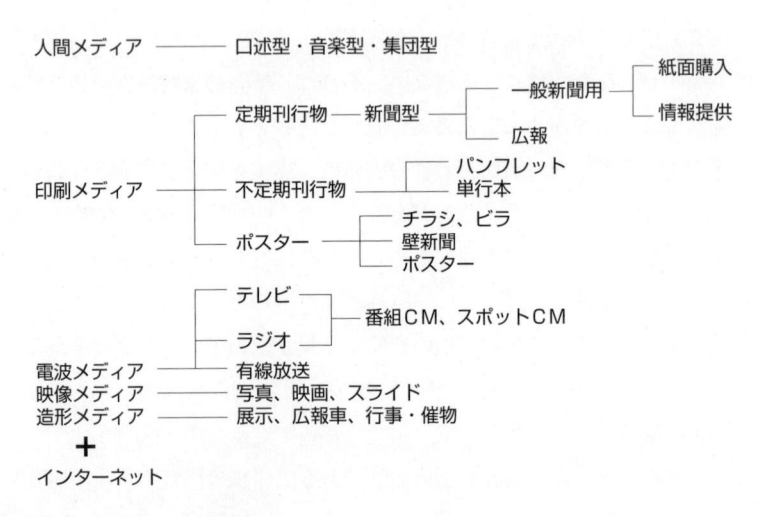

```
人間メディア ─── 口述型・音楽型・集団型

                ┌─ 定期刊行物 ─ 新聞型 ┬─ 一般新聞用 ┬─ 紙面購入
                │                    │            └─ 情報提供
                │                    └─ 広報
印刷メディア ───┼─ 不定期刊行物 ┬─ パンフレット
                │              └─ 単行本
                └─ ポスター ┬─ チラシ、ビラ
                           ├─ 壁新聞
                           └─ ポスター

電波メディア ───┬─ テレビ ┐
                ├─ ラジオ ┴─ 番組CM、スポットCM
                └─ 有線放送
映像メディア ─── 写真、映画、スライド
造形メディア ─── 展示、広報車、行事・催物
      ＋
インターネット
```

図表7-4：メディアの分類
出典：小山栄三『行政広報概説─原理と問題─』広報出版研究所1971、pp112-3を加筆・修正

「深く伝わるメディア」はホームページや説明会、行政窓口での対応などがこれにあたる。このように分けると、広く伝えるメディアでは何を中心のメッセージとすべきかが明確になる。このメディアに「あれもこれも」を詰め込むことは無意味と理解される。同様に、「入り口メディア」はマス広告のほかに、ポスターや簡単なチラシ、街頭でのイベントなどもこれに含まれる。一方、「受け皿メディア」は、ホームページや説明会、窓口対応などがこれにあたる。

考え方として大事なのは、「広く伝わるメディア」「入り口メディア」で広報対象の注目と関心をつかみ、それを「深く伝わるメディア」「受け皿メディア」へ誘導してくる道筋づくりが重要となり、どのようにしてこの道筋を考え、企画していくかが問題となる。さらに言うならば、この道筋は独りよがり、あるいは広報主体（情報発信者側）だけの意図によるものだけでは立てられないものである。なぜなら、メディアにしても、広報主体が思っているメディアと対象が求め使用しているメディアが必ずしも一致しないからである。だからこそ、広報主体である行政は、その道筋づくり、すなわち情報の分析とそこからの企画力をいかに考え、行政活動に活かしていくかが問題となる。

## (2) 広聴とマネジメント

行政広報を、組織マネジメントと捉え、主体（行政）・客体（住民）の側面で見ると、およそ3つの段階が考えられる。
①主体に対する意見・評価、あるいは客体を知る広聴の側面
②主体の目標や主体自体を理解してもらうための広報の側面
③主体と客体の協力関係を築くために行われる主体の改善・調整の側面

今まで行政広報は、外部マネジメントの側面、すなわち第2の側面である、主体の目標や主体自体を理解してもらうための広報の側面で用いられることが多く、狭義の意味での行政広報（情報伝達）という言葉を用いるのであれば正しいようにも思われる。しかしこの場合、本来の行政広報の機能としてはその一部でしかないのである。

今日、先進諸国においては、市民の欲求や価値観は急速に多様化し、政

策の作成や実施段階での政府と市民との双方向性コミュニケーションや市民相互のコミュニケーションの促進が、政策の有効性を担保するために重要になってきている。この状況は、時代が直面する課題を適切に認識し、それに対する対応策を構築、評価するとともに、それを市民に伝達し、合意形成を行うことが必要となってきているあらわれである。

そうした中、広報・広聴活動に関しては、特に政府側から情報提供を行う仕組みとして広報と称する活動が行われてきており、広報の名称を関する組織単位も設置されてきた。そして、法律に基づく開示請求、情報公表義務、パブリック・コメント、公文書館制度といった一般的な情報公開や意見聴取の手続きも整備された。さらに、審議会等を用いた個別の政策作成活動やリスク対応や危機管理等の日常的な業務活動の中においても、情報の提供や市民からの意見聴取は重要な要素となり、さまざまな試行錯誤がされてきている。

そして現在は、"市民との関係の変革"がさらに求められており、それを円滑に実施していくには、市民にわかりやすい形で情報を公開し、理解を求める努力かつ行政と市民との密なコミュニケーションが必要になっている。なぜなら市民の理解と協力なくして、現在の行政活動は成功しないからである。このような点からも、行政のフロントに位置する「広聴広報」の果たすべき役割は大きい。

具体的には、情報の共有化や部局を超えた横断的取り組みによる"庁内コミュニケーションの充実"がある。縦割り意識や情報の分散は、職員が思っている以上に市民、議会などのステークホルダー、そしてトップに伝わりやすいものである。市民との協力・協働を現実化するためには、まず、情報の共有化を実践しなければならない。

広報活動は"情報"を扱う活動である。それには3つの側面があり、いわば収集・編集・発信である。そしてこの活動では、発信ではなく、収集（受信も含めて）を最初に行うところが第1のポイントとなる。つまり、広報における情報発信は"伝えたいことを発信"するのではなく、"相手が知りたいことを発信"することだということである。そのためには、まず相手を知ることから始まる。そして、コミュニケーションが同じであるように、広報もまた"組織自らが変わること"を含んでおり、自らの都合による発信のた

めの収集ではない（広報する相手すなわち市民のことを考える）、ということも含意している。このベクトルは、行政広報を考える上では重要なポイントである。

　そして広報の情報の編集は、情報創造と言ってもいい。広報は発信から受信へと範囲を広げているが、今後の行政広報の最大の役割は、情報を編集して、新たな価値（新たな公共）を創出していくことだろう。これまでのような、単なる情報の受発信は広報活動の一環にすぎない。情報創造で最も重要なのは、行政経営における意思の明確化である。行政組織内外の情報収集を踏まえて行政経営の意思が確立されていくこと、そしてその経営意思を組織内外に的確に周知させ実現へとつなげていくことが広報の重要課題である。

　そうした意味で、行政における広報活動が扱う情報の範囲は無限である。組織内外の情報であることは言うまでもないが、時間軸についても、所在についても、客観的な記述情報から個人の頭にある主観的情報まで、すべてを包含する。その拡がりが編集、そして公共の質を決めていく。多ければ多いほどいいわけではなく、大切なことは広い範囲から的確な情報を選択するということである。その点で情報を選択する者の見識やビジョンが大切であるが、行政広報はそうした個人の資質や才能に依存しなくとも良くなることを目指すものでなければならない。なぜなら、行政は個人の公共・公益を目指すものではなく、ひろく一般に受け入れられる新たな公共を創出しなければならないからである。

　だからこそ、情報収集の範囲は無限だが、情報発信の範囲は戦略的にセグメントつまり分割されなければならない。さらに現在では、セグメントされたターゲット毎への別々の発信方法が必要になってきているばかりでなく、その組み合わせとタイミングが重要となってきている。それを間違うとせっかくの情報発信がマイナスになってしまう。また、ターゲット単位の個別関係が個々に存在するわけではなく、それらの複雑なリレーション・コンプレックスが全体の効果を決めていくことも重要なポイントである。まさに全体を意識しながらの個別対象に向けた情報発信が必要になってきているのが現状である。このことは、非常に困難な問題ではある。しかしその意味でも、広聴結果を行政マネジメントに活用し、行政の活動の目的を明確にすることが重要になる。なぜなら目的が明確になれば、行政活動の具体的な内容

や方向を考えやすく、また対象への広報活動もしやすくなる。そして、この目的こそが行政の目的であり、いわば行政の政策策定の第一歩に位置するのが広聴マネジメントであり、ここに行政広報としての役割も存在する。

[注]
* 1　井出嘉憲『行政広報論』（勁草書房、1967年）、29頁。
* 2　井出・前掲書、28頁。
* 3　三浦恵次著『現代行政広報研究序説』（学文社、1984年）、113頁。
* 4　中村紀一「広報と広聴」、辻　清明編『行政学講座3行政の過程』（東京大学出版会、1987年）所収、287頁。この部分は同氏が、村松　岐夫「自治体行政における公聴の役割」（『都市問題』第61巻第9号）、20頁から引用したものである。
* 5　三浦恵次・前掲書、113頁。
* 6　Edward L.Bernays,Defining Public Relations, Public Relations Quarterly(1987,Spring),p.15. この訳は、三浦氏「前掲論文」から引用。
* 7　Howard Stephnson, Public Relations Practice, in H.Stephenson ed, Handbook of Public Relations (McGRAW‐HILL BOOK COMPANY, Inc, 1960) ,p.21.
* 8　竹内　郁郎著『マス・コミュニケーションの社会理論』（東京大学出版会、1990年）、89頁～90頁。
* 9　津金澤聰廣・佐藤卓巳編『広報・広告・プロパガンダ』（ミネルヴァ書房、2003年）を参照。
* 10　この点に関しては、拙者論文「行政におけるコミュニケーション・マネジメントと人間メディアの役割」『政経研究　第46巻第2号』（日本大学法学会2009年11月所収）参照。
* 11　政府広報事業評価基準等検討会ホームページhttp://www8.cao.go.jp/intro/kouhou/kentoukai/index.html、参照。
* 12　平成20年11月28日自由民主党政務調査会　無駄遣い撲減プロジェクトチーム「無駄遣い撲減対策について（案）」参照。
* 13　津金澤聰廣・佐藤卓巳編・前掲書を参照。
* 14　この点に関しては、拙者前掲論文参照。
* 15　松尾太加志『コミュニケーションの心理学　認知心理学社会心理学認知工学からのアプローチ』（ナカニシヤ出版）、（2000年）1-26頁参照。
* 16　株式会社　電通プロジェクト・プロデュース局　ソーシャルプロジェクト室編『広報力が地域を変える』日本地域社会研究所, 2005年, 30頁参照。

[引用・参考文献]
・猪狩誠也編『広報・パブリックリレーションズ入門』（2007年、宣伝会議）
・石田厚生・岩倉宏司『あさお市民調査研究　区役所など区行政機関における行政広報の発進力強化について～その意義・課題を探り具体的手法を提案する～』（2005年3月、川崎市麻生区企画課）
・井之上喬『パブリックリレーションズ』（2006年、日本評論社）
・株式会社電通プロジェクト・プロデュース局　ソーシャルプロジェクト室編『広報力が地域を変える』（2005年、日本地域社会研究所）
・関満博　財団法人日本都市センター編『新「地域」ブランド戦略』（2007年、日本経済新聞出版社）

- 井出嘉憲『行政広報論』(1967年、勁草書房)
- 小山栄三『行政広報概説―原理と問題―』(1971、広報出版研究所)
- 土橋幸男『分権時代の広聴入門 理論と実際』(2006年、ぎょうせい)
- 本田弘『行政広報』(1995年、サンワコーポレーション)
- 三浦恵次『現代広報研究序説』(1984年、学文社)
- 三浦恵次『広報・宣伝の理論』(1997年、大空社)
- 津金澤聰廣・佐藤卓巳編『広報・広告・プロパガンダ』(2003年、ミネルヴァ書房)
- 松尾太加志『コミュニケーションの心理学 認知心理学社会心理学認知工学からのアプローチ』(2000年、ナカニシヤ出版)
- Edward L.Bernays,Defining Public Relations, Public Relations Quarterly (1987,Spring)
- Howard Stephnson, Public Relations Practice, in H.Stephenson ed, Handbook of Public Relations (McGRAW‐HILL BOOK COMPANY, Inc, 1960)

# 8章　アカウントプランニング

## 1. アカウントプランニングとは？

### (1) アカウントプランニングは、人々の心をつかむ

　世の中にはさまざまな商品があり、毎年新しい商品が発売される。また、次々と新しい広告が流れてくる。しかし、その中で、目に留まるものもあれば、まったく素通りしていくものもある。商品についても、「あ、これいいな」とか「ちょっと欲しいかも」と感じるものもあれば、まったく心が動かされないものもある。

　また、いったん人気を博した商品でも、いつの間にかなくなっている商品も少なくない。その一方で、しっかりファンをつくり、ロングセラーになる定番ブランドもある。

　広告を見ていて、人気タレントが出てきて商品を紹介しているのに、まったく興味を引かないものがあるだろう。また、「この商品のこの機能がスゴイ！」と言われても、「どれも同じようなものだなあ。何がすごいのかよくわからない」と感じたり、いかにも「カッコイイでしょ」「カワイイでしょ」とアピールされても、ピンと来なかったりすることもあるだろう。また、すごい広告量で商品名を連呼していても、まったく記憶に残らないものも多いのではないだろうか。

　なぜ、このようなことが起きるのだろうか？　逆にいえば、心が動かされる広告や、魅力を感じる商品は、何が違うのだろうか？

　消費者として生活していると、目に触れるのは、最終産物としての商品であり、制作された広告である。しかし、その裏には、商品をどのように設計し、またどのような広告をつくるかという設計がある。どうすれば、人々の心をとらえ、商品を欲しいと感じてもらえるか、それを考えることが、何より重要なのである。

　それを「戦略」という。消費者に愛されロングセラーブランドにするために、ブランドを設計し育成するブランド戦略、商品を開発し市場で成功させるためのマーケティング戦略、広告をはじめとしたコミュニケーションをどのように行うのが効果的かを考えるコミュニケーション戦略。これらを組み

合わせて、商品や広告を作る前に、消費者の心をとらえる打ち手（戦略）を考え出すのである。

この戦略を立案するメソッドを体系化したのが、アカウントプランニングである。ヒット商品を連発しているメーカーのマーケター、世の中で話題になる広告を生み出しているクリエイターの多くは、このアカウントプランニングの考え方を、意識するしないに関わらず、体得している。

このアカウントプランニングの考え方を習得し、運用するスキルを身につければ、人々の心をとらえるヒット商品や広告をつくることができ、長く人々から愛され続けるブランドを育てることができる。

そのため、アカウントプランニングは、広告会社で広告コミュニケーションに携わりたい人だけでなく、メーカーなどの企業でマーケティングや商品開発をしたいと考えている人にとって必須の考え方である。この章を通して、次世代のマーケティングやコミュニケーションを担う人材になっていただきたいと願っている。

## (2) アカウントプランナーは、"司令塔"

アカウントプランニングという考え方は、欧米では広く浸透しており、アカウントプランナーが広告代理店の核をなす職種として活躍している。日本では、「アカウントプランナー＝営業企画」という捉え方をする広告代理店もあり、意味合いが異なっている場合があるが、ここでは欧米で生まれた本来のアカウントプランニングの考え方を紹介していきたいと思う。

アカウントプランニングの定義は、「消費者心理や行動を理解し、広告開発のすべてのステップに反映させること」（米国広告業協会）である。アカウントプランナーは、ターゲットを設定し、そのターゲットにおける消費者インサイトを探り出し、それをもとにブランド・コミュニケーション戦略を立案する。そして、クリエイティブスタッフへのブリーフィングを経て、コミュニケーションアイデアを特定し、コミュニケーションデザインの開発へと進む。そして、実施したコミュニケーション活動が、設定した目的を達成しているかどうかを検証し、次の活動への指針を示す。

このように、アカウントプランナーは、広告（広義でのコミュニケーション活動）開発のすべてのステップに関わり、広告（コミュニケーション）が

効果のあるものにする。

　大手の広告代理店および外資系の広告代理店では、アカウントプランナーは、戦略を開発する「頭脳」であり、広告コミュニケーション開発の「司令塔」ともいうべき役割を担っている。

　ただ、このアカウントプランニングという考え方は、アカウントプランナーだけのものではなく、広告代理店では、営業もクリエイターもSPプランナーも、全てのメンバーが活用すべきものである。また、既にお話ししたが、メーカーなどのマーケターにとっても非常に有益な考え方で、アカウントプランニングという名称を使っているかどうかは別として、既に取り入れて活用している企業も多くなっている。

**1）消費者の代表**

　メーカーなどの作り手側が考える商品の良さを、そのまま広告で伝えても、思ったようにモノが売れなくなってきた。商品の作り手が、他社にない利点と考えているポイントが、消費者にとっては、大きな違いを感じなかったり、それを魅力と感じなかったりする。

　そのため、消費者の立場に立って、その商品の良さは何か？　どのような点に魅力を感じるのか？　を見極めることが欠かせなくなってきた。消費者目線という意味では、メーカーなどの商品の作り手にも欠かせない視点なのだが、ややもすると商品への思い入れが強いために、ニュートラルな立場で商品を見ることが難しくなってくる。

　その消費者の視点を代表して、チームに参加するのがアカウントプランナーである。消費者にとって、最も魅力的な点は何か？　どんなメッセージが、消費者の心をとらえるのか？　そのメッセージが的を射たものでなければ、いくら広告表現が優れていても、消費者の心をとらえることはできない。アカウントプランナーは、広告表現の開発に入る前に、まずメッセージを特定する役割を担う。

　このアカウントプランナーは、1960年代にイギリスで生まれ、70年代にはアメリカに拡大したが、日本に上陸したのは1980年代後半。筆者がJ.ウォルタートンプソンジャパンに入社した1980年代後半には、ロンドンのプランニング本部から世界へ展開された日本支社の戦略部門で、アカウントプランナーが既に稼働していた。

## 2) 全体像を組み立てる。

　アカウントプランナーは、消費者とブランドの接点を見つけ出し、そこに強い情緒的な「絆（bonding）」を作り出すことを目指す。そのため、ブランドが人々の心の中でどのような姿になるのがよいのか、という出来上がり図を設計し、また、どのように構築していくかという打ち手を考え出す。アカウントプランナーは、消費者とブランドの両方を見て、全体像を組み立てていくのである。

　また、アカウントプランナーは、近年では、広告コミュニケーションだけでなく、どのようなブランディング活動を通してブランドを構築していくか、商品設計や流通施策にも関わるようになってきている。

　コミュニケーション活動においても、広告だけでなく、戦略PRや消費者を巻き込むためのプロモーションやWebコンテンツなどを、メディアニュートラル（メディアありきの発想ではなく）で、全体像を組み立てるというコミュニケーションデザインの立案を行うようになってきた。

## 3) チームを動かす。メンバーの才能を最大化する。

　全体を設計し、実現していくためには、専門家集団としてのチームが必要である。アカウントプランナーひとりでは、戦略を実行していくことは不可能である。

　そのため、アカウントプランナーには、チームメンバーの才能を引き出し、全体として最大の成果を生み出す能力が求められる。サッカーのチームでいえば、キラーパスを出すミッドフィルダーという感じだろうか。フォワードであるクリエイターやSPプランナーなどが、見事なシュートを放てるような素晴らしいパスを出す必要がある。

　チーム全員が同じ作戦を共有し、同じ方向を向くために、アカウントプランナーは、消費者の心をとらえる戦略をもとに、刺激的なクリエイティブブリーフを作成し、クリエイターやSPプランナーなどと話し合う。ここで、チーム全員が、「へー、消費者はそういうふうに思っているのか？！」という発見があり、「それなら、こういうキャンペーンができそうだ」「こんなアイデアも浮かんできた！」というように、アイデアや発想が広がっていくものでなければならない。

　「戦略的にこうだから」というような、指示出しや単なるバケツリレーで

は、チームは才能を発揮することができない。全員の力と才能を結集するためには、全員の共感があり、この方向に向かえば成功するという実感をもってもらう必要がある。たとえ話でいえば、「このレンガをとにかく積んでください」という指示ではモチベーションが上がらない。「町の人々が望んでいる素晴らしい教会を建てましょう」というゴールがあり、それに賛同が得られれば、チームメンバーは役割分担をしながら各自の得意技を発揮して、教会を建てることができるのである。

　これは、広告代理店の中だけにとどまらない。クライアント側のメンバーも巻き込み、一緒につくっていくケースが増えてきた。最近では、ブランド戦略をもとに、マーケティング部や広告宣伝部だけでなく、商品開発部や流通担当営業部など、さまざまなメンバーにブリーフィングをするケースも出てきている。「そういう戦略なら、こういう商品がつくれそうだ」「それなら、こういう販路が考えられる」というように、各部門のメンバーが発想を広げられ、高いモチベーションのもとに一丸となれる、そんなブリーフィングを行うのも、アカウントプランナーの重要な役割である。

### 4) 右脳と左脳：Creative Intelligence

　アカウントプランナーは、戦略の立案を行うが、クリエイターが生み出したアイデアを見極めて定着させたり、コミュニケーションデザインの方向性を考え出したりする。そのためには、戦略的に論理構築する左脳だけでなく、コミュニケーションという非常に感覚的で情緒的な活動を見極められる右脳が重要になる。

　また、左脳で数字を分析するだけでは、なかなか消費者インサイトといえるような深い洞察を得ることができない。

　さらに、マーケター全般にいえることだが、閉塞した市場をブレイクスルーするには、それまでの業界の常識や固定観念を疑い、枠にとらわれない発想をすることが欠かせない。そのとき、どうしても必要なのが右脳である。

　アカウントプランナーは、この論理構築力（左脳）と直観力・発想力（右脳）の両方を自由に行き来する能力が必要である。

図表8-1：右脳と左脳

## (3) メーカーなど広告主側のマーケターとは、何が違うのか？
（クライアントにとってのアカウントプランナーの存在意義は何か？）

　メーカー（クライアント）のマーケターとの役割分担でいえば、アカウントプランナーの役割は、メーカーのマーケターがなかなか持ちえない一般消費者が生活しているときの気持ちや感情、商品に接したときの素直な印象などを提供し、戦略を立案することである。

　ブランド戦略は、消費者とブランドとの間に強い絆をつくることだとお話しした。メーカーの方が持っている、商品の技術的な背景やシーズ、ブランドにおける知見や思い入れを、うまく消費者の夢や願望といったさまざまな気持ちと結び付けるのが、アカウントプランナーの役割といえる。

# 2. アカウントプランナーの最大の武器は、"消費者インサイト"

## (1) インサイトから戦略を生み出す

### 1) 消費者インサイトとは？

　消費者の心をとらえるためには、まず、消費者がどういう気持ちでいるのか？　何を望んでいて、何を不安に思っているのか？　など、消費者の気持ちがわかっていなくてはならない。

　アカウントプランナーは、まず消費者の気持ちを探り出し、それをとらえる商品や広告コミュニケーションを考えていく。消費者インサイトは、アカウントプランナーの存在理由ともいえる、全ての起点になる考え方である。

　消費者インサイトとは、直訳すると「消費者における洞察」であるが、もう少しわかりやすくいうと、「消費者のホンネ」。消費者が言葉にできないような感情や、消費者自身も気付いていないような気持ちの中で、マーケティングやコミュニケーション活動が活用できる深層心理をいう。定義としていえば、「消費者の深層心理の中で、ある商品を購入する動機付け（key driver）となるピンポイントの心理」が消費者インサイトである。

　2005年に『インサイト』（桶谷功著、ダイヤモンド社）が刊行されてから、インサイトという言葉は急速に浸透したが、その一方で、今までの消費者分析と同じように捉えられるケース、漠然とした消費者の志向性やトレンドまでインサイトと呼ばれるケースが出てくるなど、インサイト本来の意味が曖昧になってきた。

　インサイトは、単なる消費者の志向性や漠然としたイメージではなく、思わず商品を買ってしまうような、ピンポイントの心理（＝ホットボタン）である。

　アカウントプランニングは、このインサイトを起点にして戦略を立案するので、インサイトをまず発見することが何よりも重要になる。

### 2) 消費者インサイトには、3種類ある

　消費者インサイトは、大きくは、3つのインサイトに分類できる。ヒュー

マンインサイトとカテゴリーインサイト、そしてブランドインサイトである。

　ヒューマンインサイトは、人としての夢・願望・不安など、人が消費者である前に「人」として持っている気持ちである。

　カテゴリーインサイトは、「クルマ」「チョコレート」「スポーツシューズ」「ホテル」など、ある特定の商品カテゴリーに対する気持ちや感情を指す。

　ブランドインサイトは、ある特定のブランドに対する気持ちを指す。ブランドAは、「持っているだけで何となく誇らしい」気持ちになる。ブランドBは、「ワクワクした気持ちになるけど、ちょっと子供っぽい」といったものである。

　この3つのインサイトから、ある特定の商品を欲しいと感じる、購入という行動に結び付く心理＝ホットボタンは何か？　それを、キーインサイトとして特定し、それをとらえる商品や広告コミュニケーションを開発していく。

　では、カテゴリーインサイトとヒューマンインサイトについて、もう少し詳しくお話したいと思う。

### 3）カテゴリーインサイトをとらえる

　カテゴリーインサイトをとらえた事例をいくつか、見ていこう。

　ひとつ目は、食器洗い洗剤の例。みなさんは、自分で食器洗いをされるだろうか？　面倒な家事のひとつだが、食器を洗っていて、ちょっと嬉しくなる瞬間や、汚れがきれいに落ちたというスッキリした気分になる瞬間はないだろうか？

　そのひとつに、「食器の油汚れが落ちて、水で流したとき、指先がキュキュッとなる」瞬間がある。人は、そのとき、食器の汚れがきれいに落ちたことを実感し、ちょっとした喜びや達成感を感じる。

　これは、食器洗い洗剤というカテゴリーにおけるインサイトで、これをそのままブランド名にして、ナンバー1の売上を達成している食器洗い洗剤ブランドがある。どれも同じように見える食器洗い洗剤だが、この消費者の実感（カテゴリーインサイト）をうまくとらえているため、他ブランドの追随を許さぬ地位を築いている。

　もうひとつ、別の例をお話ししよう。

「アイスクリームのストロベリー味」というカテゴリーのインサイトをとらえた例である。ある高級アイスクリームのストロベリー味は、果肉がたっぷり入った大人向けの商品であるが、食べてファンになっている人と、まったく食べたことがない人に、はっきり分かれていた。

　なぜ、食べる人と食べない人に分かれてしまうのだろうか？「イチゴが好きだから」「あまり好きではないから」という理由が思い浮かぶが、実はそれ以上に、別の大きな心理が働いていた。フルーツのイチゴは好きなのに、アイスクリームのストロベリー味は食べないという人が多かったからである。

　その理由を、深層心理から解き明かすため、「アイスクリームのストロベリー味」から連想されるイメージに合う写真を、何十枚もの写真から選んでもらった（調査手法上、「投影法」という）。

　すると、食べたことがない人が選んだ写真は、「ピンク色のキャンディが山積みされた」写真であった。人工的な、着色料で色付けしたようなピンク色をしていて、とても甘そうで、アメリカの子供がペロペロ舐めていそうなイメージである。

　一方、食べてファンになっている人が選んだのは、なんと「朝露がついた、イチゴの果実そのもの」の写真であった。「採れたての、新鮮なイチゴがそのまま入っていて、自然な甘さで大人向き」というイメージだったのである。

　この違いこそが、「アイスクリームのストロベリー味」を食べるか食べないかを分けるキーインサイトである。これがわかれば、広告などで「果実がそのまま入っている大人向けのアイスクリーム」であることを訴求し、「イチゴキャンディのような人工的で甘い子供向け」というイメージを覆すことができる（図8-2参照）。

### 4）ヒューマンインサイトをとらえる

　かつて、消費者のモノへの欲求が強く、商品そのものへの需要はあるため、競合との差別化によって市場でのシェアを高めれば良いだけの時代があった。そのときは、カテゴリーインサイトやブランドインサイトを発見することに重点が置かれてきた。

図表8-2：食べない人が選んだ写真（左）と 食べる人が選んだ写真（右）

　このカテゴリーの商品、あるいは特定のブランドを、消費者は「なぜ買うのか？」という動機づけ要因と「なぜ買わないのか？」というバリアを見つけ出すわけである。

　しかし、次第に消費者のモノへの欲求が弱まり、その商品カテゴリーそのものの需要を拡大したり、新しいカテゴリーを創造したりするためには、ヒューマンインサイトを探り出すことが、非常に重要になってきた。

　人は、消費者である前に、人として存在する。商品とは関係なく、夢や願望、怖れや不安、あるいはどういう人でありたいか、どういう人と見られたいかといったセルフイメージを求めている。また、同じ人であってもシチュエーションによって心理状態や欲求は大きく異なる。このヒューマンインサイトをとらえることが、人々に新たな欲求を掘り起こし、新たな需要を生み出すことになる。

　ヒューマンインサイトの例をいくつか挙げてみよう。

　「モテたい」「キレイになりたい」「カッコイイ人と思われたい」といった夢や願望、「友達の中で浮きたくない」「転落したくない」といった不安や怖れなどが挙げられる。

　しかし、このヒューマンインサイトは、非常に多岐にわたる。これを特定し活用するためには、まず戦略的にマーケティング目標を設定することが欠かせない。漠然と消費者調査をしても、活用できるインサイトを発見することはできない。

　インサイトは、そのマーケティング課題を解決するアイデアを導き出して

初めて意味を持つ。これが、消費者スタディや単なる消費者分析とは異なる点である。

アカウントプランナーは、消費者調査を駆使するが、すべては解決策を見出すために行う。

## (2) インサイトとプロポジションをセットで考える

インサイトから、マーケティング課題を解決するアイデアを導き出すため、複数の消費者心理の中から、インサイトと同時にプロポジション（戦略的な提案）をセットで考える（図表8-3参照）。

いくら、新しい発見でも、商品開発やコミュニケーション開発など、解決案に結び付かない消費者心理は、役に立たないからである。

そのために、いくつかのコツがある。

ひとつは、インサイトを「消費者の具体的な生声（リアルな気持ち）」としてとらえることである。「ダイエットしたいけど、甘いものが食べたい」「オフィスでも、スイーツを食べたいけど、飲み物以外は無理」といった具体的な気持ちをとらえる提案（＝プロポジション）は考えられるが、「自己実現したい」「社会貢献したい」といった抽象的な心理から具体性のある提案は考えられない。つい、インサイトを抽象化しがちなのだが、そこからは

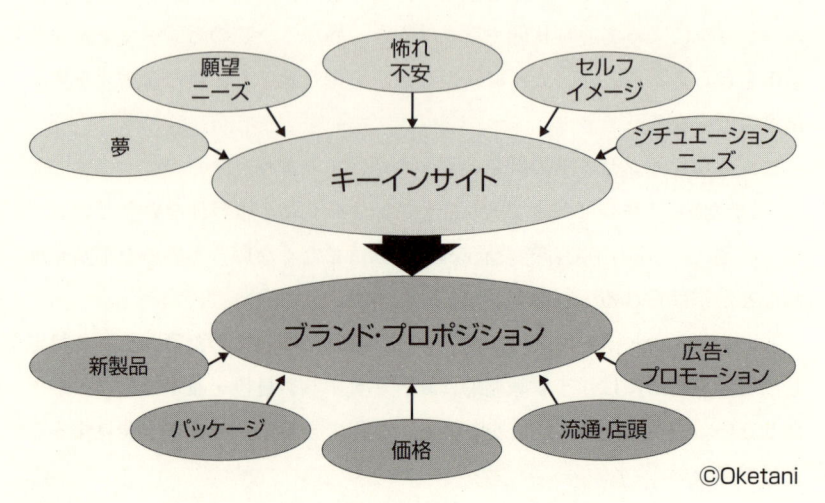

図表8-3：ヒューマンインサイトからプロポジションを生み出す

解決策を見いだせないので注意が必要である。

また、それと関連して、もうひとつのコツは「○○したいけど、△△だからできない」といった、満たされていない潜在ニーズや心理的な葛藤を見つけ出すことである。そこからは、具体的なアイデアが出てくる可能性が高いといえる。

## (3) インサイトをどうやって見つけ、特定するか？

インサイトを発見し、特定するためには、仮説の立案が非常に重要である。まず、定量調査を客観的に分析し、ターゲットが誰かを特定する。定量調査は、主に購入などの消費者の「行動」を把握することに使う。

消費者心理の掘下げは、定性調査によって行うが、今までのようなインタビュー形式の言葉に頼る手法では、なかなか深層心理には届かない。人は自分の行動の90％以上を無意識に行っている。なぜ、そういう行動をとったのか？　なぜ、その商品を買ったのか？　自分自身でも気付いていないことがほとんどなのである。これでは、いくら訊かれても、自分でもわからない気持ちや感情を話すことはできない。そのため、写真や絵などを使い、そこから心理を読み取る「投影法」と呼ばれる調査手法を用いる（P.176参照）。

そして、そこから抽出されたインサイトの候補の中から、「使える＝解決策につながる」インサイトを特定する。

インサイトを特定する基準は、大きくは以下の5点になる。

①新しい発見かどうか
②担当するブランドにふさわしいかどうか
③アクションに結び付くかどうか
④チームメンバーの発想が広がるぐらい刺激的かどうか
⑤最終的に、課題を解決するビッグアイデアを生み出せるかどうか

## (4) 落とし穴：後付けのインサイト

マーケティング実務の中で、最も陥りやすい落とし穴は、インサイトを都合よく後付けしてしまうことである。

「辛いキャンディ」という製品が開発されると、人々は「キャンディにも、辛い味を求めている」というインサイトを都合よく後付けしてしまうことが

ある。このキャンディは極端な例なので、そんなインサイトはないとすぐわかるが、実務の中では、自社の開発した技術などに合わせて、都合のいいインサイトを作り出してしまうケースが意外と多いのである。

## 3. アカウントプランナーは、"ブランドの設計者"

### (1) ブランドとは何か？

　アカウントプランナーの重要な役割のひとつに、ブランドの設計と育成がある。なぜ、アカウントプランナーが、ブランドの設計や育成に重要な役割を果たすのかをお話しするために、まずブランドとは何かを見ていきたいと思う。

　ブランドとは何だろうか？　ブランドと、商品、製品の違いは、すぐわかるだろうか？

　製品は、工場で作られたモノである。製品は、市場に出て商品となる。そして、人々からいろいろなイメージをもたれ、人々の心の中に出来上がるのがブランドである。ブランドとは、人々の心の中にある「イメージ連想の集合体」なのである。

　このように、ブランドは人々の心の中に出来上がるので、人の心を掘り下げ、それをもとに戦略を立案する必要がある。そのため、消費者の心理を最も理解しているアカウントプランナーが、ブランドの設計や構築の役割を担うようになったのである。

### (2) ブランドをどのように設計するか？

　ブランドは、「人」と非常に似ている。ブランドには、生まれ育ちがある。ドイツ生まれの自動車ブランドもあれば、イギリス生まれのブランドもある。

　また、ブランドには名前がある。パッケージという洋服を着ているし、広告などのコミュニケーション活動を通して話もする。

　その結果、ブランドには、性・年齢が生まれてくる。何となく女性的なブ

ランドもあれば、落ち着いた年配をイメージさせるブランドもある。

そして、ブランドパーソナリティと呼ばれる、個性が生れる。やさしくて包容力のあるブランドもあれば、非常にとんがったカッコイイけど近寄りがたいブランドもある。

そして、ブランドには、得意分野（ブランド資産・特徴）があり、自分に何かしてくれる（機能ベネフィット）。また、一緒にいると、安心する、楽しい気持ちになるといった何らかの感情が生れる（情緒ベネフィット）。

このように、ブランドは、人に例えることができる存在である。これを、消費者からどのように思われるブランドにするか、ゴールを設定すること。それが、ブランドを設計するということなのである。

ひとつ、例として、ブランドを擬人化してみよう。

「マイクロソフト」「アップル」という2つのブランドがある。それぞれのブランドを人に例えると、どういう人物像になるだろうか？

例えば、マイクロソフトの場合。

スーツを着ている、40歳ぐらいの男性。眼鏡をかけていて、頭がよく、仕事がデキる、ビジネスマンである。論理的な思考が得意で、シャープである。あまり冗談は言わないので、とっつきにくいという人もいるが、頼りがいのある人である。

一方、アップルを人に例えると、どうなるだろうか。

センスのいい、カジュアルな服装をしている。遊び心があって、仕事中でも冗談を言ったりする。発想がユニークで、人が思いつかないようなアイデアを考え出したりする。一緒にいると楽しい気持ちになってきて、ちょっとウキウキしたりする。

これは、日本大学の授業で、大学生にマイクロソフトとアップルのブランドを人に例えてもらったものから、抜粋している（図表8-4〜7）。このイメージは、正しい、正しくないというものではない。大学生にとって、このようなイメージがあるということである。

また、どちらのイメージが、いい悪いではない。それぞれに、はっきりしたイメージがあり、それがブランドの個性になっているということである。

ブランドパーソナリティ上の課題は、戦略的な目標設定があってはじめて生れる。例えばマイクロソフトが、エンターテイメント系の事業を拡大しよ

図表8-4

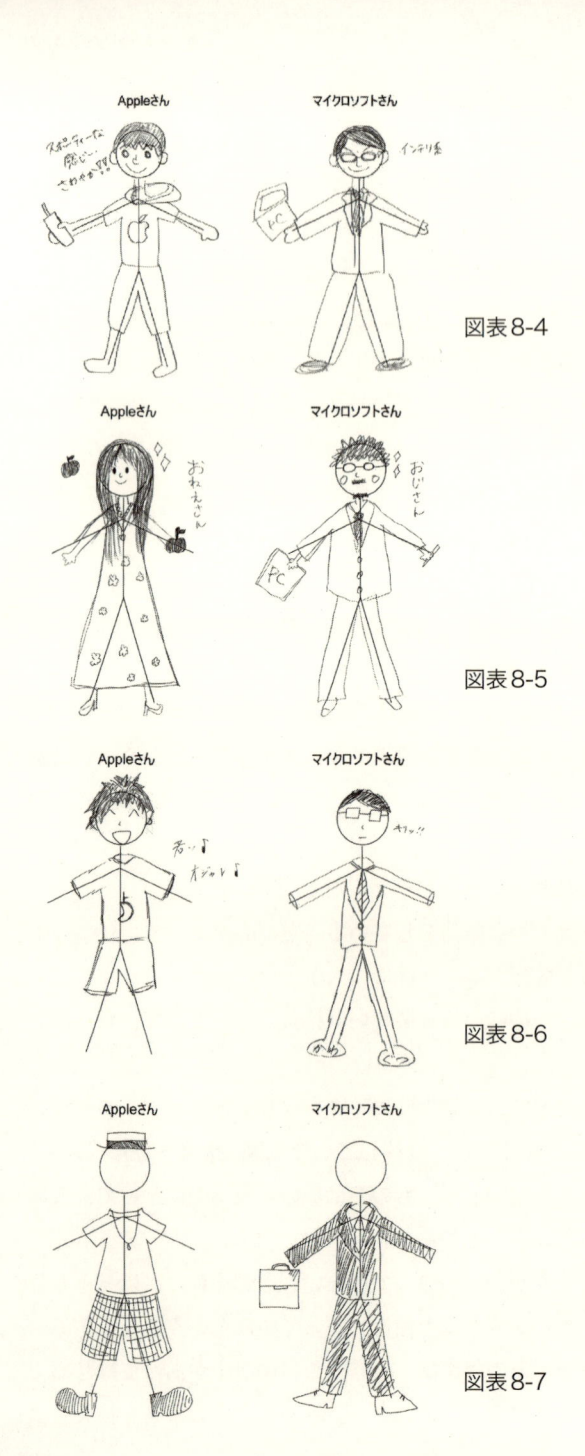

図表8-5

図表8-6

図表8-7

うとし、もっとワクワクするような遊びのイメージを強化したいという戦略的な目標を設定した場合には、現在のブランドパーソナリティをどのように修正すべきか、という課題が生まれるわけである。

　このように既存ブランドの場合は、どのような要素を維持・強化しながら、どのような要素を付加するか、修正するかがブランド設計になる。一方、新ブランドの場合は、一からどのようなブランドと思われるようにするかを白紙から設計することになる。いわば、リフォームと新築の違いである。

### (3) 落とし穴：無色透明なブランド

　ブランドを設計するとき、最も陥りやすいワナは、万人受けする個性のない、無色透明なブランドを設計してしまうことである。誰からも嫌われたくないと思うあまり、優等生的なクセのないキャラクターにしてしまうわけである。しかし、誰からも嫌われない没個性の人は、誰の目にも止まらず、また誰からも好きになってもらえない。

　ブランドを設計するときは、どういう個性を立たせるかを、綿密に設計する必要がある。

## 4. コミュニケーションデザイン

### (1) コミュニケーションデザインとは？

　人々の情報への接し方が大きく変わってきた。以前ほど、テレビを見なくなった、雑誌を読まなくなったという人も多いのではないだろうか。それに代わって、インターネットで調べ物をしたり、動画を見たりして楽しむことが増えたのではないだろうか。

　このような人々のメディアへの接し方の変化に合わせて、コミュニケーションのあり方も大きく変わってきた。以前のテレビコマーシャル中心の広告活動から、まずは、クロスメディアと呼ばれるさまざまなメディアを組み合わせたコミュニケーション活動へ移っていった。人々が接するメディアに

合わせてコミュニケーションを行おうという考え方である。

　さらに、人々は、メディアを使いこなすようになった。人々は、メディアで流れてくる情報を受け止めるだけでなく、ブログやツイッター、商品のユーザーレビューなどで、自らが情報を発信するようになった。その結果、人は、あるブランドの広告などを見ただけで好きになるということが少なくなり、自らが情報発信をしたり何らかの行動を起こしたりしてはじめて、好きという感情を持つことが多くなった。

　以前より、「あのテレビコマーシャル、見た？」とか「あの広告、おもしろいよね」といった、広告を話題にすることが減っていないだろうか？　それよりも、おもしろいブログやツイッター、動画サイトで見たコンテンツなどを友達とシェアしたり話題にしたりすることが増えているのではないだろうか。

　このような人々の変化に合わせて、人々にどう「伝えるか」ではなく、どう人々を巻き込み「参加してもらうか」へ、広告コミュニケーションのあり方が変わってきたのである。

　ブランドは人と同じような存在というお話をしたが、話を聞いているだけより、一緒に話をしたり、一緒に何かをしたりしたほうが、相手に親しみを感じたり、好きになったりするだろう。

　この「企業やブランドとのコミュニケーションに、いかに人々に参加してもらうか」を考え、コミュニケーションの全体像を設計すること、それがコミュニケーションデザインである。

　もちろん、従来型の広告も多く流れている。新製品の発売を短期間に多くの人に知ってもらうためには、今もテレビコマーシャルが最も有効である。ただ、ブランドを構築しファンを増やしていくために、さまざまなコミュニケーションの方法が開発されているわけである。

　そして、そのコミュニケーションの全体像を、消費者インサイトと戦略をもとに方向付けするのが、アカウントプランナーなのである。

## (2) 仕掛けではなく、人がどう動くか

　コミュニケーションデザインの概念が、Webコミュニケーションの普及とともに始まったため、コミュニケーションデザインというと、Webを使っ

て人を巻き込む「仕掛け」の考案に偏りがちであるが、仕掛けだけでは人は巻き込めないし、ブランドを育成することもできない。

人をどう動かしたいか、その結果、ブランドをどう思ってほしいのかという目標が設定されていないと、何のために行っている活動かわからなくなってしまう。

コミュニケーションデザインの考え方を具体的に見ていこう。

例えば、「栄養があって、おいしいクッキー」があったとしよう。これを、小中学生に食べてもらうためには、どうしたらいいだろうか。

いまの小中学生は、学校が終わっても、塾や習い事に行くことが多く、部活などで遅くなる人も多いだろう。学校で給食やお弁当を食べた後、夕食を食べるまでの間に、お腹が空いてしまう。

いったん帰宅してから塾などに出かける子は、家でお母さんの作ったおにぎりを食べたりしているし、学校からそのまま塾に行く子は、途中でコンビニなどに立ち寄り、パンなどを買って食べる。

お母さんとしては、「何かちゃんとしたものを食べさせたい」と思っているが、早く作れたり子供が素早く食べられたりするものに限られてしまう。

お母さんの、こういうインサイトをとらえれば、「忙しい小中学生を応援する、間食」という提案が考えられる。

では、どのようなコミュニケーションが考えられるであろうか？

従来型のコミュニケーションでいえば、「忙しい子供の間食に栄養のあるクッキー」というメッセージを、マス広告で訴求していくことになる。

さらに、この商品を通して、お母さんや小中学生を巻き込んでいくコミュニケーションとは、どういうものだろうか。

例えば、有名な学習塾とタイアップして、その塾の認定（オフィシャル）フードになる。そして、パッケージに、そのオフィシャルマークを表示する。あるいは、習い事の代表例として、あるスイミングクラブとタイアップして、そのクラブのオフィシャルフードになる。

そして、その塾やクラブで、クッキーをサンプリングして食べてもらう。また、その卒業生が有名校に進学していることや、スイミングクラブであれば会員の選手が大会に出場して好成績をあげたことなどを、メディアに取り上げてもらい、このクッキーの良さを知ってもらう。あるいは、お腹が空い

たままより、栄養のあるものを摂った方が、頭や体によく、成績がよくなることをPRとして流してもらう。

　塾や学校単位で、サンプリングや採用の募集をして、コミュニケーション活動に参加してもらうことも考えられる。子育てのカリスマお母さんにブログやツイッターで、この商品の良さを紹介してもらえるかもしれない。

　また、忙しい子供を応援するということで、もっと幅広く、アートや音楽などでがんばっている子供の役に立つ活動やイベントが考えられる。ボランティア活動をしている子供たちを、NPO団体と組むことで支援できるかもしれない。

　子供たちからも、「このクッキーって、こういう子が食べてるんだよ」と言って、お母さんにリクエストしやすくなるし、お母さんも「お菓子はダメ」と拒否する理由がなくなる。

　子供たちに対しても、例えば「秀才タイプのバニラ味」とか「スポーツマンタイプのチョコ味」とキャラクター付けして、アピールする。さらに、どちらのほうが好きか、人気投票を呼び掛けて、コミュニケーションに参加させることもできる。このキャラクターをアニメ化して、コンテンツにすることもできる。

　このように、コミュニケーションデザインでは、商品の良さを一方的に伝えるだけでなく、さまざまな方法でコミュニケーションに参加してもらうことを考える。

　マス広告で、商品の良さを見聞きしただけのときより、この商品をいいなと感じたり好きになったりする可能性を感じたとしたら、より効果的なコミュニケーションが設計できたことになる。

## (3) 落とし穴：インサイトがなければ、ただのクロスメディア

　ただし、インサイトとそれにもとづく戦略がないままコミュニケーションデザインを行うと、ただのクロスメディアになってしまう。

　テレビというメディアのパワーが弱まってきたので、新たに台頭してきたインターネットというメディアを使おう。いろいろなメディアを組み合せるのがコミュニケーションの流行りだから、ウェブと店頭とPRイベントというアクティビティを組み合せようといった発想になりがちである。

これでは、テレビがネットに変わっただけ、ということになってしまい、消費者を巻き込み、ブランドを好きになってもらうという目的を達成することができない。

## 5. アカウントプランニングの限りない可能性

### (1) 消費者の視点は、企業活動のどのレベルでも必要

アカウントプランニングは、効果的な広告表現を開発するために生まれた考え方であるが、今では、コミュニケーション戦略やマーケティング戦略、ブランド戦略に適用され、さらには経営・事業戦略の立案にも活かされるようになってきた。人との接点がある限り、人の気持ちをとらえない事業は成功しないので、どんなレベルであっても、インサイトやアカウントプランニングの考え方を活かすことができる。

### (2) 企業活動を超えて

さらには、アカウントプランニングの考え方は、企業活動にとどまらず、行政でも取り入れられると考えている。例えば、少子化の問題。子供をつくって育てている人は、どういう気持ちからなのか？ 子供をつくらない人には、どういう心理的なバリアがあるのか？ 身体的な制約や経済的な制約もあるだろう。しかし、それだけではない、どんな心理が働いているのか？

こういう人々のインサイトを、深層心理で明らかにできれば、どういう行政活動などを行えば効果的なのかが見えてくる。

もっと、地域の身近な課題でもインサイトやアカウントプランニングの考え方は使えると思っている。

「駅前にあふれている自転車をどうしたら、なくせるか？」

「節電を進めるためには、どうしたらいいか？」

すべて、人の気持ちがわかれば、そのホットボタン（＝インサイト）を押すための活動を考え出せばいいわけである。

このように、アカウントプランニングのメソッドは、さまざまな活動を効

果的に行っていく上で大きな力になってくれる。

　アカウントプランニングは、誰もが取り入れられる考え方であるが、特にアカウントプランナーとして活躍する上で求められる資質を、お話ししておきたいと思う。

　人に興味があるひと。

　いろいろな考え方に耳を傾けられる、素直なひと。

　直観（右脳）と論理（左脳）の両方を使いたいひと。

　そして、何より、この章を読んでみて、「おもしろい」「やってみたい」と感じた方は、素質ありだと思う。

　ぜひ、このアカウントプランニングのスキルを身につけ、これからのマーケティングやコミュニケーションを担う人材になっていただきたいと願っている。

［参考文献］
・小林保彦編著『アカウントプランニング思考』（2004年、発行：日経広告研究所、発売：日本経済新聞社）
・デービッド・A・アーカー著　陶山計介・小林哲・梅本春夫・石垣智徳訳『ブランド優位の戦略 Building Strong Brands』（1997年、ダイヤモンド社）
・岸勇希『コミュニケーションをデザインするための本』（2008年、電通）
・佐藤尚之『明日の広告』（2008年、アスキー新書）

# 9章　進化するネット広告

# 1. インターネット広告の進化

## (1) インターネット広告の歴史

　日本では1996年にYahoo! JAPANといったインターネットメディアや、cci、DACといったメディアレップが設立されインターネット広告が本格的に開始された。当初のインターネット広告は、現在でも多く利用されている「バナー広告」、テキスト（文字）により表現された「テキスト広告」、電子メールを活用した「メール広告」、媒体サイトのコンテンツを広告主が提供する「スポンサーシップ広告」といった広告が主であった。

　2000年前後になると、ADSLを中心としたブロードバンドの普及、Googleをはじめとするロボット型検索エンジンの利用の拡大、i-modeに代表されるインターネット接続が可能な携帯電話、これら3つのインターネットの大きな流れの中で、インターネット広告も大きく変化した。

　ブロードバンドの普及によって、ユーザー側が容量の大きなファイルをストレスなくダウンロードできるようになったことでFlashを活用した表現力豊かで大容量の広告が登場した。いわゆる「リッチメディア広告」である。これにより滑らかなアニメーションや映像表現が可能となり、広告のクリックだけではなくブランド訴求効果についても注目された。また検索エンジンの利用の拡大によって、検索するキーワードに応じて広告を表示する「検索連動型広告」という検索エンジンを用いた新たな広告モデルが登場することとなった。検索連動型広告ではオークション形式で広告費用が決定され、広告の費用対効果が重要視されることにもなった。さらにインターネット接続が可能な携帯電話によって、インターネットメディアはモバイルへ拡大し、モバイルを広告メディアとして活用する流れも登場したのである。

　2004年以降になると、ユーザーのウェブサイト上での行動履歴をもとにユーザーの興味関心に合った広告を表示する「行動ターゲティング広告」が始まり大きく注目を浴びた。映像コンテンツ中心のさまざまな動画サイトが誕生すると、動画による広告も幅広く活用されるようになり「インターネットCM」として定義されるようになった。またブログやSNS（ソーシャル

ネットワーキングサービス）のようなソーシャルメディア（当時はCGMとも呼ばれた）が普及するにつれてソーシャルメディアを活用した広告手法も登場している。モバイルではiPhoneやAndroid端末に代表されるスマートフォンが普及するにつれて、スマートフォンを対象とした広告手法が誕生するなど、インターネット広告はメディアやユーザーの環境の変化、新たな技術の誕生とともに日々進化している。

こうした背景をもとに、インターネット広告は主に「表現手法の高度化」、「メディア・デバイスの多様化」、「ターゲティング精度の向上」の3つの点で進化してきた。

## (2) 表現手法の高度化

インターネットに関わるさまざまなテクノロジーの進化とともに、表現手法も大きく向上した。ひとつの要素としては、Flashのようなクリエイティブの制作に関わるものがある。Flashは広告のクリエイティブにおいて、より滑らかなアニメーションや映像での表現を可能にしただけでなく、ユーザーのアクションによってインタラクティブに変化するクリエイティブを可能とした。またウェブサイトにおける表現も大きく変えた。現在Flashを利用していないウェブサイトに出会わないことはまずないと言っていいだろ

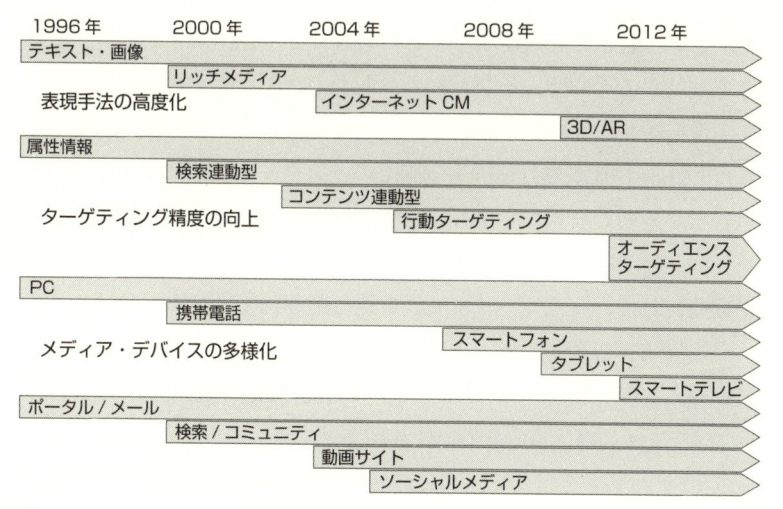

図表9-1：インターネット広告の進化

う。またブロードバンド化の進展も大きい。現在多くのウェブサイトでフルスクリーンによる広告や映像によるCMを見ることができる。これらの表現は実際には2001年当時の技術でも十分可能なものであった。しかしブロードバンド回線でないユーザーのユーザビリティ（コンテンツや広告の表示速度等）を考慮する必要があり、「良い広告を表示する」こと以上に「きちんと広告を表示する」ことに気を使わなければならず、現在よりも敷居が高かったといえる。当時圧倒的に美しい表現のクリエイティブを実行するためには、ナローバンドの一部のユーザーを切り捨てる必要があり、場合によっては上手く表示されないといったユーザーからのクレームも覚悟する必要があった。現在ではブロードバンドが普及したこともあり、クリエイティブの中身そのものに専念をし、見せたい表現で広告を表示できるという良い時代になった。

## (3) メディア・デバイスの多様化

　メディア・デバイスの多様化もネット広告に大きな影響を与えている。2000年以降急増した検索連動型広告も検索エンジンならではの広告である。またソーシャルメディアの利用拡大によって、ソーシャルメディアならではのネット広告も登場している。ブログやTwitter等を使ってキャンペーンへの参加や応募が可能なもの、YouTubeでの動画やFacebookの「Likeボタン」といったものを活用することによってソーシャルメディア上での広がりを期待するもの等、インターネット上のクチコミを意識したネット広告が多数展開されることとなっている。PC以外においても、1999年に開始されたi-modeに代表される携帯電話でのインターネットによって、モバイル広告という新たな領域を生むことになった。さらにはスマートフォンやタブレット端末の登場によって、モバイル領域はPC以上に目まぐるしい進化が期待されており、モバイル広告を巡る動きはますます活発になっている。Google TV等によるインターネットテレビもまたさまざまな期待を呼んでいる。さらにデジタルサイネージのように店頭・交通機関等に設置されたディスプレイに対する広告の需要も高まっており、インターネット広告はPCというデバイスを超えて、インターネットに接続されるあらゆる端末上において考慮すべきものになっているといえよう。

## (4) ターゲティング精度の向上

　ターゲティングはネット広告の進化を語る上で最も重要な要素であるといえ、ネット広告の進化の歴史とは、ターゲティング精度の向上の歴史といっても過言ではない。もともとインターネットはユーザーとの双方向コミュニケーションが可能なメディアとして、他メディアと比較してもユーザーの情報を取得しやすいという利点があった。そのため既存のメディアにおけるターゲティングの限界を超えられるメディアとして、インターネットは大きな期待を寄せられ多様な試みが行われてきた。ウェブサイトを視聴しているユーザーやユーザーの登録情報の属性をもとにした広告の配信から始まり、ユーザーのインターネット接続元IPから地域を判別したユーザーの地域情報をもとにした広告の配信、ユーザーが現在見ているインターネットコンテンツの内容をもとにした広告の配信等、実にいろいろなターゲティング手法が行われている。

　いずれも根底にあるのは、広告主商品やサービスに対して興味関心が高いと思われるユーザーに適切にアプローチすることである。そのためのターゲティングのキーとなる情報としては、ユーザーのデモグラフィック（属性）よりはサイコグラフィック（価値観）、過去に取得した静的な情報よりは今現在の動的な情報といったように、インターネット広告のターゲティングは、企業とユーザーを適切に結びつけるマーケティングの理想形を求めて進化してきているといえる。

## 2. インターネット広告の手法

### (1) 基本的な広告手法

　ここでは、インターネット広告の中でも基本的なものについて簡単に触れていきたい。インターネット広告の商品体系は掲載方法、課金のしくみ、広告表現等により、以下の6つに大別される。

| | |
|---|---|
| **ウェブ広告**<br>ディスプレイ広告<br>テキスト広告 | **メール広告**<br>メールマガジン<br>ターゲティングメール |
| **リスティング広告**<br>検索連動型広告<br>ネットワーク型広告 | **スポンサーシップ広告**<br>スポンサード型広告<br>編集タイアップ広告 |
| **アフィリエイト広告** | **インターネットCM** |

図表9-2：基本的な広告手法

### 1）ウェブ広告

　文字で構成されるテキスト広告と、画像ファイルを用いたディスプレイ広告がある。

　テキスト広告は、バナー広告と比較してインプレッション単価やクリック単価が安い傾向にある。ECサイトやスポンサーシップ広告への誘導メニューとして使われることが多い。ディスプレイ広告には、縦横のサイズを固定のピクセル数で規定する「バナー広告」と、ユーザーのアクション等に応じて広告サイズや画像が変化する「リッチメディア広告」がある。ディスプレイ広告は、Flash等を活用した豊かな表現が可能なため、ユーザへの認知や商品理解を深めることを目的としたキャンペーンに多く活用される。

### 2）メール広告

　ユーザーが受信する電子メールの中に表示される広告であり、定期的に発行されるメールマガジンに挿入される「メールマガジン広告」と、広告メールの受信を事前に了承したユーザーを性別・年齢・興味・関心分野等に応じて絞り込んで配信する「ターゲティングメール（オプトインメール）」がある。

　ユーザーがメールの配信を許諾する段階で、ユーザー自身の属性（性別・年収・地域等）を入力することで、広告主はそのデータをもとに広告配信先

のターゲットを指定することができる。ユーザー属性に基づいて広告を配信すれば、キャンペーンの目的や商品・サービスの特性に沿ったターゲティングが可能となり、高いメール開封率とその後の購入等の成果を期待することが可能となる。

**3) スポンサーシップ広告**

スポンサーシップ広告は、媒体サイトの中に広告専用のウェブページを設置する広告手法である。媒体サイトの中の特定ページや企画ページに対して複数の広告主が料金を支払い、提供を行う「スポンサード型広告」や、特定の広告主向けに特集記事を制作する「編集タイアップ広告」がある。

例えば、商品やサービスの特徴を記事的に紹介したり、サービス利用者の体験談等をまとめて利用シーンのイメージを想起させたり、選択問題形式で項目を選択させて自分に合った商品を診断・推薦するようなパターン等、さまざまな表現が可能な広告手法である。

**4) リスティング広告**

リスティング広告には、ユーザーがポータルサイト等の検索ボックスに入力したキーワードに関連した広告を配信する検索連動型広告と、ニュースサイトやブログ等に掲載されているコンテンツに広告を配信するネットワーク型広告の2種類がある。パフォーマンス（成果等）やクリックに対して広告費を支払うという意味から、「P4P（Pay for Performance）広告」や「PPC（Pay per Click）広告」という別名もある。

特に検索連動型広告は、ユーザーが商品やサービスに関して、既に興味・関心を持っており、検索をして情報を得ようとしている状態で広告が表示されるため、その後の広告のクリックや購入等の成果に結びつく確率が高く、費用対効果に優れている。

検索連動型広告の特徴は、入札金額（クリック毎に課金される広告料金）の大小に応じて、検索結果における広告の掲載位置が変動することである。入札金額はキーワード単位で指定することが可能であり、人気の高いキーワードほど入札金額が高くなる傾向にある。また、リスティング広告におけるクリック課金制は、入札金額に応じてCPCが変動する点が大きな特徴である。

ネットワーク型広告の特徴は、コンテンツの内容にマッチした広告やサイ

トを指定した広告等、広告主のニーズに応じた広告配信が可能な点である。

　このような入札による掲載位置決定とクリック課金の仕組みによって、他のネット広告メニューにはない入札管理や予算管理等のオペレーションが発生することとなる。そのため、リスティング広告のきめ細やかなオペレーションに対応するため専門チームを設置し、その運用管理を専門で行っている広告会社や、広告会社から運用委託を受けるSEMレップもある。

### 5）アフィリエイト広告

　アフィリエイト広告とは、ウェブサイト等に広告主サイトへのリンクを張り、ユーザーがそのウェブサイト経由で広告主の商品の購入や会員登録、資料請求等をした場合、経由したウェブサイトへ広告主から報酬が支払われるしくみを利用した広告のことである。

　広告の表示回数とは関係なく、実際に発生した成果に対して広告料金が発生するため、インターネット広告への費用対効果が明確であり、ダイレクトマーケティングを行っている企業に積極的に利用されている。

　アフィリエイト広告では、ASP（アフィリエイトサービスプロバイダ）と分類される企業が広告主と媒体サイト（主に個人ユーザーによって運営される個々のウェブサイト）の仲介をおこなっている。広告主はASPへ申し込みを行い、掲載したい広告を登録する。その際、成果に対する広告料金は広告主側で決定する。ただし実際に広告を掲載するかどうかの判断は、ASPに登録している個々のウェブサイトがそれぞれ行うため、メリットのある報酬金額でなければ掲載してもらえない。

　そのため個々のウェブサイトにとってもメリットがあるような報酬金額を設定し、自社の利益も得られるような広告料金を設定することが必要となる。

　広告料金は、一度の会員登録で数十円のものから、申し込みや商品の購入で1万円以上に及ぶものまでさまざまであり、高額商品や継続した利益が見込めるものほど広告料金が高い傾向にある。いずれも広告の費用対効果が明確にできることから、ダイレクトマーケティングを行っている企業だけでなく、各種の企業にも利用が広がっており、市場の成長が見込まれる領域となっている。

### 6）インターネットCM

インターネットCMとは、インターネット上で映像や音声を使用した動画による広告のことである。他にも「リッチメディア広告」「動画広告」「ストリーミング広告」等の名称が使われているが、2006年にインターネット広告推進協議会（JIAA）によって、「インターネットCM」の定義は以下の通りとされた。

①インターネット、携帯電話を含む通信回線上のサービス（広告主が管理するWebサイトを除く）の広告スペースにおいて、広告主の広告やマーケティング活動を目的として掲載されるもの

②広告表現として映像および音声を使用し、テレビCMのように時間軸で展開される広告

インターネット動画は、2001年以降、ブロードバンド回線の普及による通信速度の高速化によって、家庭のPCでも動画を楽しめる環境が整ったことに始まる。その後、YouTubeをはじめとする動画共有サービスが相次いで開始されたことで、一般ユーザーが制作者として投稿するようになった。また、近年ではFacebook等他のソーシャルメディアとの融合も進み、面白い動画であれば大量にクチコミされる状況となっている。

また実務上では、ウェブ広告やメール広告等、配信量や掲載場所に応じて広告料金が決まる広告商品＝「純広」と、クリック数の実績や成果に応じて料金が決まるリスティング広告やアフィリエイト広告商品を区別することがある。販売や運用方法において、ネット広告独自の特質を持つためである。

## (2) ターゲティング手法

ここでは、インターネット広告ならではのターゲティング手法を中心に触れていきたい。

### 1) ターゲティングに利用される情報

インターネット広告では、各種データの収集と分析により高度なターゲティング広告が実現できるようになった。他のメディアに比べてターゲティングが容易と言われている。ここではターゲティングに利用される情報を整理してみたい。

①ユーザー利用環境情報

```
┌─────────────────────────┐   ┌─────────────────────────┐
│ ①ユーザー利用環境情報    │   │ ②ユーザー属性情報        │
│    ユーザーエージェント   │   │    年齢                  │
│    IPアドレス            │   │    性別                  │
│                         │   │    居住地域              │
└─────────────────────────┘   └─────────────────────────┘

┌─────────────────────────┐   ┌─────────────────────────┐
│ ③コンテンツや検索キーワード │   │ ④ユーザー行動情報        │
│                         │   │                         │
│                         │   │                         │
│                         │   │                         │
└─────────────────────────┘   └─────────────────────────┘
```

図表9-3：ターゲティング情報

　ユーザーとウェブサーバとのデータのやり取りをスムーズにするため、ユーザーPCのOS（基本ソフト）やブラウザの種類・バージョン等がブラウザから送信されている（ユーザエージェントと呼ばれる）。またウェブサーバ側でユーザー毎に通信速度やIPアドレスを把握し、ブロードバンド回線か否か、どの地域から接続しているか、を推測することもできる。加えてモバイルの場合は、通信キャリアや携帯電話の機種等も判別可能である。

②ユーザー属性情報
　利用に際し、年齢・性別・居住地域等を登録させるウェブサイトやメール媒体においては、これらのユーザー属性情報をターゲティングに利用することができる。

③コンテンツや検索キーワード
　スポーツや音楽等、ユーザーが閲覧しているコンテンツに対して、テキストマイニング技術により記事やユーザーの書き込み内容を解析し、その記事のカテゴリや含まれるキーワードでターゲティングすることができる。また検索キーワードを使ってターゲティングすることも可能である。

④ユーザー行動情報
　検索キーワードや閲覧コンテンツの履歴をデータベース化し、ユーザーの興味・関心を推測することも可能である。また、広告接触回数やクリッ

ク、広告主サイトでの資料請求等のユーザーアクションを把握することもできる。

### 2) コンテンツターゲティング

ユーザーがコンテンツを視聴しているということは、そのコンテンツに何らかの興味を持っているということであり、そのコンテンツに関連した広告を同時に表示することは高い広告効果が期待できる。こうした手法はインターネットに限らず多くのメディアで用いられた手法である。

インターネットでは、クローリング技術とテキストマイニング技術を駆使して、大量のウェブコンテンツを自動的に分類・分析し、コンテンツにマッチする広告配信が行われている。具体的には記事ページ等に含まれるテキストを分析し、その記事のカテゴライズを行ったり、含まれるキーワードを抽出したりして、マッチした広告を表示するというものである。特にブログやSNSといったソーシャルメディアの利用拡大以降、ユーザーの手によって生み出されるコンテンツ量は急速に拡大しており、こうしたコンテンツを対象としてコンテンツターゲティングは活用されている。

### 3) 行動ターゲティング

インターネット広告を利用する広告主においては商品やサービスを利用する想定ユーザーに絞り込んだ広告掲載のニーズが高い。しかし大量のページビューがあっても、ユーザー属性を保有していないために安い広告単価しか設定できない媒体や、逆に専門領域に特化しているものの、ユーザー数が少なく、十分な収益をあげることが難しい媒体も多い。

このような媒体社のニーズに応えるべく登場したのが行動ターゲティング広告である。この技術はクッキーを利用し、例えば高級車の専門サイト（プロバイダ）をよく訪問するユーザーが、新聞社サイト（ディストリビュータ）を閲覧しているときに、高級車の広告を配信する、というものである。プロバイダにとっては自社の広告在庫を使わずとも収益に繋げることができ、ディストリビュータにとっては趣味嗜好の明確なユーザーに広告を露出することで、より高い広告単価を設定することができる。

このためヤフーのようにユーザー数が多く、さまざまなコンテンツを持つ媒体社だけでなく、多数のサイトを束ねたアドネットワークで、この技術が利用されている。

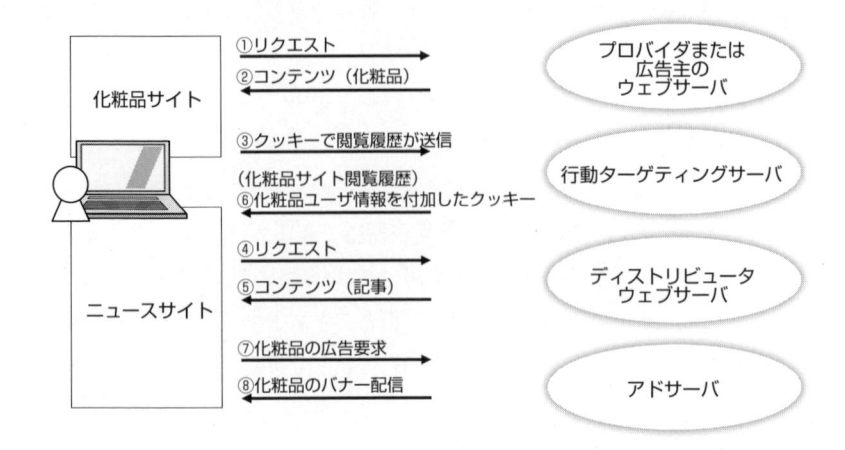

図表9-4：行動ターゲティングの仕組み

　また、広告主サイトのユーザー行動を活用することもできる。例えば化粧品のECサイトで購入履歴のあるユーザーがアドネットワークに参加しているサイトを訪れた際に、特別価格を表示した化粧品の広告を配信することも可能である（リターゲティング広告という）。

　最近、行動ターゲティングはオーディエンスターゲティングと言われ、広告販売とは切り離したデータエクスチェンジと呼ばれるプラットフォームに発展している。しかし、ユーザー行動データの利用には、政府機関や消費者団体も注視しており、慎重な展開が必要である。

### 4）IPターゲティング

　インターネットに接続されたサーバ、PCにはIPアドレスと呼ばれる「ネット上の住所」が付与される。IPアドレスはICANNという非営利法人によって国別に管理され、さらに各国ではインターネットレジストリが、インターネット接続サービス企業（ISP）にIPアドレスを割り振っている。企業や個人がインターネットに接続する際には、各ISPと契約し、利用できるIPアドレスが決まることになる。

　このIPアドレスからユーザーの接続している地域を推測し、ターゲティングすることを「IPターゲティング」という。例えば北海道からアクセスしているユーザーにはスタッドレスタイヤの広告を配信したり、米国のユーザーには英語のコンテンツを表示したりすることが可能となる。

また最近の携帯電話やスマートフォンにはGPSが搭載されている。GPSを使うと、IPアドレスよりも正確な位置情報を取得できることから、ユーザーが今いる場所に近い店や施設等を検索できる。加えて、最近ではこのようなモバイル機器の位置情報とソーシャルメディアを結びつけることで、LBS（Location Based Service）と呼ばれる新たなサービスも登場した。位置情報ゲームと地域イベントの連携や、米国ではFacebookのチェックイン機能とクーポン連動による実店舗への集客等、高い広告効果を示す事例も出ており、今後の展開が期待されている。

## (3) ソーシャルメディアの活用

ここでは、昨今急速に拡大するソーシャルメディアの状況やソーシャルメディアを利用する広告手法について触れていきたい。

### 1) ソーシャルメディアの普及

ブログやSNSなどユーザーがコンテンツを生成するメディアであるCGMは、ユーザー間のつながりをより意識したサービスや仕組みへと発展していく中で、ソーシャルメディアと呼ばれるようになっている。日本におけるソーシャルメディアの利用者は増加傾向にあり、2004年12月から2009年12月にかけて、ブログは約3倍の3211万人、SNSは約10倍の1398万人へと成長した（ニールセン「日本のオンラインメディアの現状」より）。中でも

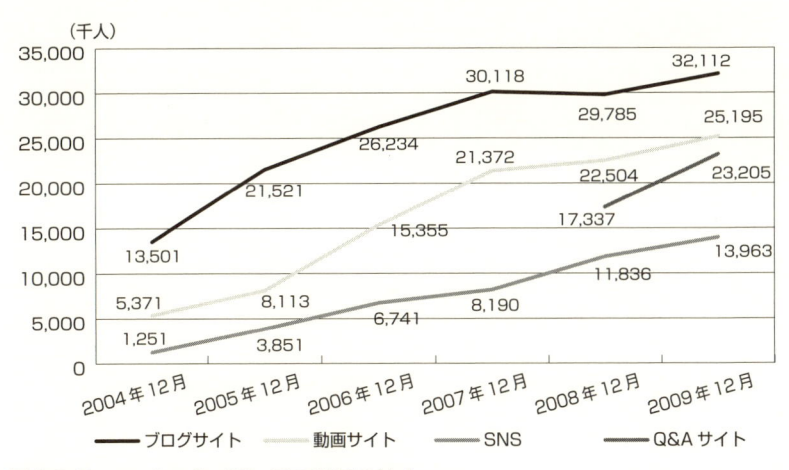

図表9-5：ソーシャルメディアの利用の拡大

mixi、GREE、モバゲーが2010年に2000万人を超えるサービスへと成長し、3大SNSと呼ばれるに至っている。

　世界的には、Facebookのユーザー数が2010年7月に5億人を突破した。仮に国家に見立てた場合、中国、インドに続く規模であり、インターネット上における巨大な「バーチャル国家」とも考えられる。

　ソーシャルメディアにおけるユーザー間のつながりを意識した仕組みはマーケティングにおいても大きな影響を与えている。見知らぬ他人が勧めている商品よりも、身近な友人お勧めの商品の方が、情報としての信頼性が高く、購買行動を促しやすい。そのためソーシャルメディアを活用し、ユーザーと積極的にコミュニケーションを図る企業は増加している。またツイッターのように、よりリアルタイムに情報が伝達されるミニブログのサービスの利用も大きく増加している。リアルタイムに情報が伝達される仕組みを用いて、タイムセールを行ったり、短期間のみ有効なクーポンを提供したりする企業も登場している。

## 2）プロモーションにおけるソーシャルメディアの活用

　ソーシャルメディアにおける企業のプロモーションにおいては、いかに多くのユーザーへ情報を拡散できるかということが焦点となる。そのため重要なのは情報を取得・フィルタリングする役割を果たすユーザー（スーパーファンまたはモデレータ等という）である。こうしたユーザーの存在によっ

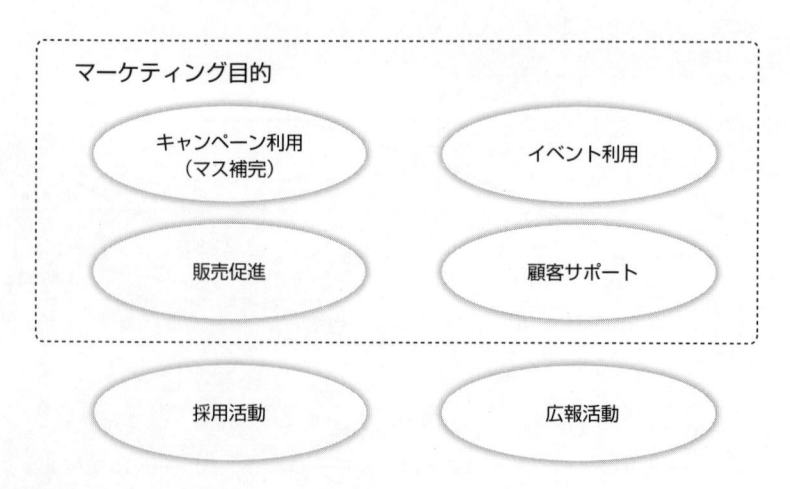

図表9-6：ソーシャルメディアの活用目的

マーケティング目的
- キャンペーン利用（マス補完）
- イベント利用
- 販売促進
- 顧客サポート
- 採用活動
- 広報活動

**情報拡散型**

| 手法 | 特徴 |
| --- | --- |
| 投稿型<br>プロモーション | 「話題」として広告メッセージを提供し、ユーザのクチコミが付与された形で、「話題」を拡散する。プレゼントに応募できたり、イベント参加などのインセンティブをモチベーションに参加を募る。 |
| コンテンツ体験型<br>プロモーション | 広告メッセージが付与されたアプリやゲームを体験させたり、アイテムを提供したり、コンテンツ体験を通じて広告メッセージを拡散する。伝播する仕掛けなどコンテンツにソーシャル性をもたせる工夫が必要。 |

**ファン醸成型**

| 名称 | 特徴 |
| --- | --- |
| 対話型<br>プロモーション | 企業情報を発信し、ユーザの声を聞くために、企業自体がモデレータとなってユーザと直接つながる。ブランドや商品を認知しているファンとつながることによって、長期的な信頼関係を築くことができる。 |

図表9-7：ソーシャルメディアでのプロモーション

て、大量の情報は選別され感情とともに拡散される。

　実際にプロモーションを行う際には、モデレータを軸に情報を拡散させていく「情報拡散型」と、企業自身がモデレータとなってユーザーとつながる「ファン醸成型」が考えられる。

①情報拡散型

　新商品告知など短期間で情報を広めるプロモーションにおいて、ソーシャルグラフ[*1]を拡声器として活用する。

・投稿型プロモーション

　モデレータの投稿を通じて企業のメッセージを伝達する。投稿募集の企画ページを用意し、ユーザーのつぶやきやブログの投稿を通じて、広告メッセージを拡散するプロモーション。

・コンテンツ体験型プロモーション

　モデレータがアプリやゲームを体験することで、企業のメッセージを伝達する。広告メッセージや付与されたアプリやゲームを体験させたり、既存のソーシャルゲーム内で新たにアイテムを付与したり、コンテンツ体験を通じて、広告メッセージを拡散するプロモーション。

②ファン醸成型

ブランドロイヤルティを長期的に向上させるプロモーションにおいて、ファンとの関係性向上のためにソーシャルグラフを活用する。
・対話型プロモーション
ファンとの対話を通じて企業のメッセージを伝達する。企業の情報を発信し、ユーザーの声を聞くために、企業自体がモデレータとなってユーザーと直接つながるプロモーション。

いずれにおいてもモデレータがユーザーとの関係構築において重要な役割を果たすこととなり、いかにユーザーと良い関係を築き情報を拡散できるかがポイントとなる。

## (4) モバイルにおける広告手法

ここでは、携帯電話やスマートフォンといったモバイルにおける広告手法について触れていきたい。

### 1) 携帯電話

携帯電話での広告は、リスティング広告やスポンサーシップ広告等もPC同様メニュー化されており、広告商品体系に大きな違いはない。また課金モデルや入稿等のオペレーションフローにおいても、モバイル広告だからといってPCとの大きな差異はない。ただ、PCでバナー広告と呼ばれているものは、モバイルでは「ピクチャー広告」と呼ばれており、広告名称に多少の違いがある。

モバイル広告のプランニングや広告出稿の際には、以下の特徴を理解しておくとよい。

・PCに比べ10代、20代等の若年者層ユーザーの利用率が高い。
・携帯電話は日常的に身につけている機器であり、何か調べたいときなど、すぐに検索できる。そのため、検索サービスの検索件数は増加しており、モバイルのリスティング広告が注目を浴びている。またモバイルの検索件数は土日に増加する傾向があり、逆にPCでの検索件数は土日には減少する。
・サイトが表示される画面が小さいこともあり、広告の画面占有率が高い。掲載されるページにおける広告枠の占有率は、ブランディング効果やレ

スポンス効果に影響があると言われ、モバイルはPCと比較してCTR（クリック率）が高いことが多い。

また、モバイルのメールは、ユーザーがメールを1件1件確認する傾向にあることと、着信を音声やバイブ等で知らせる機能があることから、PCメールに比べて開封率やリアクション率が高い傾向にあり、モバイルのメール広告は人気の高い広告メニューとなっている。

**2) スマートフォン**

iPhoneやAndroid端末に代表されるスマートフォンは、2007年の登場を皮切りに急速に普及し、広告メディアとしても大きく期待されている領域である。

スマートフォンで広告を展開するメディアのパターンは、以下の3つである。

① フルブラウザ上でのPCサイト。PCで閲覧するウェブサイトがそのままの形で表示され、広告もPCでの閲覧時と同様の広告が表示される。
② スマートフォン専用サイト。スマートフォンでの閲覧用に作成されたウェブサイトである。広告もスマートフォンのユーザーに向けたものとなる。
③ スマートフォンアプリ。スマートフォンにダウンロードして実行するアプリケーションである。ゲームのようなものだけでなく、媒体社や広告主が自社のオリジナルコンテンツを提供するなど、その内容は多岐にわたる。ニーズに合わせた開発が可能であり、店舗誘導を目的としたもの、商品カタログとなっているもの、クーポンなどインセンティブを提供するものなど、さまざまな広告展開が注目されている。

iAd（アップル）、AdMob（グーグル）のように、スマートフォン専用サイトやスマートフォンアプリを対象としたアドネットワークも登場している。こうした広告は、動画のようなリッチコンテンツやインタラクティブな仕組みを用いて、より豊かな表現も可能だ。

広告フォーマットにおいては、iPhoneではFlashが活用できず、HTML5という形式を用いる必要があるし、Androidにおいても複数のバージョンが存在しており、広告展開の際には表示可能な表現に注意が必要となっている。

## 3. インターネット広告における広告効果

### (1) 期待される効果

　インターネット広告の効果は他のメディアと比較してより正確に広告効果を把握することができると言われる。ここではインターネット広告によって得られる効果とその測定手法について触れていきたい。
　インターネット広告によって得られる効果は、次の3種類に整理できる。

**1）インプレッション効果**
　広告を露出することによって、ユーザーに、企業や商品の認知度、理解度、好意度の向上等を促す効果のことである。ネット広告に限らず、あらゆる広告において期待される効果である。

**2）トラフィック効果**
　インターネットの大きな特徴でもある、クリックによってリンク先の企業サイトへとユーザーを誘導する効果である。ネット広告において重要視される効果でもある。
　インターネット広告の掲載後に媒体社から提出されるレポートには、必ず

インプレッション効果
企業や商品の認知の向上や、理解や好感度の向上

トラフィック効果
企業のウェブサイトへユーザを誘導

レスポンス効果
商品の購入や資料請求・申し込み

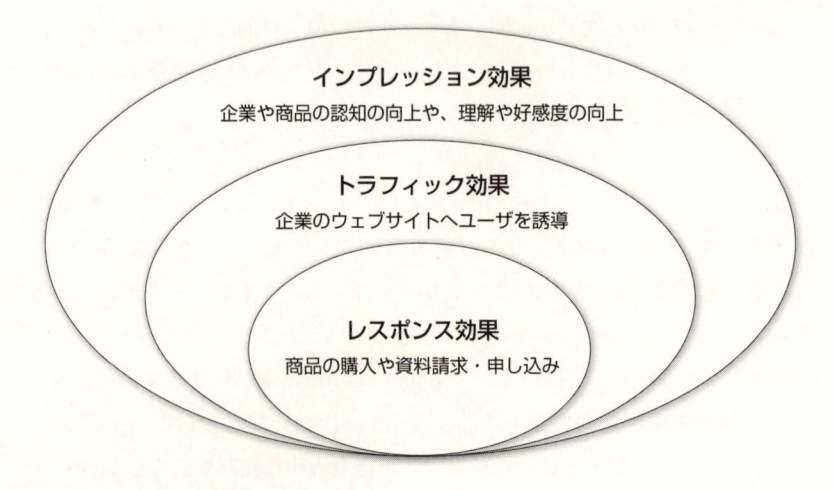

図表9-8：ネット広告の効果の概念図

といってよいほど広告のクリック数も報告される。また、ネット広告の表示回数に対して何回クリックされたかを示す指標であるCTR（クリック率）、1クリックあたりの広告コストであるCPC（クリック単価）についても、クリック数と同様重要な指標となっている。

トラフィック効果を分析するにあたっては、クリックというアクションが中心の要素ではあるが、一方で、広告に接触してからクリックするまでに至ったユーザーの意識の変化等、インプレッション効果についてもバランスよく把握・分析することが必要である。

また、ネット広告に接触させて、その場でのクリックによってユーザーを集客することだけがトラフィック効果ではない。ネット広告に接触した時にはクリックしなかったものの、接触に影響を受けてしばらく経ってから対象のウェブサイトを訪問する「ポストインプレッション」という効果、クリックしてウェブサイトを訪問した後のユーザーの行動を把握する「ポストクリック」という効果、これら2つの視点でトラフィック効果を分析していくことも重要となっている。

これらの効果の測定は、クリック数で把握することが難しいため、広告効果測定ツールの導入が必要となる。

**3）レスポンス効果**

インターネット広告によって、実際に商品の購入や資料請求・申し込みといった具体的な反応が得られる効果である。インターネット広告では、広告に接触した後のユーザーの行動情報を収集し分析することが可能であるため、どのような広告がどのような成果に結びついたのか具体的に把握することができる。そのため、投下した広告予算に対して、何件の資料請求があったか、どのくらい商品を販売できていくら収益を上げられたか、といった具体的な数値指標で広告効果を測り、評価する広告主も多い。

効果を測る際に利用される指標としては、コンバージョン数（資料請求・申し込み・購入等の件数）やウェブサイトを訪問したユーザー数に対して何人のユーザーがコンバージョンに至ったのかを示すCVR（コンバージョン率）、1件の成果を獲得するために要した費用の単価を示すCPA（顧客獲得単価）等がある。広告に対するレスポンスを直接的に得られることは、ネット広告の最も大きな特徴となっている。レスポンスが直接把握できることは

| | 指標 | 測定方法 |
|---|---|---|
| インプレッション効果 | 広告認知率　広告好意度<br>広告理解度　ブランド認知率<br>ブランド好意度<br>ブランド購入意向<br>……等 | ユーザーアンケートによる定量調査<br>1. 広告の出稿前と出稿後で調査比較<br>2. 広告に接触した人と接触していない人で調査比較 |
| トラフィック効果 | クリック数<br>CTR（クリック率） | アドサーバによるクリック数の計測<br>専用の効果測定ツールによるクリック数の計測 |
| レスポンス効果 | コンバージョン数<br>（資料請求・申し込み・購買）<br>CVR（コンバージョン率） | 専用の効果測定ツールによる計測 |

図表9-9：インターネット広告効果を測定

| | 特徴 |
|---|---|
| タグ（ウェブビーコン）方式 | 長所：ブラウザのキャッシュについてもカウントが可能<br>短所：ウェブページへの埋め込み作業が必要 |
| ログ方式 | 長所：過去のデータを遡って分析することが可能<br>短所：アクセスログが膨大な場合は集計・分析に時間がかかる |
| パケットキャプチャー方式 | 長所：アクセスログにも残らないデータの取得や携帯サイトにおけるユニークユーザーを分析することが可能<br>短所：専用のハードウェアが必要　SSLページに対応するためには暗号化に対処する必要がある |

図表9-10：効果測定を行うツールの方式

ネット広告が今日まで成長を遂げてきた大きな要因の1つである。

　このようにインターネット広告では、広告によって企業や商品・サービスの認知・理解の浸透を図るだけではなく、企業のウェブサイトへと誘導し、実際に商品の購入や資料請求を促すといった、一連のマーケティング活動に対する効果を把握することが可能である。

最近では、アクションによって変化するインタラクティブなクリエイティブ制作も可能になったことで、ユーザーの広告への接触時間や広告へのアクションを把握したり、企業ブランドに対する興味や関心・関与度の向上を把握したりすることも重要視されている。プランニングの際には、その広告を通してどのような役割を期待されているのか正しく把握することが重要である。またPCやモバイルによって測定の方法が異なる場合もあるので、状況に応じて測定の仕方を変えていくことも必要となる。

## 4. 最新アドテクノロジーの動向

### (1) インターネット広告を支えるアドテクノロジー

　インターネット広告はPCや携帯電話といったデジタル機器上で展開されるため、他のマスメディアと比較して、多様なテクノロジーが活用されている。また、利用目的も多岐に渡り、出稿計画の策定（Plan）、広告制作や出稿の実施（Do）、出稿結果のレビュー（See）の全てのフェーズにおいてテクノロジーが適用されている。

　まずPlanフェーズにおいては、インターネットユーザーの視聴動向をまとめた「視聴率データ」があり、ある属性（性別、年齢、居住地域等）を持つユーザーが、いつ、どのサイトのURLにアクセスし、どれくらいの時間閲覧していたかを知ることができる。また、媒体社のサイト情報や広告商品情報および過去のレスポンス実績をデータベース化した「メディアプランニングシステム」を活用することで、予測される広告効果に基づいた出稿計画を立案することが可能となる。

　次のDoフェーズにおいては、リッチメディアと呼ばれる音や映像のみならず、ユーザーアクションに反応するクリエイティブ制作を行うFlash等のツールが利用される。また、最も重要なテクノロジーとして広告配信・管理を司る「アドサーバ」があり、さまざまなデータを活用した「ターゲティング」や広告露出の最適化を実現するとともに、ユーザーのクリック等のレスポンスデータの収集を行うことができる。さらには、リスティング広告の入

| フェーズ | テクノロジーの例 |
| --- | --- |
| Plan | ・視聴率データ<br>・メディアプランニングシステム<br>・出稿量調査データ等 |
| Do | ・リッチメディア制作ツール<br>・アドサーバ<br>・ターゲティングデータ<br>・リスティング管理ツール<br>・進行管理等運用システム等 |
| See | ・トラッキングツール<br>・サイト解析ツール等 |

図表9-11：インターネット広告を支えるテクノロジー

札や掲載作業を支援するツールや広告会社・媒体社の広告販売や進行管理を効率化するシステムもある。

最後のSeeフェーズにおいては、広告効果測定を行う「トラッキングツール」やユーザーのサイト内行動を分析する「サイト解析ツール」により、次の広告出稿や検索エンジン対策等のサイト改善に繋がる情報を収集することで、企業のウェブマーケティング戦略を効率的に推進していくことができる。

広告主企業においては、広告出稿が経営や販売に直接的に貢献しているかを厳しく求める状況となっている。このため、誕生したときからデジタル化されているインターネット広告が効果測定可能な、つまり投資対効果（ROI）を把握しやすいという特徴を持つことで、広告主ニーズが高まり、さらなるテクノロジーの進化をもたらす、といった流れとなっている。

広告スペースを提供する媒体社にとっても、自らの収益向上のためにはテクノロジー活用が重要な課題である。例えば、ユーザーの注目を集めるような事件が起きたら、ニュースサイトへのアクセスが一気に増える。

アクセス数が増大すると、インプレッション＝広告在庫が瞬時に生まれることになる。新聞や雑誌といった「紙媒体」であれば、広告在庫の量は発行部数で決まるが、インターネットにおいては刻々と変化する状況に応じてどのバナー広告を優先して配信すべきかを的確に判断する高性能なアドサーバを持つことで、より効率的にビジネスチャンスを活かすことが可能となる。

## （2）ネット広告取引のエコシステム

　インターネットの総利用時間や総ページビューは増加の一途をたどり、メディアや広告手法の多様化も進んでいる。そのため広告主・広告会社にとって掲載確認等の業務フロー及び広告枠の購入などのインターネット広告の実務は、ますます手間のかかる状況になっている。また、媒体社にとってもサイトのトップページなど分かりやすい掲載場所にある広告枠以外は単価も安く、人手をかけて販売するのは非効率な場合もある。

　低単価の広告在庫はアドネットワークを通じて取引を行うことで業務の効率化を図ってきた。ところが欧米を中心に数百に及ぶアドネットワークが乱立しており、広告主・広告会社にとっては、アドネットワークとの取引において、その時々に必要な広告在庫を適正な価格で確保するのは必ずしも容易ではなくなっている。

　このため、米国では広告主・広告会社（ディマンドサイド）が自らアドテクノロジーを駆使して、広告取引や広告配信を自動化するプラットフォーム（DSP）を採用する動きが出てきている。

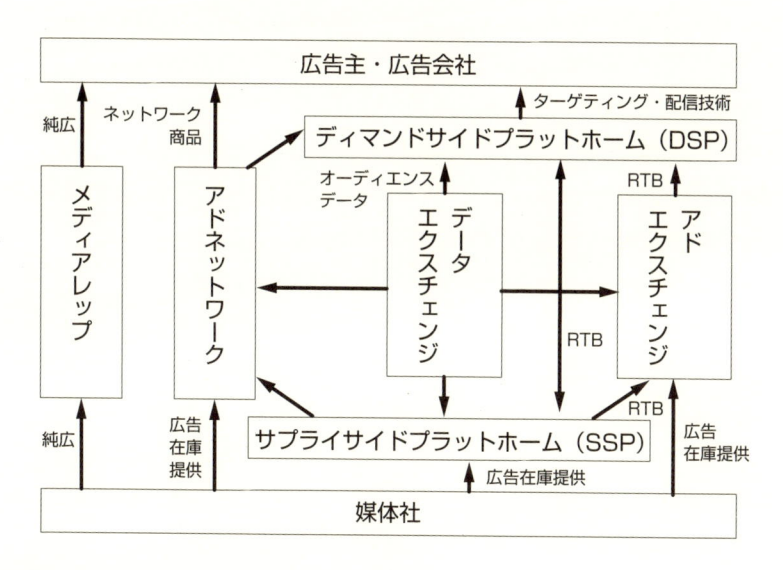

図表9-12：インターネット広告のエコシステム

一方、広告在庫を提供する媒体社（サプライサイド）では、1インプレッションごとに最も高い単価で購入するDSPやアドネットワークを自動的に選択するプラットフォーム（SSP）を利用して、業務の効率化と収益最大化を狙うようになってきた。

　また刻々と変化する広告在庫需給を取り持つアドエクスチェンジも出現している。加えてDSPとSSPがユーザーの行動履歴や属性情報を匿名の状態で共有することで、広告主・広告会社にとっては付加価値の高い広告をユーザーに届け、媒体社にとっては高単価で広告在庫を販売することを可能とするデータエクスチェンジも登場している。

　こうした背景を元に、日本においてもインターネット広告の市場の成長と多様化とともに、業界全体のエコシステムが進化しつつある。

**1）ディマンドサイドプラットフォーム（DSP）**

　リスティング広告は、検索という顕在化したユーザーの欲求を捉えるとともに、オンライン入札による透明性の高いシステムによって急速に普及した。そこでディスプレイ広告においても、より適切な広告を、より適切なユーザーに、より適切なタイミングで送り届けるとともに、期待される広告効果に見合う金額で効率的に出稿できるシステム（DSP）へのニーズが高まってきた。DSPは広告主・広告会社へ次のような機能・技術を提供する。

①自社サイトを訪問した経験のある顕在ユーザーや第三者が提供する潜在ユーザー（検索やサイト接触等の行動履歴および性別、居住地域等の属性）データを活用したオーディエンスターゲティングの提供。

②複数の媒体社やアドネットワークへの第三者配信機能や、ユーザーの反応が良い広告クリエイティブを自動的に選択しつつ、適切なフリークエンシーコントロールを可能とするオプティマイズ技術の提供。

③SSPやアドエクスチェンジとのリアルタイムビディング（RTB）機能の提供。RTBとは、広告が表示される度に、その広告枠に対して最高価格で応札した広告主の広告が呼び出されるリアルタイムのオークションシステムである。

④キャンペーンを設定・管理するユーザインターフェースと、広告効果分析のためのレポートやダッシュボード機能の提供。

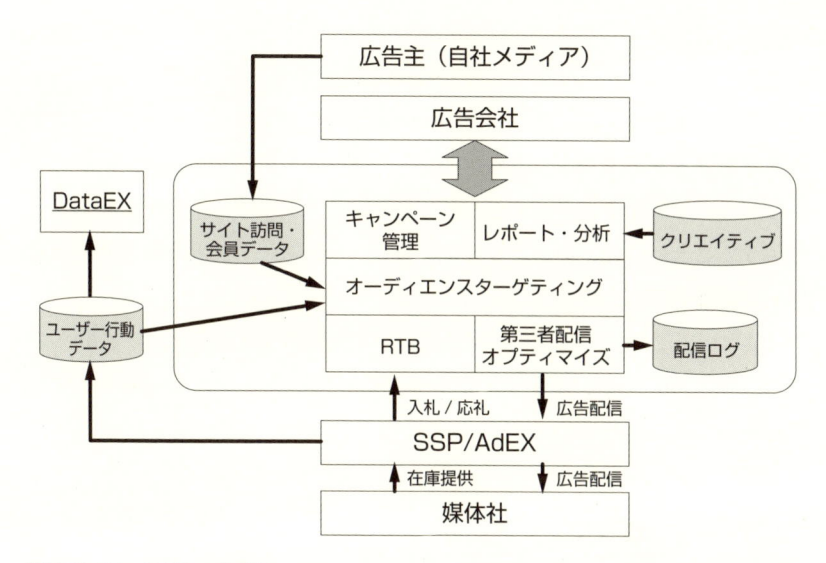

図表9-13：DSPの仕組み

### 2）サプライサイドプラットフォーム（SSP）

例えばスポーツニュースを提供する媒体社にとって、ワールドカップなどの世界的イベントが開催されている時期とそうでない時期では、ページビューもユニークユーザ数も大きく異なる。つまりタイミングによって、販売可能な広告在庫量や売れ行きも変動することになる。そのような環境下において、媒体社が安定的に広告収益を確保するためには、魅力的なコンテンツや広告商品を用意するとともに、できる限り多くの広告主やアドネットワーク等と取引を行い、そのニーズに応えていく必要がある。

このような複雑なオペレーションを自動化しつつ、媒体社の収益最大化を図る技術はイールドオプティマイザー（Yield Optimizer）と呼ばれる。具体的には、ユーザーがブラウザ経由でサイトを訪問した瞬間に、①広告会社やレップに販売した「純広」の単価、②ADNWごとの予測単価、③RTBによる入札単価を比較し、最高の単価と判断される広告を瞬時に選んで配信する、SSPの中核となる仕組みである。

### 3）アドエクスチェンジ（AdEX）

媒体社やアドネットワークにとって、広告の売れ行きが良いことは嬉しいことだが、自らが保有する広告在庫量を超える需要が発生すると、販売機会

の損失となる。逆に需要を上回る広告在庫を抱えてしまうリスクも存在する。特に有力なメディアレップがいない米国のネット広告業界においては、広告在庫の過剰や不足が発生した際は、媒体社やアドネットワークが相対で在庫を融通せざるを得ず、非効率であった。また、広告主・広告会社といったディマンドサイドにおいても、多数の媒体社やアドネットワークと個別に取引することは煩雑であるとともに、自らのニーズに合致した広告在庫を機動的に確保することが困難であった。

そこで広告在庫の取引を自動化するプラットフォームとして、AdEXが登場した。AdEXは、DSPやSSPの発展に伴い、次のような機能を提供している。

①DSPやSSPへのRTB機能の提供
②DataEXとの接続によるオーディエンスターゲティング機能の提供
③媒体社のブランドイメージを損なう広告やマルウェア等の有害な広告の掲載を排除する機能等の提供
④広告主のブランドイメージを損なう可能性のある掲載面への広告配信を防ぐ機能等の提供

また、AdEXは中立性を確保することが重要であり、特定の広告会社や媒体社に依存しない体制構築も不可欠である。

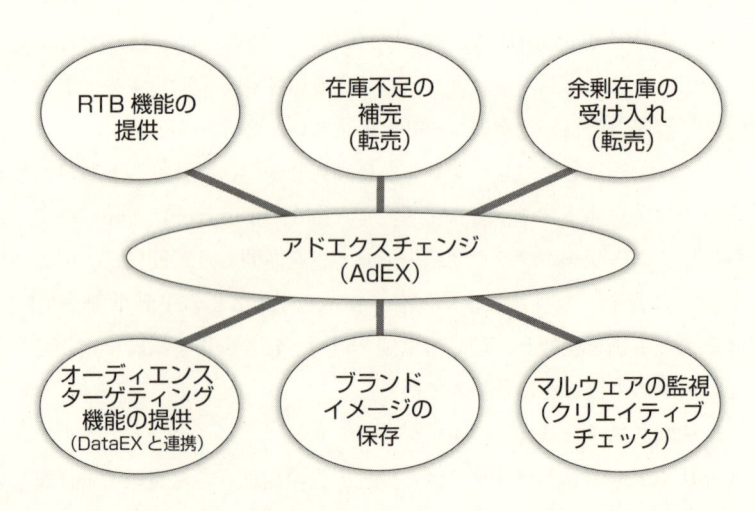

図表9-14：アドエクスチェンジの提供メリット

## (3) アドテクノロジーを効果的に利用していくために

　インターネット広告の世界では次々と新しい技術が開発されているが、広告に「ビジネス」として携わっている場合、テクノロジーの利用にあたっては慎重な分析と判断が必要である。優れた技術であったとしても、ユーザーへ広告が届かなければ意味がないし、技術を利用するために多大なコストが掛かってしまっては、費用対効果という面で適切とは言えない。

　例えばデバイスや技術の普及状況について、iPad等のタブレット端末と電子書籍は最近大きな話題となっているが、現時点での普及台数は数百万台程度で、ダウンロードが多いデジタルコンテンツはコミックが中心であることから、タブレット端末でさまざまな優れた表現が可能ではあるが、現時点では広告露出機会は少ないと判断できる。CPC課金によるコンテンツ連動型広告のマッチング精度を高めても必ずしも高いCTRが得られるとは限らず、ページあたりの解析コストとバランスさせる必要がある。またターゲティング精度が高いほど広告とコンテンツがマッチングする確率は低くなる、という矛盾も生じる。

　加えて、ユーザビリティやプライバシー等ユーザーへの配慮も欠かせない。企業が広告費用を負担することで、コンテンツを無料あるいは安く提供するのが広告モデルの基本であり、ユーザーが企業から製品やサービスを購入しなければビジネスは成立しない。従って高いトラフィック効果を期待される技術であっても、ユーザーに不快感や不安感を与えては本末転倒ともいえる。

　もちろん、新しいテクノロジーへの取り組みは重要である。最新の技術動向を常にウォッチし、これまでにない価値をユーザーや企業に提供すべく挑戦を続けていかないと、グローバル化とフラット化が急速に進むインターネットの世界で勝ち残っていくことは難しい。ただし、本来大事なのはテクノロジーそのものではなく、そこから生み出されるサービスが、ユーザーや広告主にとって価値があるか否かであることを忘れてはならない。

[注]
*1　ソーシャルメディアでは、ユーザー間の「繋がり」が形成され、構造化されたデータベース

となっている。「現実の人間関係」を含め、構造化されたソーシャルメディア内の人間関係を「ソーシャルグラフ」と呼ぶ。

# 10章　広告と広告ビジネスのゆくえ

## 1. 広告の変化をどう捉えるか

　これから広告を学ぶ人たちはもちろん、既に広告の実務に携わっている人たちにとっても、「広告」が従来の枠組みでは捉えられなくなってきていることを、この最終章で指摘したい。

　ひと言で「広告が変わってきている」といっても、広告はひとりでに変化するわけではなく、広告を取り巻くさまざまな要因の構造的変化の影響を受けて、変化を促されているわけである。

　広告は、メディアを介して広告主と生活者を結ぶコミュニケーションの役割を担っており、広告主、メディア、生活者の3者のトライアングルの中にある。そのため、広告は、広告主（企業の場合）の市場やマーケティングの変化、メディアの変化、そして生活者の変化を受け、広告、広く捉えれば、マーケティング・コミュニケーションそのものも変容せざるを得なくなってきている。

## 2．広告コミュニケーションの変化

### (1) マーケティングの変化

**1) マスからOne to oneマーケティングへ**

　既に市場が成熟化したことにより、1つの商品をできるだけ数多くの人たちに売る、マスマーケティングから、1人1人の顧客に対してリレーションシップを強化しながら継続的に購入機会を増やしていく、リレーションシップ型のOne to oneマーケティングへのパラダイムシフトがドン・ペパーズ＆マーサ・ロジャーズによって提唱された。これは、市場拡大が大きく望めない状況で、新規顧客を獲得する以上に、既存顧客の継続、育成を重視するもので、従来のマーケティング戦略の大転換である。コスト効率面でみると、新規顧客に向けられるコストは、既存顧客の維持と比べて一般に4～6倍かかるものといわれている。そして、一度掴んだ顧客が、他社のブランド

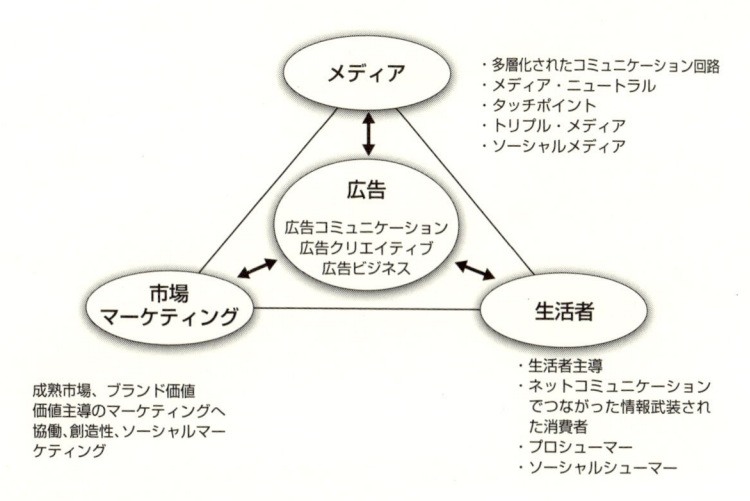

図表10-1：広告のトライアングル（市場・マーケティング、メディア、生活者）

にスイッチせず、生涯自社ブランドを購入し続ける、つまり、ブランド・ロイヤルティをもった顧客を増やすことが売上に大きく影響することになってくる。新規顧客獲得に多大な費用をかけるより、ブランド・ロイヤルティを高め、顧客維持率を高める方が売上、収益に貢献する考えである。

　マーケティングの顧客重視へのシフトに伴い、広告の役割は長期にわたって商品・サービスが継続的に購入されていくために必要な顧客との信頼関係、絆作りに寄与するものと位置付けられてきている。つまり、広告は、短期的な購買行動を促すセールスプロモーションではなく、企業の持つブランドに対する顧客の信頼感を高める、長期的に取り組むブランド構築のためのコミュニケーション活動と捉えられるようになってきた。

　このようなマーケティングの変化に対しては、従来のマスメディアの特性である、一方的に画一的情報を広範に伝播するコミュニケーションだけでは、既に限界が生じている。期待される広告コミュニケーション効果においても、広告の到達範囲度（リーチ）から消費者のこころにいかに突き刺さるかといったコミュニケーション深度が重要視されることになる。そのためには、個々の消費者とOne to oneのカスタマイズされた情報を提供できたり、インタラクティブなコミュニケーションが可能なインターネットが消費者とのリレーションシップを構築する上で不可欠となってきている（図表10-2

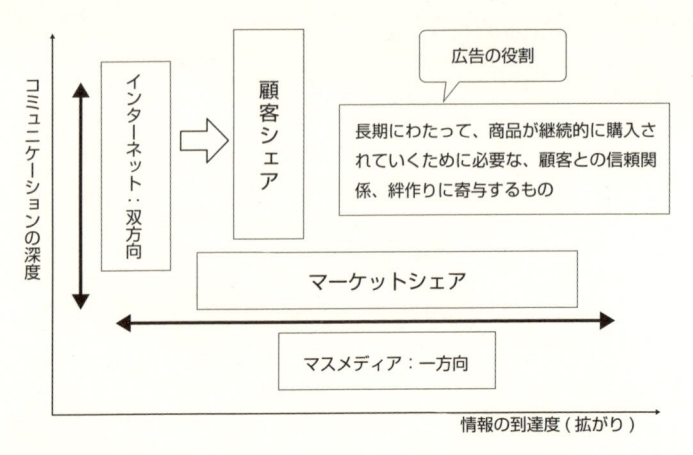

図表10-2：マーケティング・コミュニケーションのパラダイムシフト

参照）。

　いまや企業のもつWebサイトは、優良顧客となりうる顧客をいかに獲得、維持していくのかというマーケティング上の装置の役割を担っている。Web閲覧者という、自社製品に対して少なからず関心を持った層に対して、ブランド体験を促したり、リアル店への誘導、顧客の要望をBBS、コミュニティ・サイトなどで把握したり、カタログ請求、購入を促し、最終的に顧客となるよう、顧客後もインセンティブ・プログラム（マイレージなどのポイント制）を与えることによって優良顧客に仕立てることも可能となる。確かにインターネットは、マスメディアのように広範にいっせいに情報を伝達することに適したメディアではないが、ネット上でユーザーアクションがログで残る、つまり訪問履歴や行動履歴が把握できることから、One to oneマーケティングには、恰好なマーケティング装置といえる。

**2）マーケティング3.0（価値主導、ソーシャルメディアの時代）**

　コトラーの「marketing 3.0」では、マーケティングは、かつての製品中心のマーケティング（マーケティング1.0）、そして消費者中心のマーケティング（マーケティング2.0）から価値主導のマーケティング（マーケティング3.0）の段階に向かっていると指摘している。（図表10－3）

　マーケティング3.0では、地球環境や社会貢献、ボランティアなど社会的な課題に対する欲求が強くなった消費者に対して、企業がミッションやビ

|  | マーケティング1.0 | マーケティング2.0 | マーケティング3.0 |
| --- | --- | --- | --- |
|  | 製品中心のマーケティング | 消費者志向のマーケティング | 価値主導のマーケティング |
| 目的 | 製品を販売すること | 消費者を満足させ、つなぎとめること | 世界をよりよい場所にすること |
| 可能にした力 | 産業革命 | 情報技術 | ニューウェーブの技術 |
| 市場に対する企業の見方 | 物質的ニーズをもつマス購買者 | マインドとハートをもつ、より洗練された消費者 | マインドとハートと精神を持つ全人的存在 |
| 主なマーケティング・コンセプト | 製品開発 | 差別化 | 価値 |
| 企業のマーケティング・ガイドライン | 製品の説明 | 企業と製品のポジショニング | 企業のミッション、ビジョン、価値 |
| 価値提案 | 機能的価値 | 機能的・感情的価値 | 機能的・感情的・精神的価値 |
| 消費者との交流 | 1対多数の取引 | 1対1の関係 | 多数対多数の協働 |

図表10-3：マーケティング1.0、2.0、3.0の比較
出所：フィリップ・コトラー『コトラーのマーケティング3.0』（朝日新聞出版、2010年）19頁より

ジョンや価値の提案を通して応えていくことがマーケティング活動を行う上で重要になってきたということである。

　消費者は、製品やサービスを選択する際、マーケティング2.0のような、機能的、感情的な充足だけにとどまらず、より高次の精神の充足を求め始めている。もはや消費者は、マインドとハートと精神をもつ全人格的存在となってきた。

　つまり、マーケティング3.0では、企業は、社会的な課題に対するソリューションの提供が、消費者の欲求を満足させ、企業価値を高め、それがマーケティング活動にも好影響をもたらすといえよう。

　また、コトラーは、マーケティング3.0に向かうビジネス状況を方向付ける、重要な影響力を与えるものとして、「参加の時代」、「グローバル化のパラドックス（逆説）の時代」、「クリエイティブ社会の時代」の3つの側面を挙げている。そして、これらによって、消費者は協働志向、文化志向、精神性に変貌していき、マーケティング3.0は、協働、文化、スピリチュアル・マーケティングから成り立っていくことを説いている。

## (2) 生活者の変化（プロシューマー、協働型）

　生活者は、検索エンジンの利用によって、個々の企業サイトや比較サイト、コミュニティ・サイトなどに簡単にたどり着くことができ、さらにネット口コミによる情報交換により商品・サービスを検討する際の判断材料となる情報収集力は飛躍的に伸び、いまや情報選択の上でも生活者が主導権を握る時代になった。そうした中で、生活者に3つの変化がみられる。

### 1）プロシューマー（生産者であり、消費者）

　送り手（メディア）と受け手（生活者）の関係が従来の一方向から、インターネット、とりわけソーシャルメディアの台頭によって、受け手側からの発信やネットワーク化によってフラットな関係となった。生活者は、ニュース、娯楽などコンテンツ・情報の消費ばかりでなく、生産や発信が可能となったことから、コンテンツや情報の消費者であり生産者でもある「プロシューマー」（プロデューサーとコンシューマーの合成語）[*1]へと変貌してきている。

### 2）プロフェッショナル・シューマー（専門性をもつ消費者集団）

　また、ウィキペディアに代表される協働型ソーシャルメディアの影響によって、個人（アマチュア）と専門家（プロフェッショナル）の境界線も曖昧化し、ネットワーク化された個人の集合知がコンテンツを形成し、マスメディアの専門知を乗り越えるほどのパワーを持ち始めてきている。

　生活者の中から、ソーシャルメディアによって能動化され、情報武装された消費者のネットワーク化による「プロシューマー」（プロフェッショナルとコンシューマーの合成語）集団も出現している。

　企業側も、こうしたプロシューマーを自社ブランドの商品開発や広告コミュニケーションに参加させ、アイディアやソリューションを反映させた取り組み、つまり多数の人たちの参加を促す、協働マーケティングの時代に移行しているとみてよい。

### 3）ソーシャル・シューマー（社会性をもった消費者）

　前述した通り、マーケティング3.0では、企業が社会的な課題に対して自らのミッションやビジョンや価値を積極的にメッセージとして提供する、価値主導のマーケティングをすることが、消費者の欲求を満足させ、企業価値

を高め、マーケティング活動にも好影響をもたらすと述べた。

　地球環境や社会貢献など社会的な課題に対して敏感となった生活者、いわば社会性をもった生活者を「ソーシャル・シューマー」と呼びたい。これは、従来の生活者という概念だけでは生活者を捉えられなくなってきたからである。

## (3) メディア・コミュニケーションの変化

　メディア環境の変化については、既に4章（75頁）の中で、企業と生活者を結ぶコミュニケーション回路が、インターネット、モバイルメディアの台頭によって多層化された状況にあることを指摘した。ここでは、トリプルメディアという概念でメディア・コミュニケーションを捉えて、整理したい。

　トリプルメディアとは、2009年「Multimedia2.0」で発表された論文によるもので、従来の広告をPaid Media（購入する、有料メディア）、企業のHPのように自社メディアをOwned Media（所有するメディア）、企業が直接関与できない、Twitter、Facebookなどのソーシャルメディアによる口コミやパブリシティによるメディアをEarned Media（信頼や評判を得るメディア）と呼んでいる。

①Paid Media（買うメディア）
　リアル）マスメディア広告、交通広告、屋外広告、スポンサーシップ
　オンライン）　バナー広告、検索連動型広告など
②Owned Media（所有するメディア）
　リアル）広報誌、説明書、店舗、社員
　オンライン）　ウェブサイト、ブログ、モバイルサイト、メールマガジン、Twitterなど
③Earned Media（信頼や評判を得るメディア）
　リアル）マスコミ報道（パブリシティ）、ユーザーの口コミ
　オンライン）　ニュースサイトへの記事、掲示板への投稿、生活者のブログ、専門家の評価など

　トリプルメディアは、マーケティング・コミュニケーションの広告（Paid

Media)、PR（Earned Media、Owned Media）、SP、人的販売（Owned Media）ばかりではなく、MC以外、商品パーケージ、店舗の雰囲気、従業員の応対、アフターサービスなども含まれている。

つまり、ブランドと生活者の接点全てがブランドを形成するためのコミュニケーションであるという、ブランド・コミュニケーションをもとに、3つのメディア群に分けてまとめたのがトリプルメディアである。

広告は、ブランド・コミュニケーションの中のPaid Mediaで、生活者との絆づくりに欠かせないものであるが、広告だけでブランドが形成されるものでない。また、インターネット、モバイルによるネットコミュニケーションは、広告、PR、SPなどの領域をシームレスにつなげることによって、それぞれが融合されてきている。

つまり、ブランド・コミュニケーションでは、広告の役割は他の領域PR、ネット口コミなどをいかに誘発させるのかといった、統合型ブランド・コミュニケーションを前提とした、コミュニケーション設計がますます重要となってくる。

## 3．広告クリエイティブの変化

### （1）広告フォーマットの変化

テレビ、ラジオ、新聞、雑誌など従来型のメディアは、長年の広告取引によって、広告を入れるスペースやタイムが定型化されている。テレビの場合は、15秒、30秒の長さが大半であるため、それ以上の長尺CMは入れづらい状況にあり、高額な媒体コストもかかる。だが、ブロードバンド・インフラが整い、リッチコンテンツによる動画配信が可能となったため、時間や配信コストの制約に捉われずに、ショート・フィルム（ブランデッド・エンタテインメント）やバイラル・ビデオをネット上で流す企業も増えてきている。

バイラル・ビデオの例としては、2006年サイバー部門でグランプリを受賞したマークエコー（米国のアパレル・ブランド）の作品があげられる。暗

がりの中、何者かが米大統領専用機エアフォースワンに接近して、スプレーで機体に「STILL FREE（今もなお自由のまま）」と落書きする様を手持ちカメラで撮った映像であった。それがあまりにもリアルなため、CNNなどのメディアでニュースとして取り上げられ、国防省がコメントを出す事態にまで発展した。これは、もちろんうまく合成されたウソの映像で、同社の企業スローガン「STILL FREE」の精神をどのように表現すれば効果的か、その表現として聖域の象徴である、エアフォースワンへの落書き映像に至った、媒体費ゼロで大反響となったゲリラ・キャンペーンの成功例ともいえよう。

　また、従来の広告フォーマットに縛られない試みとしては、コンテンツと広告の融合、つまりコンテンツへの広告の介在が起こってきている。

　4章3.1）コンテンツへの関与でも触れたように、プロダクト・プレイスメントにみられる番組コンテンツへの関与、番組と広告枠を連動させたシームレスCMなど、従来の広告枠を超えて、広告は、自由度を増し、拡張してきている。

## （2）広告メディアの変化

　広告は、メッセージとメディアが相まって成立するものである。そして広告メディアは、従来のマスメディアに対して、インターネットによって、新しい広告形態が生まれ、アウトドアメディアでは、規制緩和やメディアクリエイティブなどによって、新しい広告メディアが数多く誕生してきている。

　ラッピングバスやアドトレインなどのラッピング広告、シリンダー広告、エスカレーターの手摺り広告、駅構内コラボショップなどは既に定着してきており、生活者との接点、タッチポイントとしてのメディアとなっている。

　ナイキの空中サッカーに代表されるビルの壁面を利用したライブパフォーマンス、欧州の家具専門店IKEAが第1号店オープン時に大型マンションのベランダをジャックして、布団にIKEAの文字を表示したプロモーションなど、アイディア次第で公園のゴミ箱（ナイキ）、砂浜のビニールシート広告、玄関ドアのスコープ（覗き窓）に取り付けられた宅配ピザの広告など、いろいろなものが広告メディアとして利用されている。

　ケンタッキーフライドチキンがGoogle Earthを検索する人たちが発見し、

話題がネット上で拡散されることを狙って、ネバダ州米軍基地エリア51近くに設置した地上巨大広告から細長く曲がるストローを利用して、それを広告スペースにしたヨガ教室の広告と、大から小まで、あらゆるものが広告スペースの対象となってきている。「理屈と膏薬はどこにでもつく」ということわざがあるが、「広告と膏薬はどこにでもつく」ともいえよう。

## (3) 広告表現の変化

　また、ここ数年のカンヌ国際広告フェスティバル（2011年よりカンヌ国際クリエイティビティ・フェスティバルに変更）にみられるように、広告表現文法や型を打ち破った、ニューウェーブ型の広告クリエイティブも数多く出てきている。

　従来は完成度の高い表現、アート性やストーリー性を競うものであったが、最近の受賞作品を見渡すと、未完成だが、バイラル効果のある、伝搬性をもった広告も目立ってきている。

　英キャドバリー社のCMは、陶酔した表情でドラムを叩くゴリラを登場させ、ゴリラを興奮させたのは、自社のデイリーミルクチョコレートであると意表を突いた内容で、2008年フィルム部門でグランプリを受賞した。

　ソーシャルメディアの発展によって、ネット上で人が人を介して情報が伝播していくパワーやスピードをもったことにより、テレビCMもフレームにきれいに止まる、完成度をもったものより、いかに人に伝えたくなるようなコンテンツ制作と、それを波及させていくためのコミュニケーション設計、仕掛けの両面でクリエイティビティが求められている。

　また、ブランド・コミュニケーションからみても、前述したコトラーのマーケティング3.0では、成熟市場の中で、製品面、機能面ではブランドの優位性を謳う差別化が困難となり、企業自身のミッション、ビジョン、価値で、精神的に訴えることでの差別化が必要になってきた。

　広告クリエイティブでは、What to say（何を訴えるのか）と How to say（いかに表現して伝えるのか）があるが、前者は、製品のUSP（ユニーク・セリング・プロポジション）から企業の取り組む姿勢や意志などの高次なレベルに移行してきている。

　具体的な例を示すと、2007年カンヌ国際広告祭でグランプリを取った、

ダヴ（Dove）のReal Beautyキャンペーンが挙げられる。テレビCMというより、ネット上で放映される目的で制作されたEvolutionというタイトルのバイラル・アドである。これは、ごく普通の容姿の女性が化粧やフォトショップの修正によって、スーパーモデルに変身する過程を映したもので、最後に屋外広告になって、「我々の美に対する知覚は歪められている。DoveのReal Beauty Workshop for Girlsに参加しよう。」で締めくくられる。

　つまり、石鹸や基礎化粧品のブランドであるDoveは、化粧を施されたものが美しいという美の概念に惑わされることなく、ありのままの美、リアルビューティを目指そうと、女性に対して強烈なブランドの持つ理念（ブランド・フィロソフィー）を投げかけている。

　今後も企業の環境問題、社会貢献などCSR（Corporate Social Responsibility）活動を企業のマーケティングに結び付けるため、こうした企業理念、ミッションで他社と差別化する広告表現が増えていくだろう。

## 4．広告ビジネスの変化

### （1）広告取引の変化

　インターネットは、広告ビジネスにも強い影響をもたらしている。マスメディアの媒体価値は、いかに多くの人たちにメッセージを届けるか、つまり広く告げる手段であるが、一方インターネットは企業が伝えたい相手とその企業メッセージに関心があり、それを求めている消費者をいかに効率よくむすびつけるか、そのマッチング技術にしのぎを削り、ターゲティングのためのアドテクノロジーは日々進化してきている。もちろん通常のバナー広告は、マスメディアと同様にポータルサイトなどにアクセスしてくるユーザー数によって媒体価値が決まる。インターネット広告では、ここ数年キーワード検索連動型広告（リスティング広告）、行動ターゲティング広告など新しい広告形態が生まれてきている。「日本の広告費2010」でみても、インターネット広告の媒体費6077億円のうち、検索連動型広告費（PCのみ）は2035億円と約33％を占め、伸長している。

そもそも広告はいくらクリエイティブに優れたものでも、購買意欲のない無関心層まで動かすものではない。その広告メッセージが関心ある、情報を求めているターゲットに適切に届いて初めて効力をもたらすもので、その意味ではキーワード検索連動広告の効果は高く、投資費用対効果の尺度である投資利益率（ROI：Return On Investment）もマスメディアと比べて明確に把握できる。動画やアニメーションを多用した派手なバナー広告ではなく、外見上は「広告」と呼ぶよりもテキストベースのむしろ「情報」に近いものであるが、広告主が有料でメディアを介して行なう目的性をもったコミュニケーションである広告には違いない。また、ROIも明快で広告をクリックして広告料金が発生し、広告主は予め決めた1クリック当たりの単価にクリック数をかけた金額を広告費として支払うことになる。さらにインターネットでは、アフィリエイト広告にみられるように、カタログ請求や最終的に購買まで到達して広告料金が発生する、成果報酬型の広告取引も生まれている。

従来のマスメディアでは、一方向の送りっぱなしのため、それ自体では視聴者や読者などの反応が得られず、レスポンスに応じた広告課金ができず、広告費を投じてどれだけの効果があったのかも正確に把握できない。開局以来60年近く続いているテレビは、強力なリーチ力をもつマスメディア広告に成長したが、ゴールデンタイムで番組提供スポンサーとなるためには、億単位の広告費がかかる高コスト体質のメディアでもある。マスを対象としたリーチ型のメディアであるため、商品の購買潜在層から外れた層に届くため、無駄打ちというターゲット効率が悪くなる嫌いもある。かつて米国のデパート王だったジョン・ワナメーカーは「広告経費の半分が無駄になっているのはわかるが、ただどの半分なのかわからないだけだ。」とシニカルにこれを指摘している。広告主がネット広告の効果やROIに慣れ親しんでくると、高額なテレビへの広告費投入に際しても一段と厳しい目が向けられることは避けて通れない。

## （2）広告ビジネスのイノベーション

検索を広告ビジネスに結びつけたキーワード検索連動型広告は、広告ビジネスのイノベーション、革新でもある。広告効果の高いマッチング手法もさ

ることながら、これらの広告主は、テレビ広告の大手スポンサーではなく、むしろ今まで広告に無縁だった小口の広告主を数多く集めた、Web2.0の特長として挙げられるロングテールを広告ビジネスに持ち込んだところに革新性がある。通常、書店やレコードショップなどリアル店では、スペースに制限があるため、売れる本（ベストセラー）を優先し、年に数冊しか売れない本（死に筋）は、店頭から除外される傾向にある。書店店頭に並んでいる書籍の2割で売上げ全体の8割を稼ぐパレートの法則[*2]が成り立つのがリアル店のビジネスである。だが、ネット書店では、24時間営業で店舗のスペースに制約がないため、たまにしか売れない商品アイテムまでも品揃えできるため、売上げランキング順に並べると、わずかながら売れている商品が恐竜のしっぽのように細長く続き、そのロングテール化した部分の売上げが全体の1/4から半分近くにもなる[*3]。このような現象をロングテールビジネスといっている。

　テレビに依存している大手広告会社のビジネスは、このロングテールとは対極的な、売上げ全体の80％は20％の大口広告主によってもたらされるというパレートの法則を絵に描いたものである。また、広告会社としても、売上高の多いテレビの扱いが多い大手広告主に対しては、優良顧客として多く

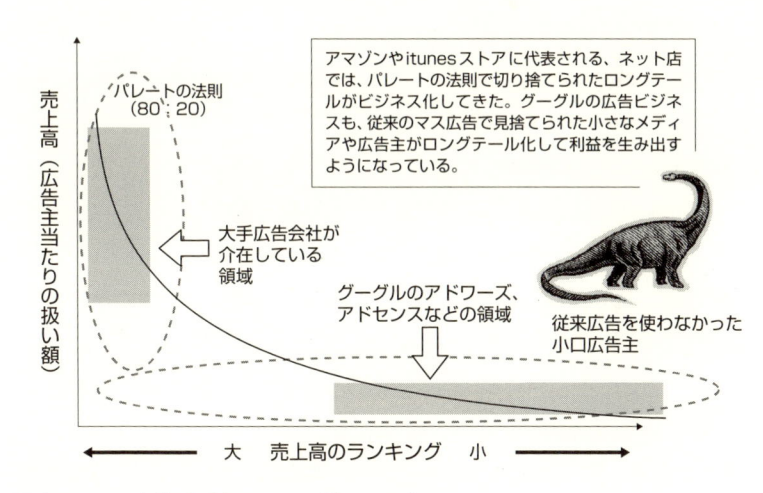

図表10-4：広告ビジネスのロングテール化

の営業部員を配置する営業体制をとる。

　グーグルが提供するアドワーズ（キーワード検索連動型広告）は広告主自身がネットを介して広告申込みを行なうシステムにしているため、グーグル自らが営業部隊を配置せず、ロングテール化した小口広告主とはネット上のオペレーションによって効率よく少額を集積して莫大な広告費を稼いでいる。同社のもう1つの広告サービス、アドセンス（コンテンツ連動型広告）を併せると、広告収入は事業収入の99％を占め、検索エンジンを筆頭とした各種無料サービスはこの広告収入によって運営されていることになる。

　このように広告ビジネスをロングテール化させた革新性は、国内の大手広告会社でも欧米のメガ・エージェンシーでもない、広告業界の外である、検索エンジンの事業会社からおこってきたわけである。インターネット広告で進展しているターゲティング技術などによって広告配信の弛まぬイノベーションが起こっており、ネットによる広告イノベーションは今後ますます既存の広告ビジネスに影響を与えていこう。

## 5．広告ビジネスのゆくえ

### (1) 広告会社の成長戦略

　ここで、広告会社の成長戦略を考えるに当たって、アンゾフの市場・製品技術によるマトリックスで整理すると、
A. 既存市場・既存製品技術の領域である「市場浸透戦略」
B. 既存市場・新製品技術の領域である「製品開発戦略」
C. 新市場・既存製品技術の領域である「市場開発戦略」
D. 新市場・新製品技術の領域である「多角化戦略」の4つに分けられる。
（図10-5参照）

　A.の「市場浸透戦略」では、国内市場でマスメディア主体の業務領域の範囲内に止まっている限り、構造不況の抜本的解決策にならず、持続的成長は望めない。今後更に進展するためには、B、C、Dの3つの領域を開拓し

|  | 既存製品技術 | 新製品技術 |
|---|---|---|
| 既存市場 | **A. 市場浸透戦略**<br>国内市場でマスメディア主体の業務領域<br>国内市場・得意先開発・拡大など | **B. 製品開発戦略**<br>コミュニケーション・ニュートラルなプランニング技術の開発、アドテクノロジーを利用した新しいビジネスモデルの開発など |
| 新市場 | **C. 市場開発戦略**<br>海外市場開拓<br>新ボリューム消費市場（団塊マーケット）、ソーシャル消費市場など | **D. 多角化戦略**<br>広告周辺領域の開発による多角化<br>スポーツマーケティング、映画、アニメなどコンテンツビジネス、ブランドコンサルテーション、メディア事業など |

図表10-5：広告会社の成長戦略マトリックス
Ansoff,H.I., (1965)Corporate Strategyのフレームワークをもとに作成

なければならない。

B. の「製品開発戦略」

①コミュニケーション・ニュートラルなプランニング力の開発、商品化
②デジタルテクノロジーを利用した、新しい広告ビジネスモデルの開発
が挙げられる。

前者については、マスメディアの媒体力が相対的に低下していく中で、媒体戦略の再構築からコミュニケーション・ニュートラルな視点でのプランニング力の強化は緊急課題である。だが、これを有効に実行していくためには、現行の媒体扱い高ベースのコミッション制からフィー制への移行が前提となろう。マスメディア広告費の低下、コミッションの低率化、メディアの多様化によるメディアプランニングの複雑化、作業量の増加によって、コミッションベースの報酬額では、広告会社の収益の確保が困難となってくることが予測される。

後者については、インターネットにおけるアドテクノロジーを生かして、グーグルのリスティング広告のような広告ビジネスの革新となるものを生み出すことも必要となってくる。コミッションからフィーへ報酬制度が変わろうと、広告主のROI志向に応えられるような広告ビジネスのイノベーションがあって初めてフィー制度が生かされるわけである

C. の「市場開発戦略」では、景気後退などによる経済成長率の鈍化、さ

らに少子高齢化・人口減による国内市場の縮減から、新たな市場開発を海外市場に求めざるを得なくなってくる。いまだ広告市場としては未開拓といってもよい海外市場への本格進出のためにも、広告取引のグローバルスタンダード化は避けて通れない。グローバル戦略を推進していくためには、海外対応のための人材育成はもとより、日本独自の広告の取引をどう是正していくのかといった大きな難題も抱えている。

　D.の「多角化戦略」では、従来の広告ビジネス以外のコミュニケーション業務領域による多角化で、既に日本の総合広告会社は、欧米と比べてこの業務領域は、積極的に手掛けている。スポーツイベントのスポンサーシップ、スポーツマーケティングビジネス、映画製作、アニメ、ゲームなどのコンテンツビジネス、ブランドコンサルテーション、メディア事業など多角的に行なわれている。

　米国でも世界同時経済不況後、広告主のブランド・マネジメントのノウハウを生かして、広告会社独自のブランドやサービスを創出し、新たな収入源、ビジネスモデルを模索している。具体的にはオグルビー&メイザーは、経済不況下のマーケティングのためのコンサルテーションビジネスをWebサイトで開設したり、クリスピン・ポーター&ボガスキーは、社内に広告主のブランド商品開発のための部門を立ち上げ、バーガーキングのチキンフライなどを手掛けている。米国でも広告業のあり方に変化が起こってきており、さらに日本の広告会社も従来の広告業務以外のアイディアが求められている。

　以上より、Aを除いた3つの成長戦略の中で、ここでは、新たな媒体戦略の再構築からBのメディアプランニング力の強化策として、次にコミュニケーション・プランニングについて言及したい。

## （2）コミュニケーション・ニュートラルなプランニング技術の開発

　英国では、アカウント・プランニングに続き、コミュニケーション・プランニングという新職種が誕生している。消費者とのブランド接点は、テレビ、ラジオ、新聞、雑誌といった伝統的なメディアによる広告以外に多種多様なコミュニケーションチャネルがある。PR、SP、イベント、ダイレ

クトマーケティング、ブランドの商品パッケージ、売り場の販売員、店舗自体、電話サービス、Webサイト、スポンサーシップ、ジムやスパ、バーなどに設置された映像モニター、インストアプロモーション、デジタルサイネージ、DM、クーポン、アウトドアメディア、展示会場、プロダクト・プレイスメント、バイラルマーケティング（ネット口コミ）、編集タイアップ、ケータイ、検索エンジン、SNS、ブログ、ゲリラ・プロモーションなど消費者は360度さまざまなコミュニケーションチャネルに取り囲まれ、その中からブランド体験をしている（図表10-6参照）。

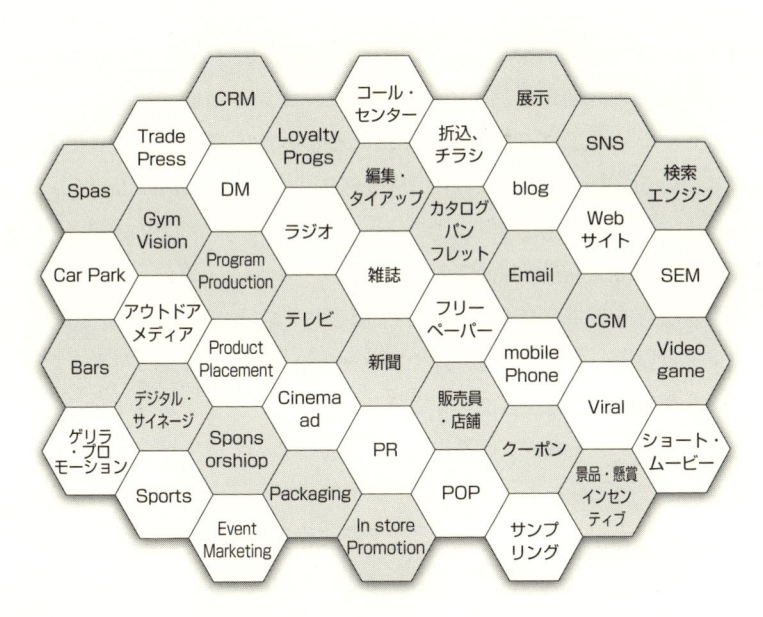

　このような多様なコミュニケーションチャネル、メディアの中から、ターゲットとなる消費者に最も効果的なコミュニケーションが設計できるか、従来以上にコミュニケーション・ニュートラルなプランニング開発が求められてくる。

　コミュニケーション・プランニングがブランドとの接点に基づいてATL

図表10-6：コミュニケーションチャネル
出所：Sherrington, M., (2003)ADDED VALUE をもとに作成

のみならず、BTLを駆使していくプランニング業務は今までになく複雑多岐にわたり、かつクリエイティブな業務となっていく。

メディアありきのプランニング発想ではなく、あくまでもアカウント・プランニングが単なる消費者分析ではなく、消費者のこころの奥底を洞察してブランドを好きになり、行動を誘発させる要因は何かを探り、それを広告クリエイティブに生かすコンシューマーインサイトと同様の視点が必要となる。つまり、メディアプランナーのデータオリエンテッドな分析ではなく、ブランドのターゲットが生活行動の中でどのようなメディアに関与し、どのようなコミュニケーションが成り立っているのかを探り、ターゲットとメディア（コミュニケーションチャネル）との関係性をデザインできるかが、重要となってくる。

それを実行していくためには多様なコミュニケーションチャネルに精通し、かつアイディアやインサイトを重視したクリエイティビティをもつ人材が必要であるが、欧米でもここ数年出てきて間もない萌芽期であるため、コミュニケーション・プランニングの人材を養成している段階であるのが実態のようである。

従来のメディアの領域にとらわれることなく、ブランド・コミュニケーション上の課題を解決する、ソリューションを提供するためには、コミュニケーション・プランニングを備えることが広告会社にとって必須となってこよう。Taylor, J（2005）"*Space Race an inside of the future of communications planning*" によると、将来、広告業界の中でad agency-basedとmedia agency-basedのコミュニケーション・プランニング専門会社が大きな存在となってくることが予測されている。日本でも、2011年地上デジタル放送への完全移行、片やブロードバンドによるIPTVと、テレビとネットが本格的に融合していく中で、ますますメディア環境は激変し、コミュニケーションチャネルは多様化していく。

日本の広告会社もコミッションベースの、マスメディア依存体質から脱却し、コミュニケーション・プランニングを装備した、ブランドコミュニケーション・カンパニーへ大きく舵を取るべき時期であろう。

## 6. 最後に―次代を担う人たちへ

　今日メディアやコミュニケーション回路の多様化によって、広告のコミュニケーションやクリエイティブまで変容していかざるを得なくなってきた。従来の広告の概念では収まらなくなってきており、広告の概念の拡張まで論議されている。

　広告という言葉が生まれて既に140年近く経った[*4]。インターネットによって、広告は、マスメディアの「広く告げる」ばかりではなく、ターゲットに応じて、それに見合った広告を配信してマッチングさせる広告も出てきた。

　また、広告と他のMCの領域（PR、SPなど）の境界が曖昧化し、融合し、統合化されてきたことも広告の概念の拡張を促している。

　さらに生活者とブランドとの接点となる、ブランド・コミュニケーションに広告も包含されてきている。その意味では、生活者とブランドを結び付けるもの全てを広告とみなすという、広告＝ブランド・コミュニケーションと概念を拡張することもできる。

　広告を従来の狭義の意味で捉えるか、広義で捉えるのかは広告会社の事業領域にも反映される。欧米のアドバタイジング・エージェンシーが「広告」（アドバタイジング）に事業領域を限定したのに対して、日本の総合広告会社は、広告に限定せず、PR、SP、ダイレクトマーケティングなどマーケティング・コミュニケーション全般に関わり、さらにスポーツビジネス、展示会イベント、コンテンツビジネスなど貪欲に事業領域を広げて、発展してきた。

　広告会社は、クライアントのコミュニケーション課題を解決する、つまりソリューションを提供することであり、そのような中では「広告」は1つの選択肢に過ぎない。

　最近カンヌで受賞した2つの作品を紹介する。2010年チタニウム部門でグランプリを受賞した家電量販店ベストバイの「TWELPFORCE」[*5]、ZUJIという豪州のオンライン旅行予約会社の「Helping Holidays Happen」キャンペーンである。

これらは、CM作品というより、まさにソリューションがクリエイティビティをもったものとして高く評価された。前者は、Twitterを活用して、家電に関する疑問や不満などをつぶやくと、ベストバイの社員、通常のお客様窓口やコールセンターではなく、店頭での営業店員がiPhoneなどでツイートして応えていく営業体制を作り上げたことが評価されたものである。

そして後者は、オーストラリア人の主食ベイクドビーンズをZUJI Beansとして10セントの破格で販売し、生活費を節約した分は旅行費用として貯金してくださいというキャンペーンである。旅行会社が旅行費用の支援として、破格の豆缶を発売し、それが購入され家庭のキッチンに届けられることによって、商品そのものが、ZUJIブランドの広告として機能するというユニークなもので、メディアを主体とした広告キャンペーンとは趣が違う。

このような例からみると、そもそも広告会社は何を売る会社なのか？ 広告会社は、広告主のブランド上の課題に対してソリューションを提供する会社なのである。

メディアやコミュニケーションが複雑多岐にわたるほど、課題は難題となり、卓抜したクリエイティビティやコミュニケーションデザインが求められるが、それに応えてこそ広告会社の存在意義がある。

また今日では社会的コミュニケーションの課題解決など、むしろ長年培ってきた広告会社のコミュニケーション領域のソリューションの応用範囲は広がってきている。

デジタルの世界では、グーグルの広告ビジネスのような、従来の延長線ではない、画期的、非連続的イノベーションも起こっている。広告業界も今後持続的成長を遂げるためには、弛まぬイノベーション、新たな発想の転換が求められてこよう。

東日本大震災後、日本の復興再建として、新しい国作りが求められているように、メディアの構造変化の中で、広告会社も新しい広告作りが求められている。

これから広告の世界を目指す、次代を担う人たちは、従来の枠組みにとらわれない、新しい広告作りに参加されることを願い、本章を終えたい。

## [注]

* ＊1 未来学者アルビン・トフラーが1980年の著書『第三の波』で、生産者＝消費者となっていくことを示唆した概念であるが、今日としては、商品の生産や流通に関与するというより、情報やコンテンツの消費者であり生産者であることが現実となってきた。
* ＊2 1900年代初頭イタリアの経済学者ヴィルフレッド・パレートは欧州から集めたデータから所得・資産の順位から上位の2割が、国民全体の所得・資産の8割を占めることを発見した。80対20の法則ともいわれ、経済やビジネスばかりではなく、あらゆる分野に当てはまる法則として応用範囲が広い。
* ＊3 クリス・アンダーソン『ロングテール』36頁参照、「比較的完全なデータがある企業—ネットフリックス、アマゾン、ラプソディーは、店舗型小売業者が提供しない商品の販売で総収入のおよそ四分の一から二分の一を得ており、その数字が毎年伸びているということだ。」アマゾンは25％、ラプソディー（オンライン音楽配信サービス）は40％と具体的なシェアを挙げてロングテールの重要性を説明している。
* ＊4 1章8頁参照。『横浜毎日新聞』1872年4月14日付から掲載された広告欄という説を採用し、140年近くとした。
* ＊5 「TWELPFORCE」はベストバイのTwitterのアカウントで、「TWITTER」と「HELP」を合わせた造語でTwitterを使った営業サポートを表している。

## [参考文献]

* フィリップ・コトラー『コトラーのマーケティング3.0』（2010年、朝日新聞出版）
* D.ペパーズ,M.ロジャーズ『顧客リレーションシップ戦略　ONE to ONEマーケティング』（1995年、ダイヤモンド社）
* クリス・アンダーソン『ロングテール』（2006年、早川書房）
* 横山隆治『トリプルメディアマーケティング』（2010年、インプレスジャパン）
* 佐藤達郎『教えて！カンヌ国際広告祭』（2010年、アスキー新書）
* 京井良彦『ロングエンゲージメント』（2011年、あさ出版）
* 日経広告研究所編『基礎から学べる広告の総合講座』（2011年、日本経済新聞出版社）
* 湯淺正敏他『メディア産業論』（2006年、有斐閣）
* 佐々木俊尚『グーグル—Google 既存のビジネスを破壊する』文春新書（2006年、文藝春秋）
* 湯淺正敏「エンタテイメントと広告の融合」『政経研究』第40巻第3号（2003年、政経研究所）
* Taylor,J.（2005）*Space Race　an inside of the future of communications planning.* John Willey & Sons,Inc..

［編著者］

湯淺　正敏（ゆあさ　まさとし）　　担当：第1章、第2章、第4章、第10章
1952年生まれ。1975年千葉大学人文学部卒業後、博報堂入社。主に媒体部門、媒体開発部門に勤務。2004年4月より日本大学法学部教授、新聞学科広報広告コース専任。主に「広告論」、「広告メディア論」、「メディア産業論」を担当。
主要著作：編著『メディア産業論』（2007年、有斐閣）
論文「メディア・ニュートラル時代における総合広告会社の変革—コミッションからフィーへの報酬制度の転換」（2009年、法学部120周年記念論文集第2巻）
論文「次世代におけるテレビCMの広告コミュニケーション戦略」（2010年、法学部新聞学研究所ジャーナリズム＆メディア第3号）


［著者］（五十音順）

井德　正吾（いとく　しょうご）　　担当：第5章
1952年生まれ。1975年早稲田大学第一文学部心理学科卒業後、博報堂入社。マーケティングセクションを中心に歩む。博報堂DYメディアパートナーズ誕生とともに異動。メディア環境研究所を経て公立大学法人宮城大学事業構想学部特任教授就任。2011年より文教大学情報学部広報学科教授。
主な著書・論文に『広告ハンドブック』『広告プレゼン術』『プロフェッショナル企画書』『図解ビジネス実務事典「マーケティング」』（日本能率協会マネジメントセンター）、『企画書の書き方がイチからわかる』（すばる舎）ほか多数。論文に「フリーペーパーに対する広告主の評価について」（広告科学、2009/06）、「CRMの今日的課題と今後の方向性序説」『ライフステージの変化がメディア行動をどう変えるのか」（宮城大学事業構想学部紀要）など。


岩井　義和（いわい　よしかず）　　担当：第7章
1969年生まれ。2002年3月日本大学大学院法学研究科政治学専攻博士後期課程退学後、日本大学、二松学舎大学非常勤講師、財団法人行政管理研究センター研究員を経て2011年4月より日本大学法学部助教、公共政策学科専任。主に「行政広報論」、「行政管理論」、「パブリック・コミュニケーション論」を担当。
主要著作：共著『統治システムの理論と実際』（1999年、南窓社）、共著『政治と行政の理論と実際』（2005年、思文閣出版）、共著『行政学』（2011年、弘文堂）
論文：「アメリカにおける地方自治体のPR活動－イリノイ州を中心として－」（2003年、日本地方自治研究学会誌『地方自治研究32　Vol.18, No1』）、「行政の対市民コミュニケーションにおけるIT化の現状と課題— 広報・広聴活動を中心に—」（2009年、『ジャーナリズム＆メディア2号』日本大学法学部新聞学研究所）、「行政におけるコミュニケーション・マネジメントと人間メディアの役割」（2009年、『政経研究　第46巻第2号』日本大学法学会）

## 桶谷　功（おけたに　いさお）　　担当：第8章

大日本印刷を経て、広告代理店JWTに入社。戦略プランニング局に勤務。ハーゲンダッツ、シック、ディズニービデオなどのブランド育成に携わる。執行役員アカウント・プランニング・ディレクター。
2010年5月独立し、株式会社インサイトを設立。インサイトを核に、マーケティング全般のコンサルティングを行っています。インサイトワークショップ®、ブレイクスルーインサイト®探索調査など、独自の戦略開発メソッドを提唱し、新商品開発、ブランドの育成・再生などを、クライアント企業様と一緒に行っています。
2011年4月より、日本大学法学部非常勤講師。
著作に、『インサイト』『インサイト実践トレーニング』（2005年、2008年、ダイヤモンド社）など、共著多数。URL：http://insightmaster.com

## 永松　範之（ながまつ　のりゆき）　　担当：第9章

1977年生まれ。2001年慶應義塾大学卒業。2004年DAC入社、ネット広告におけるマーケティングやリサーチ業務、コンテンツターゲティングや行動ターゲティング、ゲーム内広告などの事業開発を推進。2008年より広告技術研究室マネージャーとして、ソーシャルメディアやスマートデバイスなど、最新のサービス・テクノロジーを活用した広告ビジネスのための研究開発を推進。
共著に『図解ビジネス実務事典 ネット広告』（2005年、日本能率協会マネジメントセンター）、『次世代広告テクノロジー』（2007年、ソフトバンククリエイティブ）、『ネット広告ハンドブック』（2009年、日本能率協会マネジメントセンター）、『生き残るための広告技術』（2009年、翔泳社）など。

## 南　勲（みなみ　いさお）　　担当：第3章

1970年米国ウイスコンシン大学物理学部卒業。1971年読売広告社制作部入社、同社制作局ECDを経て、2005年博報堂MD統括局入社、同社グローバルネットワーク推進室室長代理を経て、2009年より（株）QPリサーチ代表。
朝日広告賞グランプリ、ACC賞、消費者のためになった広告賞、電通賞、CLIO賞、IBA賞、ロンドン国際広告賞その他受賞。2002年カンヌ国際広告賞審査員（グラフィック部門）、ACC審査員、ロンドン国際広告賞審査員（フィルム部門）。
論文：「低迷する日本クリエイティブの一つの選択肢—右脳広告の可能性を示すブラジルのグラフィック広告」「ネット時代における成果主義広告の表現考」（日経広告研究所報208号、257号）他。

## 山見　博康（やまみ　ひろやす）　　担当：第6章

広報・危機対応コンサルタント。山見インテグレーター（株）代表。
1945年福岡県生まれ。1968年九州大学（経）卒。神戸製鋼入社。1979年から一貫して広報に携わる。1991年広報部長、デュッセルドルフ事務所長を経て、2002年独立。米国ダートマス大学エイモスタック経営大学院マネジメントプログラム修了。九州大学、大妻学院、SMBCコンサルティング等にて多くの講師を務める。
著書：『広報・PR実務ハンドブック』（2008年、JMAM）、『わかる！使える！広報活動のすべて』（2008年、PHP研究所）、『この1冊ですべてわかる広報PRの基本』（2009年、日本実業出版社）、『はじめてのPR100問100答』（2010年、明日香出版社）他多数。問合せ：TEL:03-4360-5424　メール：yamami@yico.co.jp

## 広告をキャリアにする人の超入門
──広告・広報の基礎から発想法、ネット広告まで──

2011年9月30日　第1版第1刷発行

編著者　　湯淺正敏
　　　　　©2011 Masatoshi Yuasa
発行者　　高橋　考
発行　　　三和書籍

〒112-0013　東京都文京区音羽2-2-2
電話 03-5395-4630　FAX 03-5395-4632
sanwa@sanwa-co.com
http://www.sanwa-co.com/
印刷／製本　モリモト印刷株式会社

乱丁、落丁本はお取替えいたします。定価はカバーに表示しています。　ISBN978-4-86251-116-4 C3034
本書の一部または全部を無断で複写、複製転載することを禁じます。

# 三和書籍の好評図書
Sanwa co.,Ltd.

## マンガで学ぶ 藍ちゃんの著作権50講

本間政憲 著
A5判　並製　270頁　定価：2,500円＋税

●本書では、私たちの日常生活に欠かせない存在となっている著作権を、初めて学ぶ方でも容易に理解できるようにさまざまな工夫をしています。各章ごとに、マンガステージと詳細ステージの2つのステージを設けています。詳細説明部分は、弁理士試験受験者等の高度な要求にも十分に応えることができる内容になっています。

【目次】
第1章　ビジネスと法の基本
第2章　著作物
第3章　著作者
第4章　著作者の権利
第5章　著作財産権の制限
第6章　保護期間、契約等
第7章　著作隣接権
第8章　著作者等の権利侵害に対する措置
第9章　インターネットと著作権法および著作権法の周辺

## マンガで学ぶ 知的財産管理技能検定3級　最短マスター

佐倉　豪 著／本間政憲 監修
B5判　並製　220頁　2,300円＋税

●本書は、人気の国家試験「知的財産管理技能検定3級」試験のための合格教本です。「アカネ」や「菜々」など可愛らしいキャラクターのマンガをベースに、合格に必要な知識を最短で学べるよう工夫されています。解説部分は、著者と聞き手（みる君）との会話形式になっており、とても楽しく学習できます。企業の知財教育テキストとしても最適！

【目次】
序章「法律入門」
第1章　特許法（出願段階）
第2章　特許法（権利活用段階）
第3章　意匠法
第4章　商標法
第5章　著作権法